杉村富生の株の教科書 Ⅲ

超高速取引に打ち勝つ! 株の「トリプル投資」作戦

杉村富生
Tomio Sugimura

ビジネス社

◎まえがき

■原油価格の急落がオイルマネーの換金売りを招く

２０１６年前半の株式相場は、波乱の展開となりました。日経平均株価は年初の1万８８１８円が2月12日に1万４８６５円のザラバ安値まで売られたのです。この間の下げ幅は３９５３円、年初来下落率は21％に達します。しかし、これは売られすぎです。

大発会の日経平均株価は５８２円安でした。これは秋にリーマン・ショックが起きた２００８年の６１６円安に次ぐ、過去2番目の下落幅です。マーケットは何に脅えたのでしょうか。

株価急落の背景は、中国リスクの浮上、原油安、円高進行、新興国の財政危機・通貨不安、ＦＲＢの利上げ（２０１５年12月）、ユーロ不安の再燃などが複合的に発生したことによります。

ロング（優良株に長期投資する）オンリーの外国人投資家は、年初以来、オイルマネー、公的年金を中心に1兆８０００億円売り越しました。外国人全体では実に、１～3月に5兆円売り越しています。

なかでも、原油価格の急落が響きました。代表的な指標であるＷＴＩ原油は、２０１5年6月に1バレル61ドル台だったものが、２０１6年2月に26ドル台まで値下がりしました。5月末時点で49ドル台まで戻していますが、2月までの下落率は57％に達します。

これは原油輸出に依存するオイルマネーにとって、たまったものではありません。原油安は、オイルマネーが長年買い続けた日本の優良株を換金売りしなければならない状況に追い込んだのです。すなわち、ＳＷＦ（ソブリン・ウェルス・ファンド）の処分売りです。

株価の下落によって、個人（信用の買い）には追証発生→投げ、国内機関投資家はリスク・パリティ（実質的な損切り）、ポートフォリオ・インシュアランス（持ち株に対するヘッジ売り）の発動を余儀なくされました。まさに、売りが売りを呼ぶ展開となったのです。

■ハイフリ、アルゴリズム取引が相場のかく乱要因に！

これに投機筋（短期利ザヤ稼ぎのヘッジファンドなど）の売り仕掛けが加わり、下げを加速させました。特に、ハイ・フリークエンシー・トレーディング（高頻度・超高速取引＝通称ハイフリ、またはＨＦＴ）がマーケットをかく乱しています。

金融工学、人工知能を駆使するハイフリは、先物をはじめとする取引で1秒間に2000回以上の注文を執行します。彼ら（ヘッジファンドなどの投機筋）は、「株価の将来を正確に予測できる時間は1秒」といいます。

このため、数秒間の取引に勝負をかけます。ハイフリのポジションの平均保有時間は最短1秒、最長5秒です。ハイフリは相場を一方通行にさせます。上がるときにはトコトン上がり、下がるときにはトコトン下がるのです。一般の投資家にとってこれはたまりません。

昨今の波乱相場は、先に述べた世界情勢の要因だけでなく、このような超短期筋に振り回された結果でもあるといえます。

筆者はハイフリを「追放せよ」と主張しています。ここにきて、ようやく金融庁がハイフリの規制に乗り出すと一部で報じられましたが、「売買の高速化を止めるのは新幹線を遅く走らせるようなもの」との声もあり、その実現性には疑問符がつきます。となれば、個人投資家は〝自衛〟するしかありません。自衛とは、投機筋の裏をかく戦術です。

ハイフリの東証1部における売買代金シェアは、8割を超える日があります。個人投資家が、彼らとまともに戦ってはそのスピード、量の両面で絶対に勝つことができません。

また、外国人は日本株を買うと同時に、円売りの為替ヘッジを行なっています。このため、株売りのケースでは円買いのポジション調整を実施します。

そこで本書では、株の「トリプル投資」作戦と題し、ハイフリなどで相場をかく乱する投機筋に対抗する戦術を紹介したいと思います。

作戦の1は〝極端バリュー投資〟で確実に稼ぐ方法、作戦の2は〝極上グロース投資〟で資産を拡大させる方法、作戦の3は話題性のある〝旬のテーマ株投資〟で夢を追う戦法です。旬のテーマ株投資は、〝極楽テーマ株投資〟と呼んでもいいでしょう。

極端バリュー投資は売られすぎの超割安銘柄を仕込み、極上グロース投資は優良銘柄の安くなったところを拾います。極楽テーマ株投資は、先物などの動きに振り回されないテーマ性を有する〝小物〟を徹底して攻めます。

■波乱相場で儲かっている人たちとは？

筆者は、全国各地で講演会を毎週のように行なっています。そこで、さまざまな個人投資家の皆様とお会いする機会があります。

２０１５年６月以降、全体相場は激震に見舞われましたが、この崩落相場にまったく傷つくことなく、それどころか株式投資で大きな利益を得たという人と何人も出会っています。「個人投資家の応援団長」を自任する筆者にとって、これほどうれしいことはありません。

株式投資では、勝者の戦術に素直に耳を傾けることが重要です。勝者はなるべくして勝者になったのではありません。ほかの勝者のやり方、敗者の失敗例に学び、自身の投資手法を確立して相場に立ち向かっているのです。もちろん、勝者はリスク管理がしっかりしています。

日本経済はマイナス金利の導入によって、未曽有《みぞう》の資金運用難時代に突入しました。もはや、預貯金の金利に頼ることはまったくできなくなりました。「とはいっても、株式投資は元本割れがイヤなので……」とおっしゃる方も多いと思います。そのお気持ちはよく分かります。しかし、株式投資はやり方次第でいくらでも活路が拓けるのです。

2015年末以降の波乱相場で手痛い傷を負った人でも、リカバリーする余地はまだまだ残されています。新たに始めようとする人にはチャンスです。何しろ、底値ゾーンに張りついたままの〝お宝銘柄〟が、マーケットにはゴロゴロ放置されているのです。新興市場では、連日、ストップ高銘柄が数多く出現しています。

車の自動運転など将来性有望なテーマも目白押しです。中・長期投資では日経平均株価が2万円台のときより、1万5000～6000円台のときの仕掛けのタイミングが収益チャンスは拡大します。安値ゾーンでの〝出動〟が有利なのは明白でしょう。この機会を逃してはなりません。

日経平均株価は、短期に1000円以上の上げ下げを繰り返しています。このような展開はしばらく続くでしょう。しかし、乱高下が続くといって、相場にひるんでいてはダメです。やりたい放題の投機筋に振り回されているだけでは、くやしいではありませんか。

個人投資家でも、ヘッジファンドなど投機筋を出し抜くことは可能なのです。別に、高度なコンピューターが必要なわけではありません。個別銘柄では事業の将来性、業績などを確認し、チャートをよく見て株価の〝習性〟をつかむのです。

そして、その銘柄が「短期・順張り」に向いているのか、「長期・逆張り」に適しているのかを判断します。「波乱はチャンス！」といいますが、マーケットに〝うねり〟があるほど、投資妙味は増すのです。さあ、株の「トリプル投資」作戦を駆使し、波乱相場を勝ち抜こうではありませんか。

杉村富生の株の教科書Ⅲ
超高速取引に打ち勝つ！ 株の「トリプル投資」作戦──【目次】

第1章

2018年までの相場展望

日本再生→失われた25年を克服する〝流れ〟は不変！

第2章

作戦1 ジェリーフィッシュ（クラゲ）の特性に学ぶ！

確実に儲けを生み出す「極端バリュー」作戦

作戦2 ウォーレン・バフェット氏の売買手法に学ぶ!

第3章

資産をロングで拡大させる「極上グロース」作戦

作戦3 シルクワーム（かいこ）の習性に学ぶ！

第4章 〝株長者〟という夢を実現する「極楽テーマ株」作戦

第5章

波乱相場に欠かせないチャートの見極め方

第6章

マイナス金利時代の資産運用と株式投資

終章

投資メド2018年〜2020年

長期目線で断然「買い！」の株 厳選10

装丁◎金子眞枝
本文デザイン・図版作成◎笹森　識
本文校正◎相良孝道
チャート提供◎ゴールデン・チャート社

（注）

本書に掲載した銘柄のデータは２０１６年5月27日までのものです。また、本書に記載された内容は情報の提供のみを目的としています。実際の投資に際しては自己責任で行なってください。

第1章

2018年までの相場展望

日本再生→失われた25年を克服する〝流れ〟は不変！

長期的な視点と短期的な視点を分けて考えよ！

✪PER理論では安値1万4500円、高値1万8970円

この章では2018年までの相場展望を述べるとともに、相場分析の基本、およびリスク・マネジメントについて触れておきたいと思います。

相場観において、まず、大切なことは「マーケットの特性を理解すること」です。これは、株式投資において、極めて重要なポイントになります。

日本の株式市場は、外国人投資家の委託売買代金シェアが6～7割に達する特異なマーケットです。さらに、売買手法は先述したとおり、先物取引、ハイフリ（高頻度・超高速取引）が主流になっています。繰り返しになりますが、ハイフリが東証1部の売買代金に占める比率は8割を超える日があるのです。

2015年度における**先物取引**（日経平均先物、TOPIX先物のラージとミニの合計）は3月末時点で累計1400兆円を超え、これまで最大規模だった2013年度を3割以上、上回りました。〝先物天国〟です。

用語解説

■先物取引

先物取引とは「ある商品（原資産）」を、「未来の決められた日」に、「現時点で取り決めた価格」で取引すること。今ある物ではなく、先にある物を取引する「予約取引」である。株式市場では、日経平均株価を原資産とする日経225先物取引が主導する相場が続いている。

これは例えていうならば、犬のシッポが犬の体よりも大きい状態でしょう。すなわち、東証1部の現物株の取引は626兆円にとどまり、先物取引は2・2倍超に達しているのです。とくに、2015年夏以降は1日の値幅が大きくなる「乱高下」状態が目立つようになりました。そう、**ボラティリティ**が異常に高くなっているのです。

このように相場が大きく動くのは値動きに追随し、さらに、それを加速させる**ヘッジファンド**などの投機筋が、先物の短期売買を増やした影響でしょう。つれて、現物株（特に、売買代金の大きい日経平均採用銘柄）の振幅が大きくなったことによります。

いわゆる、ヘッジファンドなどによる〝空中戦〟の結果です。ぼんやりしているとはじき飛ばされてしまいます。価値観が同一であり、「短期・順張り」ばかりの投資家が主導するマーケットは問題です。

このような状況下、個人投資家はどう対応すればいいのでしょうか。まず、自分なりの相場見通し、株価予測をきっちり組み立てることです。2016年5月現在、日経平均株価の1株利益（EPS）は1195円（2016年度の予想ベース）です。

■ボラティリティ
価格の変動率（変動性）のこと。一般に、ボラティリティは価格変動が大きければ高くなり、価格変動が小さくなれば低くなる。

■ヘッジファンド
機関投資家などから大規模な資金を集め、さまざまな手法を駆使して資金を運用するファンド（投資を行なう組織）のこと。

なお、日経平均株価のPER（株価収益率）は、13～17倍のゾーンで動いています。これを当てはめると、日経平均株価は安値が約1万5530円、高値が2万300円という水準を設定できます。安値と高値の値幅は4770円であり、その中間値は1万7915円になります。

長期的な視点と短期的な視点を分けて考えよ！　これは筆者の〝持論〟です。相場格言は、「遠くを計るものは富み、近くを計る者は貧す！」と教えていますが、あまりに先のことばかりを考えていては足元の波乱を乗り切れません。

ちなみに、前述のPER理論では日経平均株価の1万5000円以下は安値圏、1万8500円以上は高値圏となりま

当面、日経平均株価はボックス圏で動く!

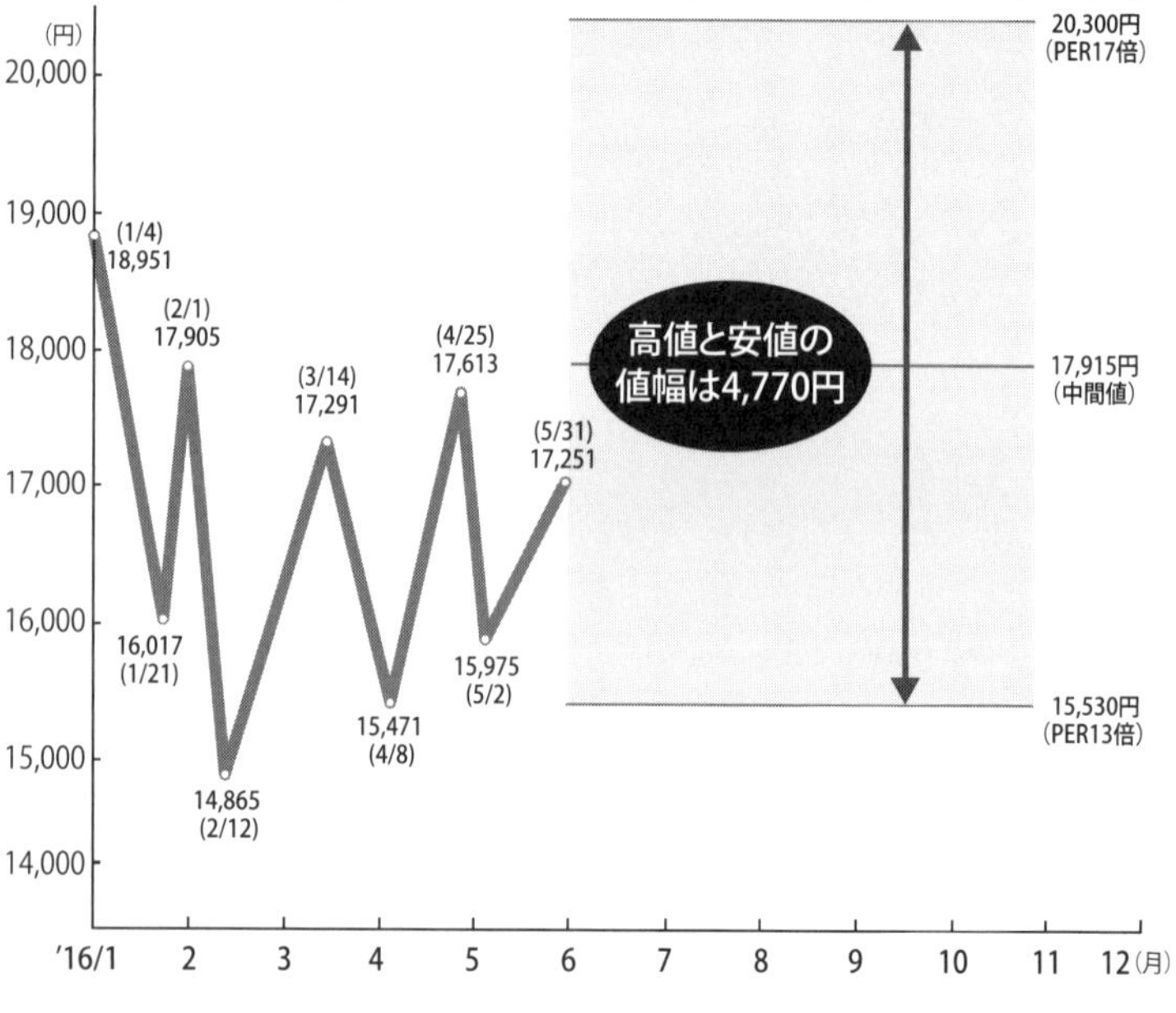

す。もちろん、企業業績などファンダメンタルズのチェックは不可欠ですが、2016年の後半相場は基本的に上げ下げを繰り返す〝往来相場〟との認識に立ち、投資戦術を構築してください。これが短期的な視点です。

スケジュール的には6月23日の**EU離脱**の是非を問うイギリスの国民投票↓7月10日に実施予定の参議院選挙↓7月末に行なわれるアメリカ大統領選挙の候補者選び（民主党、共和党の党大会）↓そして11月の大統領選挙の結果――などが重要イベントになります。

こうした試算と相場の性格（ボックスゾーンの動き）をもとに、安値圏では勇気を奮って、①PER、PBR、配当利回りを基準に「極端バリュー」の突っ込み買い作戦を敢行するのです。

次に、異常な安値圏では、②大きく売り込まれている「ロング（主軸企業）候補」銘柄を拾います。つまり、相場見通し、株価予測をきっちり組み立てておくことが大切なのです。いわゆる、「長期・逆張り」戦略を安値圏ではためらうことなく推進できます。

■EU離脱

EU（欧州連合）を離脱すべきか否かの論争は、ユーロ危機に対する不満から火がついたとされる。世論調査の結果は賛否ともに40％前後と拮抗し、イギリスのEU離脱が現実味を帯びることになった。離脱した場合、雇用をはじめ金融市場にも大きな影響が出るといわれている。

✪消費税の引き上げ延期で円安↓株高の流れになる

前述したように、相場見通し、株価予測については短期的な見通しと長期的な見通しの両方を常に、イメージしておかねばなりません。

相場、株価を読む（予測する）のは非常に難しいものです。しかし、「よく安いところを買え！　高いところを売れ！　といわれるが、どこが底やら天井やらまったく分からない」というのでは困ります。自分なりの判断基準を確立すべきです。

その際、ＰＥＲ、ＰＢＲをベースにするのも有効ですし、配当利回りを使う手もあります。

「株の教科書」、および「株の教科書Ⅱ」等の著書でも繰り返し述べていることですが、株式投資を成功させるためには、「短期・順張り」と「長期・逆張り」を混同させることなく、きちんと使い分けしなければいけません。

「短期・順張り」はひたすら目先の値動き、トレンドを追う投資手法です。「長期・逆張り」はていねいに愚直に安値を拾っていくやり方です。その資産構成（ウエイト配分）は、投資家が資金の量、自身の性格が短期向きか長期向きなどを判断することによって決めます。

■**衆参同日選挙**

衆議院議員の総選挙と参議院議員の通常選挙が、同じ日に投票日となる選挙のこと。衆参ダブル選挙とも呼ばれる。衆参同日選挙は過去に２回例があり、ともに与党が圧勝している。そのうちの１回は、大平正芳首相が選挙期間中に急死して弔い選挙となった。

短期的な視点では、日経平均株価は２０１６年12月末に向けて、1万９０００円がらみの水準を目指す、と考えています。これはもちろん、政策対応次第ですが……。

選挙は**衆参同日選挙**の可能性がささやかれていました。しかし、２０１６年４月14日に発生した熊本県を中心とした地震等の影響により、安倍首相は同日選挙を見送りする意向を固めました。消費税率の引き上げは延期となりました。正しい選択です。

甚大な被害を受けた被災地の復興を優先するのは当然であり、悲願ともいえる安倍首相の憲法改正に向けたシナリオは修正を余儀なくされたのでしょうか。

株価に大きな影響を与える政治イベント

2016年
6月23日
イギリス国民投票
→EU離脱は株価急落の引き金に！
7月10日
（予定）
参議院選挙
→与党敗北ではアベノミクスが行き詰る？
夏～秋
臨時国会召集
→2016年度予算案を提出
経済対策（TPP審議含む）、復興対策（熊本地震）などの進展を受け、株価反発！
11月8日
アメリカ大統領選挙
→トランプ氏勝利は世界的な政治混乱のスタート！
2017年
4月
消費税引き上げ（8%を10%に）
→安倍政権は増税先送りを決定！

参院選は政権与党にとって楽観できません。安倍内閣の支持率は一定の水準を維持しているものの、閣僚、自民党議員による問題発言、スキャンダル等に国民（特に若い女性）は厳しいまなざしを向けています。

「保育園落ちた日本死ね」。このブログの発信をきっかけに、待機児童の問題は大きな政治テーマとなりました。保育所、保育士不足の解消は、「1億総活躍社会」を目指す安倍政権にとって緊急の課題です。

政権与党が参院選を勝ち抜くためには、これらの課題に対処するとともに景気・株価対策が不可欠となります。

また、前述したように、消費税の引き上げ（8％→10％）の延期が決定されました。2017年4月に予定されていた消費増税を、2019年10月まで2年半先送りします。

為替は、米国の景気と金融政策がポイントになります。専門家の間でも、米国景気は成長をキープすると見られており、堅調に推移している米国景気がドル高→円安をもたらします。円安は日本株にとって、大きなプラス要因となります。FRB（米連邦準備理事会）の利上げは2016年の「4回」が「2回」に後退しましたが、年内の利上げは間違いありません。

■**「保育園落ちた日本死ね」**
2016年2月16日に投稿されたブログ記事の一部分。ネット上では若い女性を中心に早く注目が集まり、野党も政府を批判するようになった。そのような状況下、安倍晋三首相が2月29日の衆院予算委員会で「（書かれた内容が）本当かどうか確認しようがない」など冷やかに答え、待機児童問題は一気に大きな政治テーマに浮上した。

一方の日銀は、大規模な金融緩和を続けています。2016年の後半は、日米の金融政策の方向感の違いが鮮明となり、円相場は1ドル＝115～120円台前後の円安が見込めます。

マネタリーベースは2013年3月の135兆円が2015年末に355兆円、2016年末には435兆円と激増する見通しです。

参院選後、株価は反落➡もみ合いを経て、年末は1万9000円程度まで上昇すると推測しています。ただ、引き続き値動きの荒い展開が続くでしょう。これは、株式市場をさまざまなリスク要因が取り巻いており、それが顕在化したとき投資家の不安心理が増幅するためです。

なお、為替については、アメリカの〝意志〟が影響を与えます。アメリカは「ドルの独歩高」に強い不快感を示しています。この意志が2016年2～5月の円高要因との見方があるほどです。

もちろん、これだけで円高になるはずがありません。日米の**期待インフレ率**の低下による投機筋の円買いを指摘できます。

さらに、外国人の行動です。2015年末時点で、外国人は日本株を185兆円保有していました。このうち、約40兆円に為替ヘッジがかけられて

■期待インフレ率
中央銀行、政策当局、市場関係者などが予想する将来の物価上昇率のこと。「予想インフレ率」とも呼ばれる。黒田日銀総裁の異次元緩和は、市場の期待インフレ率に実際の物価上昇率が追随することを前提に行なわれている。

いました。通常、株高の場合は円安のケースになりますが、これではせっかくの株高による〝儲け〟が円安（為替差損）によって吹っ飛んでしまう（目減りする）のです。

このため、彼ら（目先筋）は株式を買うと同時に、円を売るのです。逆に、2016年1～3月に外国人は日本株を約5兆円売り越しました。この結果、円売りポジションが解消（円買い）され、これが円高につながった、との見方ができます。

2016年7～9月にマーケットが波乱に陥るか、否か。それは6月23日のイギリスの国民投票（EU残留か、離脱か）、参院選の〝勝敗〟、そして為替の動き（企業業績を左右）が焦点になります。

いずれにせよ、「イベント・リスクは避けよ！」が基本です。重要なイベントの前には利食いを優先し、現金比率を高めておくべきです。これがリスク・マネジメントの基本です。**イベント・ドリブン**はイベントを材料にします。〝好悪〟どちらのケースでも売るのです。したがって、その前に短期・順張りの玉（保有株）は売っておかねばなりません。

リスクが顕在化すると「リスクオフ」の流れになり、投資家は保有株の下げ

■イベント・ドリブン
ヘッジファンドの投資手法の1つ。株価（企業価値）に影響を与えそうなイベントがあるとき、市場価格に反映されるまでに発生する株価の歪みを投資機会ととらえ、収益獲得を狙ってポジションを取る投資方法。

に脅えます。ここに短期筋の「売り仕掛け」などが加わると、株価は大きく値を崩すのです。

逆に、マーケットが落ち着きを取り戻し、好材料の兆しが出ると「リスクオン」の流れとなります。このようなケースでは、売りを仕掛けていたヘッジファンドなどが一斉に売り玉の買戻しを行ないます。そのため、今度は驚くほど株価は値上がりします。

この結果、全体相場の代表的な指数である日経平均株価は、ボラティリティが大きくなります。

日経平均株価の月間における高安の値幅を見ると、2016年は1月が2934円（高値1万8951円－安値1万6017円）、2月が3040円（高値1万7905円－安値1万4865円）と大きく動きました。3月も1434円（高値1万7291円－安値1万5857円）、4月は2142円（高値1万7613円－安値1万5471円）となっています。

日経平均株価の月中値幅（2016年）

	始値	高値	安値	終値	高安の値幅
1月	18,818	18,951	16,017	17,518	2,934
2月	17,699	17,905	14,865	16,026	3,040
3月	16,013	17,291	15,857	16,758	1,434
4月	16,719	17,613	15,471	16,666	2,142
5月	16,357	17,251	15,975	17,234	1,276

ただ、これは逆に考えると、売り買いともに大幅利食いのチャンスが生まれるということです。つまり、投資妙味が増すのです。

日中ベースでも、1月4日が557円（高値1万8951円－安値1万8394円）、2月12日が572円（高値1万5437円－安値1万4865円）、4月1日が606円（高値1万6719円－安値1万6113円）、5月13日が404円（高値1万6804円－安値1万6400円）などと振れが大きくなる日が多くなっています。

✪悪材料の多くはピークをすぎたが、リスク要因は目白押し

原油価格は下げ止まりました。ロシア、サウジアラビアの増産凍結方針を好感、年末には1バレル＝60ドル前後の水準が期待できます。

WTI原油の月足チャートを分析すると、2014年6月の戻り高値107・26ドルに対し、2016年2月の安値は26・21ドルです。とりあえず、ここが底値になったようです。

この間の高値と安値の下げ幅は81・05ドルであり、3分の1戻しラインは53・22ドル、半値戻しラインは66・73ドルです。2016年5月末時点で49ド

■SWF（ソブリン・ウェルス・ファンド）
政府出資の投資機関が運営するファンド。政府系ファンドとも呼ばれる。豊富な天然資源による収入、貿易黒字で膨らんだ外貨準備などの国家資産を財源としている。運用規模が巨額のため、世界の市場で大きな影響をおよぼす存在になっている。

ル台に戻していますが、来年には70ドル近辺まで上昇するでしょう。

ちなみに、原油価格の下落は世界の78％の国・地域（ＧＤＰベース）にメリットを与えます。しかし、株式市場では〝悪役〟です。なぜ、そうなるのでしょうか。

これは資源・エネルギー産出国、および関連企業のデフォルト・リスク、産油国のＳＷＦ（ソブリン・ウェルス・ファンド）の取り崩しなど、ネガティブな材料がプラス面より先に顕在化するため、と説明されています。

日本の場合、原油の輸入代金の支払いが年間15兆円ありました。それ

原油価格と世界の原油需給ギャップ

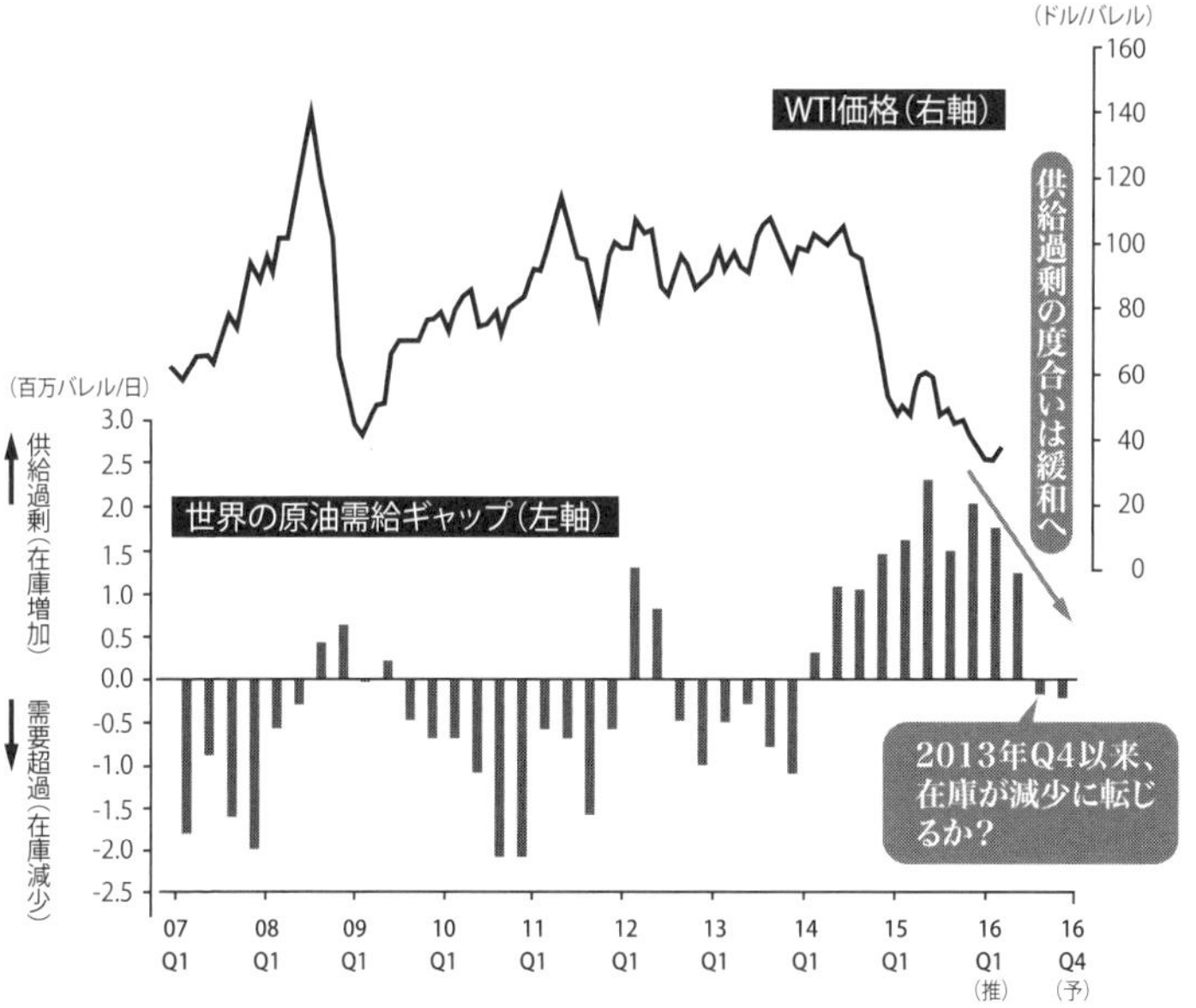

（注）Q1は第1四半期（1～3月）、Q4は第4四半期（10～12月）。2016年第1四半期以降、OPECの生産量は32.57百万バレル/日（直近3月平均）で横ばいの前提

（出所）野村証券「野村週報」

が現在、理論上は10兆円もの負担減になっています。

この効果は大きく、ひそかにニンマリしている企業、個人がいるはずです。ただ、逆に考えると、こんなうまい話が長く続くはずがありません。それに、こんな価格水準ではほとんどの産油国が財政均衡ラインはもちろんのこと、現金収支ベースでも赤字になります。

これは操業すればするほど、収入以上に現金が流出することを意味します。産油国にとっては、大変な事態です。まあ、それを考えれば通常はやっていられません。

なお、米国の**シェールガス・オイル**の掘削リグ基数は、2015年6月の1609基が、直近では400基以下に激減しました。減少率は75%を超えます。

このほか、2015年夏以降、株価急落の大きな要因となっている中国の景気減速、資金流出、人民元切り下げ圧力、上海など株式市場の行方には目を離せません。

特に、多々ある中国リスクのなかで認識しておきたいのは、銀行の不良債権問題です。中国の4大銀行（国有）が発表した2015年12月期決算による

■シェールガス・オイル シェールガスは、地下深くのシェール（頁岩＝けつがん）層から採取される天然ガスであり、シェールオイルはシェール層に埋まっている石油の一種。頁岩は泥が固まって板状になった地層であり、水平掘削、破砕法と呼ばれる2つの技術がシェール革命をもたらした。

と、不良債権残高が6892億元（約11兆3800億円）と1年前に比べて1・5倍増えたことが報じられました。景気減速に伴い、利ザヤも縮小しています。

　また、よく知られているように、中国リスクの怖さはさまざまな分野で「本当の姿」が明らかにならないことです。この点は特に気をつける必要があります。不良債権は最終的に1000兆円近くに膨らむのではないでしょうか。

　しかし、中国は国家の威信をかけて、必ず危機を封じ込めるでしょう。習近平《しゅうきんぺい》国家主席は、現在、国有企業の改革に注力しています。2016年3月の全人代（全国人民代表大会）では、李克強《りこくきょう》首相が「ゾンビ企業」の淘汰を進める方針を

中国鉄鋼業界の生産能力

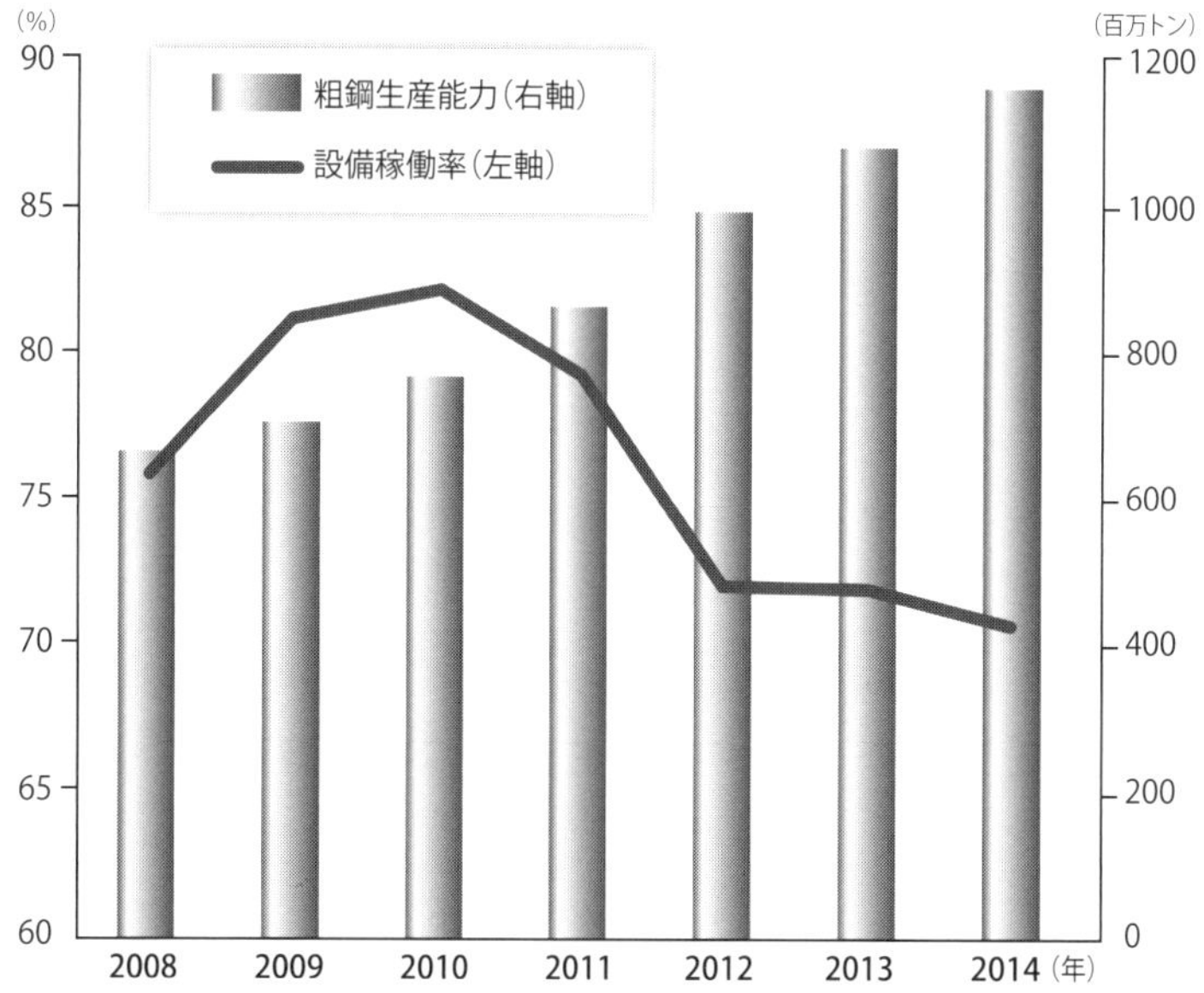

(出所)野村証券「野村週報」

明らかにしました。ゾンビ企業とは利益を出せない企業のことです。国有企業に多く見られます。過剰な設備、債務を抱えていることが大きな要因です。すでに、鉄鋼、セメントなど過剰設備の解消に向けての動きが始まっています。

欧州に目を向けると、先述どおりイギリスでは、2016年6月23日にEU（欧州連合）離脱の是非を問う国民投票が行なわれます。

イギリスの2015年における経常赤字は、世界経済の低迷による輸出の減速が影響し、962億ポンド（15兆5000億円）と3年連続で過去最悪の記録を更新しました。報道によると、オズボーン財務大臣は、「EU離脱によってイギリスの経済をリスクにさらすべきではない」と述べています。

とはいえ、今回のパナマ（**タックスヘイブン**地での秘密文書流出）を舞台にした「税逃れ」にイギリスのキャメロン首相が関与していたことが判明し、にわかに「首相の信認投票」の様相になってしまいました。これは危険です。国民は感情に動かされます。加えて、テロの続発がEU離脱派を勢いづかせているようです。

デンマーク、スウェーデンではマイナス金利の導入を受け、住宅バブルが発生しています。何しろ、デンマークの住宅ローン金利（変動型）はマイナス0・

■**タックスヘイブン**
租税回避地のこと。外国資本、および外貨を獲得するため、意図的に税金を無税または極めて低い税率にして、企業や富裕層の資産を誘致している国や地域のことをいう。パナマの大手法律事務所から、過去40年分の金融取引に関する秘密文書が流出し、大きな問題になっている。

0017%です。住宅ローンを借りると、金利がもらえる？　そんなバカな話があるでしょうか。ドイツ銀行などの経営不安説も気になります。これはマイナス金利の影響でしょう。ただし、日本のマイナス金利の比率（当座預金）は4%（ECBは80%）にすぎません。

また、地政学的には、北朝鮮リスクを無視できません。2016年5月6日より、朝鮮労働党大会が36年ぶりに開催されました。金正恩《キムジョンウン》第一書記は活動総括報告の演説のなかで、北朝鮮を「責任ある核保有国である」とし、「自衛的な核戦力を質、量ともに一段と強化する」と言明しました。実際、長距離弾道ミサイルの発射実験が頻繁に報道されています。

さらに、米国リスクも台頭しています。不動産王**ドナルド・トランプ**氏は、共和党の大統領候補指名を確実にしていますが、その過激な発言は日本にも波紋を広げています。

マーケットはトランプ・リスクを警戒し始めており、2016年11月8日の大統領選挙（本戦）が近づくにつれ、株式市場は神経質な展開になることが予想されます。

■ドナルド・トランプ
1946年6月、アメリカ合衆国ニューヨーク州生まれ（70歳）。移民に関する発言などが国内外で批判されているが、「アメリカさえよければいい」という"アメリカ・ファースト"を主張して支持者を増やしている。資産総額は45億ドル（約5000億円）といわれ、3回の結婚歴がある。子供5人。

乱高下しやすい相場環境が継続！リスク・マネジメントが最重要課題に

短期的な振れが激しくなると、チャート的に大きなうねりが発生します。その分、大きな値幅取りが可能になり、収益チャンスが拡大します。これを、ヘッジファンドなどの短期筋が狙うのです。

✪短期・逆張り投資は思わぬ大ケガを招く

しかし、株価のボラティリティが大きくなると、うまく対処できればいいのですが、**曲がる**と逆に、想定外の損失をこうむります。個人投資家は基本的に逆張りを好む人が多く、長期的なスタンスであれば構わないのですが、短期投資の逆張りは思わぬケガにつながります。

トレンド（上げ下げの方向）をしっかり読まないと、買っても買っても下がり〝大ヤラレ〟の結果になりかねません。

例えば、**トヨタ自動車（７２０３）**を２０１６年３月14日に寄り付きの６２０９円で１００株買い、同月18日に５％安の５８９８円で１００株指値買

■**曲がる**
相場の予想がはずれること。相場の予想がはずれて失敗した人のことを「曲がり屋」などと呼ぶこともある。

■**トレンド**
一般には時代の潮流、流行を意味するが、投資の世界では相場の流れのことを指す。買いが優勢で右肩上がりの上昇が続いていれば上昇トレンド、売りが優勢で下降中の場合が下降トレンドである。トレンドが発生していない状態を「レンジ」という。

いをしたとします。短期・逆張りの投資です。平均コストは６０５４円ですが、４月11日には５２５６円まで下落してしまいました。平均コストに対し、13％強の評価損が発生したことになります。

基本的にトヨタ自動車は〝崩れ足〟になっています。日足チャートを見ても、上値を切り下げる下降トレンドです。

リスクのチェック（点検）は、株式投資における必要最低限の〝作業〟です。リスクのチェックについては、事前対応と事後対応があります。

あらかじめリスクについて考えておくとともに、実際にリスクが発生した場合はどうしたらいいのでしょうか。

買いの場合、値下がりのリスクは重要な問

▼トヨタの日足

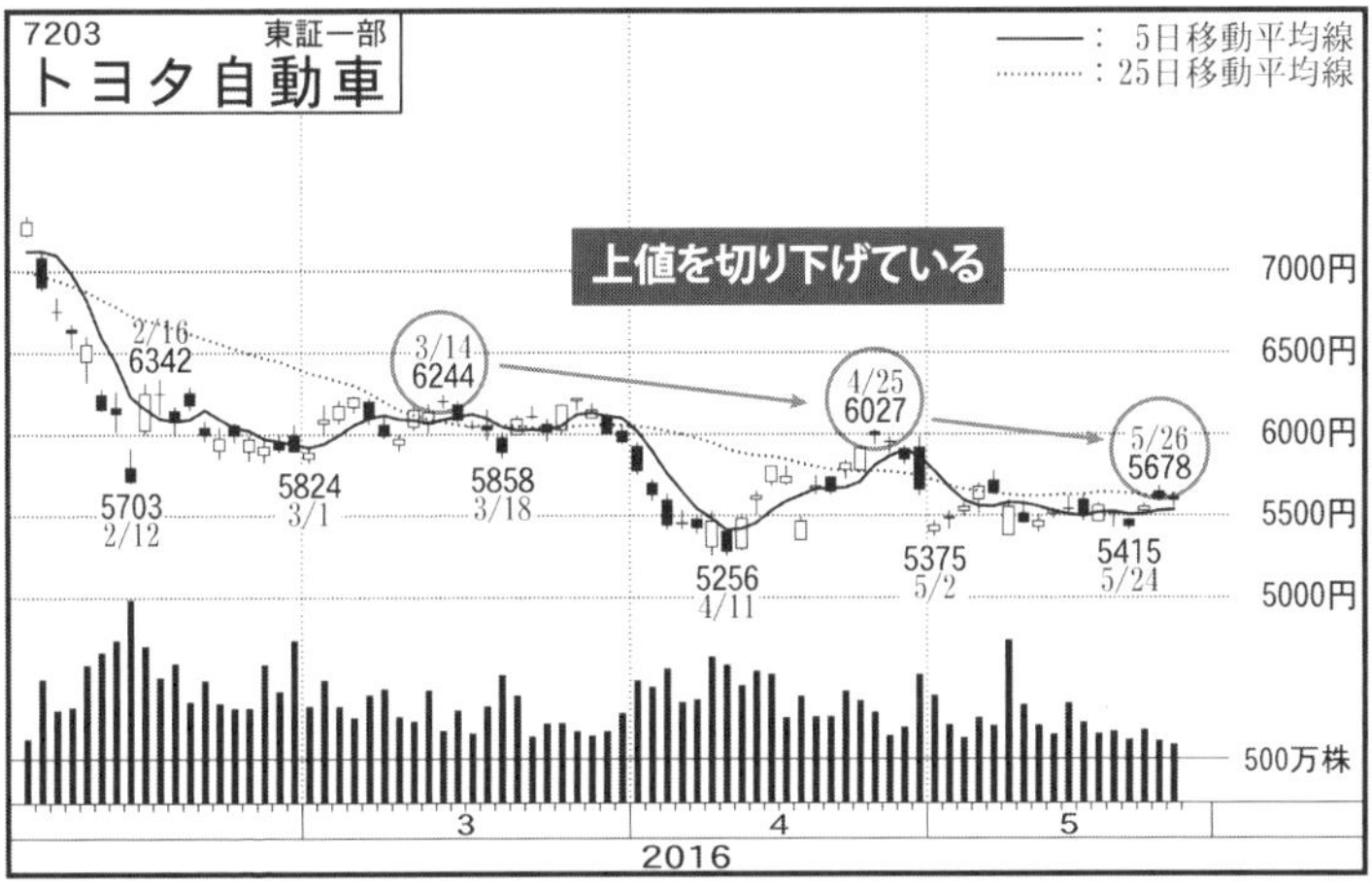

題です。事前の思惑に反し、株価が値下がりしたケースではすみやかにロスカット（買値に対し5～8％下の水準に設定）を執行すべきです。これが事後対応です。特に、トレンドが転換した場合は即、投げ（手仕舞い）です。

そう、「引かれ腰は大ケガのもと！」といいます。もちろん、これはひたすら値動きを追う「短期・順張り」の投資手法です。しかし、「長期・逆張り」は違います。逆に、こちらは買い下がりが可能です。

目先の利益を追う短期投資では、順張りが基本です。逆張りはダメです。投資経験の浅い方には分かりにくいかもしれませんが、短期・順張り＝○、短期・逆張り＝×と覚えてください。「短期・順張り」は強い銘柄を徹底して攻めます。

▼ペプチドリームの日足

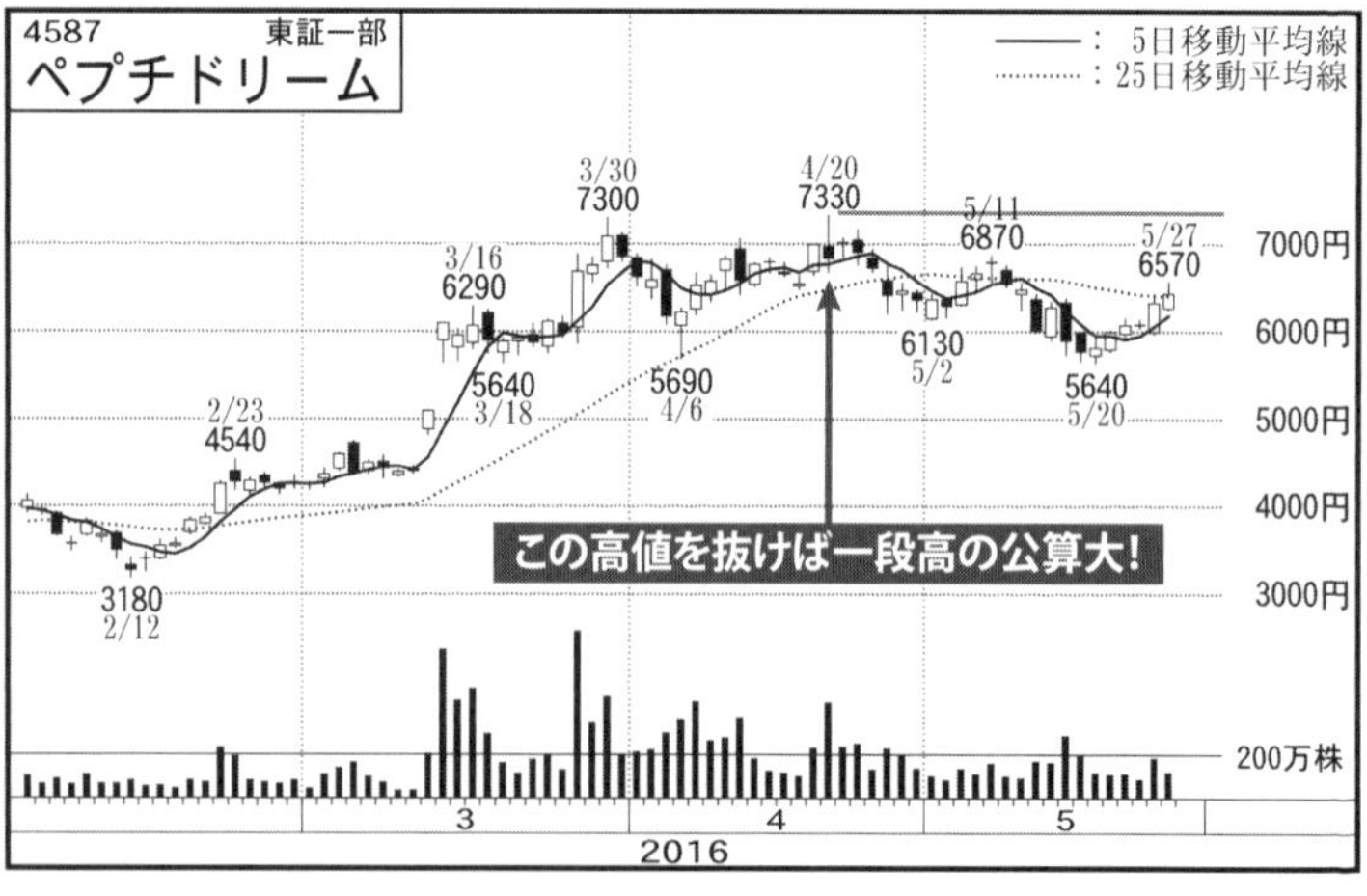

次に、「短期・順張り」の成功例を見てみましょう。創薬ベンチャーの**ペプチドリーム（４５８７）**は、2016年1月4日4170円まで買われたあと、2月12日に3180円まで反落しましたが、その後3月16日6290円、同月30日7300円と上値を切り上げました。上場来高値を更新し続けたのです。

このような強い銘柄は、押し目を買うより先の高値を更新したところで買いを入れるやり方が奏功します。そして、短期的な利食いラインと損切りラインを決めておき、確実にそれを実行します。

例えば、利食いラインと損切りラインをそれぞれ10％に設定し、同社株を3月28日に6300円で買った場合、利食いラインと損切りラインはそれぞれ6930円と5670円になります。

設定した利食いラインと損切りラインは、どんなことが起こっても守らなければいけません。幸い、このケースでは3月30日に利食えたことになります。ただ、大きな相場（急騰劇）ではせっかくの大幅利食いのチャンスを逃すことになりかねません。やはり、〝**恩株**〟を残す戦術が有効です。

「短期・順張り」銘柄は、高値を更新し続けている銘柄がターゲットになります。チャート的には、移動平均線が上から順に短期線（日足なら5日線）→中

■恩株

恩株とは「恩人の株」という意味で、コストゼロの株式のこと。例えば、平均購入価格1000円の株式を5000株保有（購入コスト500万円）し、それが1250円になったとき（上昇率25％）4000株を売れば、購入コストが償却できる（500万円－1250円×4000株＝0円）。この結果、残りの1000株がコストゼロの株式となり、これを長期保有することで資産化させることが可能となる。

期線（同25日線）↓長期線（同75日線）となっている銘柄です。

一方、長いスタンスで大きな利益を狙う長期投資では、基本的に「長期・逆張り」＝〇、長期・順張り＝×となります。

✪景況感の悪化で企業業績の先行きに懸念が台頭

リスクのチェックの事前対応としては、先に述べたように外部環境の問題点について認識しておく必要があります。

どのような危機（リスク）があるのかを事前に知っておけば、それが顕在化したとき冷静さを失うことがありません。事前に予想されたリスクは、実際にそれが発生しても想定内であれば投資心理が悪化することはないのです。そう、予想された要因がショック安につながることはありません。

マーケット・リスクについては事前の認識、すなわち〝心づもり〟をしておく必要があります。

２０１６年４月１日、新年度入りした株式市場では、日経平均株価が前日比５９４円安の１万６１６４円と急落しました。この日の朝、取引前に日銀が発表した３月の**短観**（全国企業短期経済観測調査）の結果が悪く、幅広い銘柄に

短観
統計法に基づき、日本銀行が民間企業に対して実施する景気に関するアンケート調査。四半期ごとに実施される。全国の企業動向を的確に把握し、金融政策の適切な運営に資することを目的としている。海外でも「TANKAN」として知られている。

▼日経平均株価（日足）

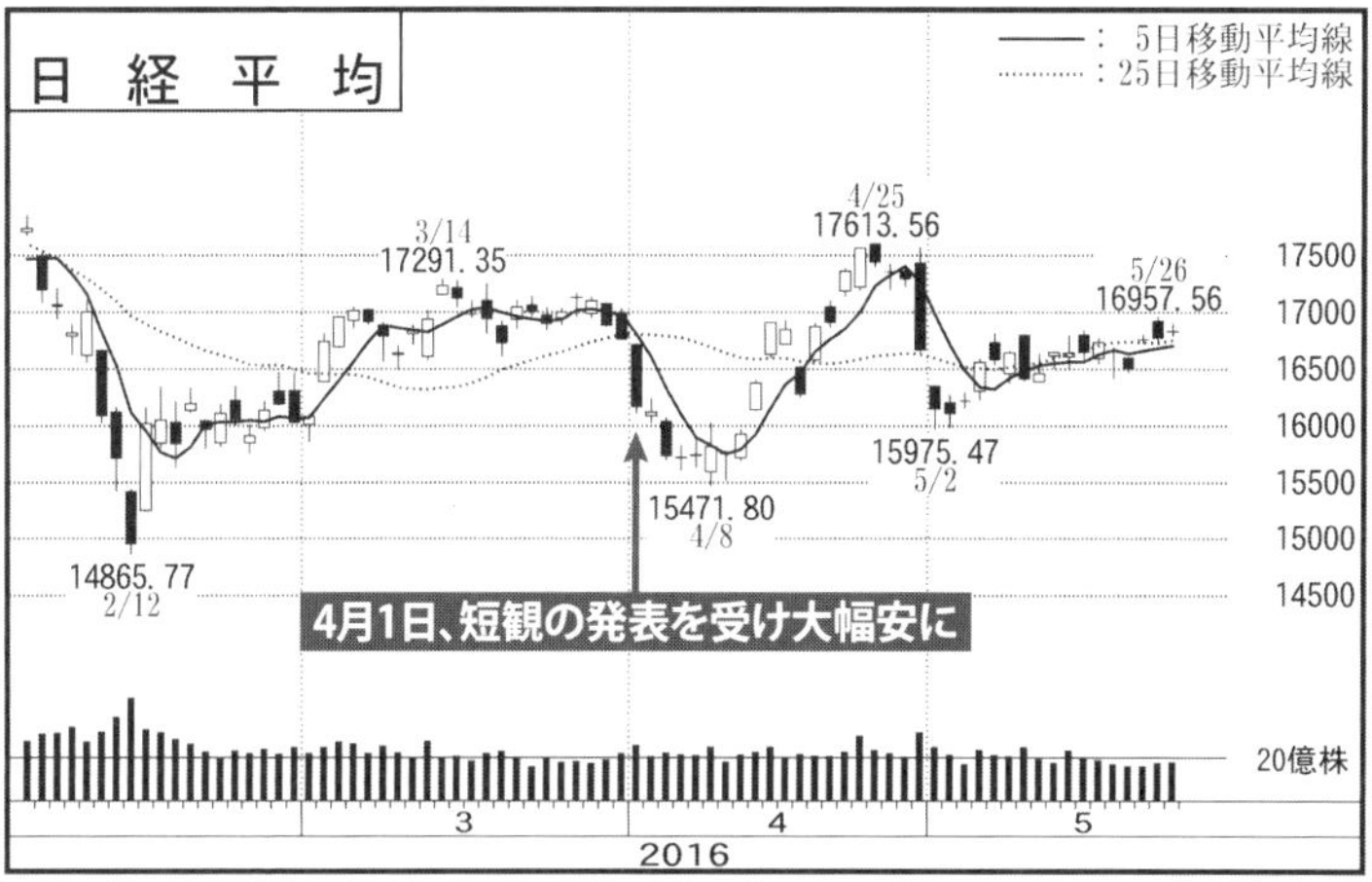

売りが出たためです。

短観は、全国の約1万社を対象にしたアンケート調査で、景気の先行きを読む重要な経済指標です。短観の発表は、相場に大きな影響を与えます。新規に投資を行なうときだけでなく、リスク管理の面でも非常に大切ですので、必ず確認するようにしてください。

もっとも、4月初旬の株価急落は日経レバの資金流出に伴う国内N証券が換金するための先物売りが背景にありました（日経レバはN証券が組

■DI

DI（ディー・アイ）はDiffusion Index（ディフュージョン・インデックス）の略で、企業の業況感などの判断を指数化したもの。企業決算などでは分からない経営者心理を的確に表す。業況判断のほか、製品の需給や在庫、価格、設備、雇用人員、資金繰り等の判断項目についても作成されている。

成、運用しており、先物を大量に買っている)。外国人だけの売りではありません。

短観はテレビ、ネットの経済ニュース、取引をしている証券会社の相場情報などで速報されます。この情報を見逃すと思わぬケガをしますから、くれぐれも注意が必要です。

3月の短観はDIと呼ばれる業況判断指数が、大企業製造業でプラス6と3カ月前の調査に比べ6ポイント悪化しました。この水準は2013年6月以来のもので、悪化の幅は3年3カ月ぶりの大きさとなったのです。

短観の業況判断指数の悪化を受け、4月1日の日経平均株価は寄り付きの1万6719円からほぼ1本調子で下げ、大引け間際に1万6113円(安値)まで下げました。この間の下げ幅は606円に達します。

第168回全国企業短観経済観測調査(2016年4月1日)

[業況判断DI]:「良い」-「悪い」

(単位:ポイント)

		2015年12月	2016年3月	12月→3月(変化幅)	2016年6月まで(予想)	3月→6月(変化幅)
大企業	製造業	12	6	▲6	3	▲3
	非製造業	25	22	▲3	17	▲5
中堅企業	製造業	5	5	±0	▲2	▲7
	非製造業	19	17	▲2	9	▲8
中小企業	製造業	0	▲4	▲4	▲6	▲2
	非製造業	5	4	▲1	▲3	▲7

(注)調査対象企業は全国10930社(回答率99.4%)。内訳は製造業4441社(うち大企業が1087社)、非製造業6489社(うち大企業が1043社)。回答期間は2月25日~3月31日

(出所)日本銀行調査統計局

✪マイルールどおりに実行すれば、値下がりしても株式投資が楽しくなる

講演会などでよく聞かれる問題に、損切り（ロスカット）があります。個人投資家の方から、「**ソニー（6758）**を2016年の3月1日に寄り値の2372円で買ったのですが、利食いと損切りはいくらくらいにすればいいですか」などという質問を受けます。

筆者はまず、「短期（投資）ですか、長期（投資）ですか」と尋ねます。このとき、すぐに答えられない方が多いのに驚かされます。株式投資は、ある一定の時間内において、「お金に働いてもらう」という意識が求められます。

具体的には、例えば1日で1万円儲けようと思えば**デイトレード**に徹し、数日で5万円稼ごうと考えれば**スイングトレード**を行ないます。これらは超短期投資です。ごく短い時間の間に少額の利益をこまめに狙う投資スタイルです。もっとも、デイトレードでは新興市場などの〝小物〟を狙うべきです。

これに対し、例えば1カ月で10万円以上儲けようと思うのが短期投資、1年以上の年月をかけて100万円以上の利益をあげようとするのが長期投資の考え方です。大きな投資資金と卓越した技量があれば別ですが、ごく普通の個人投資家が1日に100万円以上の利益をコンスタントにあげることは現実性が

■デイトレード

1日のうちに売買を完結させ、翌日にポジションを持ち越さない取引方法。損益に関係なく、購入した場合は銘柄をその日にすべて売却、あるいは信用売り（カラ売り）した場合は、銘柄をその日にすべて買い戻して決済する。

■スイングトレード

数日程度の投資期間で、相場の波の値動き（波動）を利用して利益を狙う取引手法。デイトレードより大きな利幅を狙いたいという、目先勝負の投資家に好まれている。投資期間が短いため、チャートなどテクニカル分析を重視することになる。

ありません。

株式投資のリターン、すなわち利益は、同じ投資家が行なった場合、基本的に金額と時間に応じてもたらされます。長い時間をかけるほど大きなリターンを狙うことができるのです。

もちろん、リスクもその分増大します。1日に起きる出来事より、1年間に発生する出来事のほうがはるかに多いからです。

実際の投資をする前にそれが短期なのか、長期なのかをはっきりさせておかねばならないのは、時間との兼ね合いが大事だからです。

例えば、ソニーはVR（仮想現実）の本命的な存在です。筆者は目先の値動きに一喜一憂せず、「じっくり持ってください」とアドバイスしています。

ともあれ、投資に際してのスターラインがあやふやでは、成功は難しいでしょう。「1カ月程度の短期投資のつもりで買ったら下げてしまい、どうすることもできないので長期投資に変えた」という人の愚痴をよく耳にしますが、これではいけません。

短期投資であれば銘柄の特性、チャートにもよりますが、ソニーの場合は利食いラインを買い値の20％前後、損切りラインを5～8％に設定してはどうで

■タテのポートフォリオ

複数の銘柄を買ってポートフォリオを構成するのが、「ヨコのポートフォリオ」。これに対し、1つの銘柄を異なる株価で複数回購入してつくるのが、「タテのポートフォリオ」である。

例えば、A社株を800円→720円→640円→560円で買った場合、平均購入コストは680円になる。

その後、A社株が816円になれば、このポートフォリオは2割の利が乗ったことになる（680円×1・2＝816円）。

しょうか。

ソニーは２０１６年３月31日に２８９３円で引けています。３月１日の始値２３７２円に対し、22％利が乗った状態です。「短期・順張り」であれば、即座に利食いをするタイミングでしょう。

ただ、「長期・逆張り」であれば持続です。この際、よほど突発的な出来事が生じない限り、損切りはしません。逆に、10％下げれば２の矢（２回目の買い）、20％下げれば３の矢（３回目の買い）を入れていくのです。

「長期・逆張り」の場合は、このようにして「タテのポートフォリオ」をつくります。そして、配当をもらいながら大きなリターンを狙います。ただ、**東京電力（９５０１）**、**東芝（６５０２）**、**シャープ（６７５３）**など

▼ソニーの週足

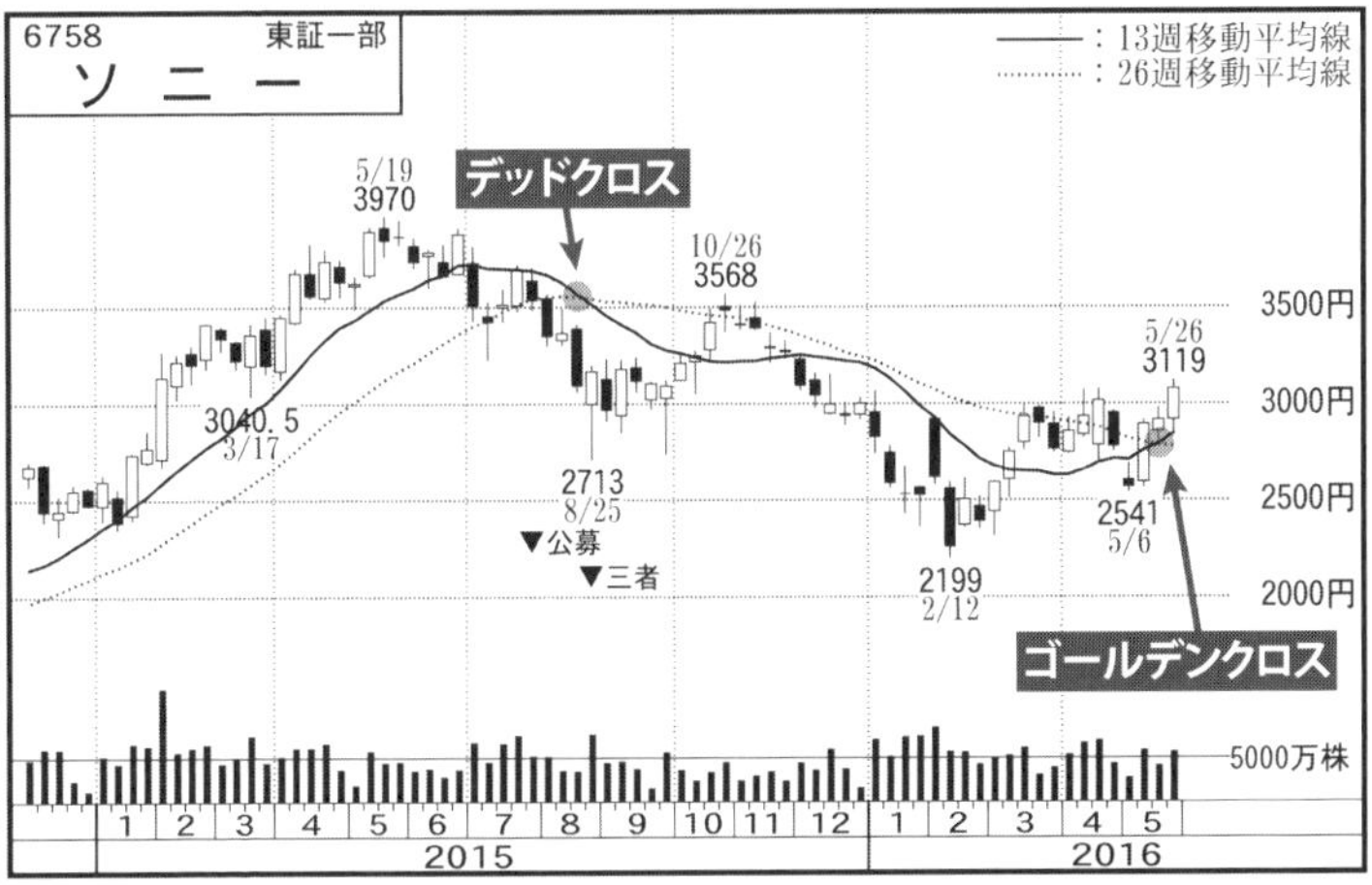

のように深刻な悪材料が出現した場合、これは処分するしかありません。早めの決断が必要です。

深刻な事態が生じない限りは、ひたすら丹念に下値を拾っていけばいいのです。本書を参考にするなどして自分で「マイルール」をつくり、そのとおりに実行すれば気持ち的に余裕が出ます。そして、株式投資が楽しくなります。

株価が値下がりしても、パニックになって冷静さを失うことはありません。1カ月前とほとんど変わることのない企業価値の株式が10％安、20％安の株価で買えるのです。これ以上の楽しさはないではありませんか。

繰り返しになりますが、ソニーの2016年3月における月間上昇率は22％に達しました。これは、日経平均株価の月間上昇率4・7％を大きく上回る数字です。この場合、「強い」と思うか、「割高（買われすぎ）」と考えるかが問題です。

ソニーが日経平均株価の上昇率を大きく上回って推移したのは、2016年10月に「プレイステーションVR」を発売すると公表、ゲーム事業の成長性が再認識されたこと、エレクトロニクス事業がリストラの効果で収益性が高まっていることなどを評価されたのだと思います。

■マイルール
自分自身で決めた投資のルールのこと。例えば、購入した銘柄が買値より10％下げたら損切り、逆に買値より10％上げたら利食いなどと決めておく。タテのポートフォリオをつくる場合は、買値より10％下げれば2回目の買い→20％下げれば3回目の買いなどと決めておき、そのとおり指値注文を出しておく必要がある。一説に、個人投資家の9割が負け組なのは、マイルールがない（守らない）ためともいわれている。

月足チャートを見ると（長期投資の場合は日足、週足だけでなく月足も必ず見てください）、２０１５年10月につけた３５６８円が目に入ります。その前の高値は同年５月の３９７０円があります。安値は２０１６年２月の２１９９円です。今後、株価はどちらを目指すのでしょうか。

高値を見に行くと思えば買い、安値を更新すると考えれば売り、判断がつかねければ見送り（様子見）です。筆者は、同じ電機セクターの**日立製作所（６５０１）**などの動きと比較しても、ソニーの上値余地はまだ残されている、と考えます。

事実、５月26日には２日前に発表された業績見通しを好感し、３１１９円まで買われています。

これは１つの例ですが、いずれにしても有望だと思う銘柄を見つけたら、「短期・順張り」か「長期・逆張り」かを明確にします。そして、利食い・損切りラインを定め、実際の投資に臨んでください。まあ、基本的に強い銘柄にマトを絞る――これが勝利の方程式でしょう。

このやり方を貫けば、いくら波乱相場が続こうと株式投資で好結果を出すことができるのです。

■プレイステーションＶＲ
世界的な人気ゲーム機である「プレイステーション４」の後継機種。バーチャルリアリティ（ＶＲ）システムによって、圧倒的な臨場感が楽しめると期待されている。
ＶＲヘッドセットを頭にかぶると大迫力の３Ｄ空間が出現し、これまでにないＶＲ体験を味わうことができるという。予定価格は４万４９８０円（税抜き）。

✪自社株買い&配当額は史上最高を更新中！

一方、これは中・長期的な視点になりますが、２０１５年度の自社株買い実施額は前年度比１・９兆円増の５・３兆円に膨らみました。これは２００７年度の４・６兆円を上回り、史上最高です。

配当額は10・９兆円と初めて10兆円の大台に乗せました（３年連続の史上最高）。この結果、自社株買い実施額＋配当額の総還元額は16・２兆円と、これまた史上最高を更新しました。経営者の意識が変わったのです。

２０１６年度は17・１兆円になる、と予想されています。２０１７年度もこの流れは変わりません。悪材料が出て突発的な下げに見舞われても、全体的にはこれが株価を下支えするでしょう。

東証1部上場企業の配当総額の推移

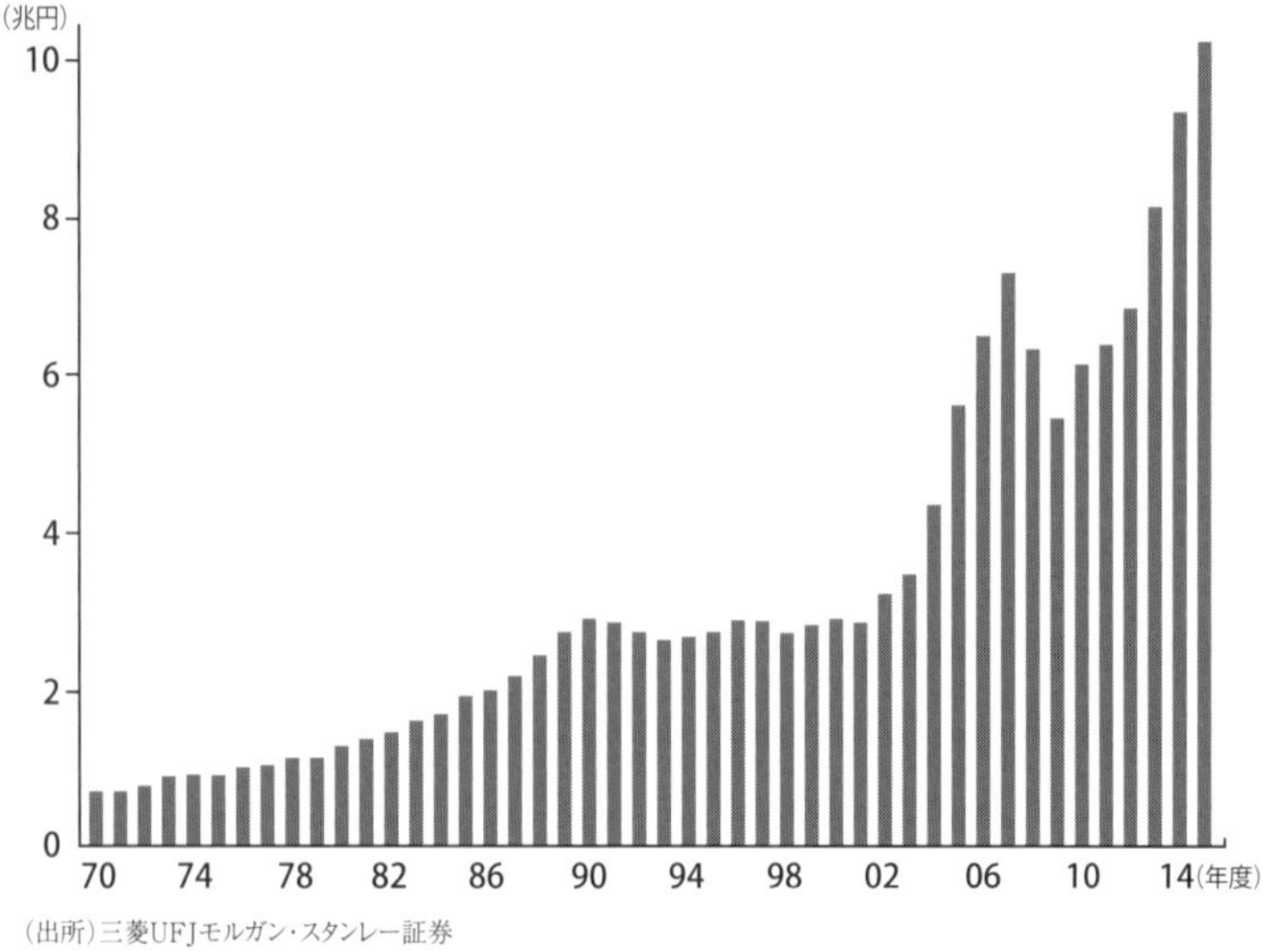

（出所）三菱UFJモルガン・スタンレー証券

なお、２０１７～２０１８年の相場の大まかなデッサンですが、日経平均株価は２０１７年に２万円の大台を固めたのち、２０１８年には２万３０００～２万５０００円の水準を目指す、と予想しています。

もちろん、政策対応、および世界景気次第の面があります。しかし、トレンドは「強」と考えていいのではないでしょうか。

さて、ここまで２０１８年までの相場見通し、マーケットの現状と相場に対する留意点などについて述べてきました。次の第２～４章では、注目する個別銘柄を例にトリプル投資作戦のポイントを解説してみたいと思います。

よくお読みいただければ、ハイフリ（超高速・高頻度取引）に負けてなるものか、という気概と自信が沸いてくるはずです。

日本の増配・減配企業の構成比

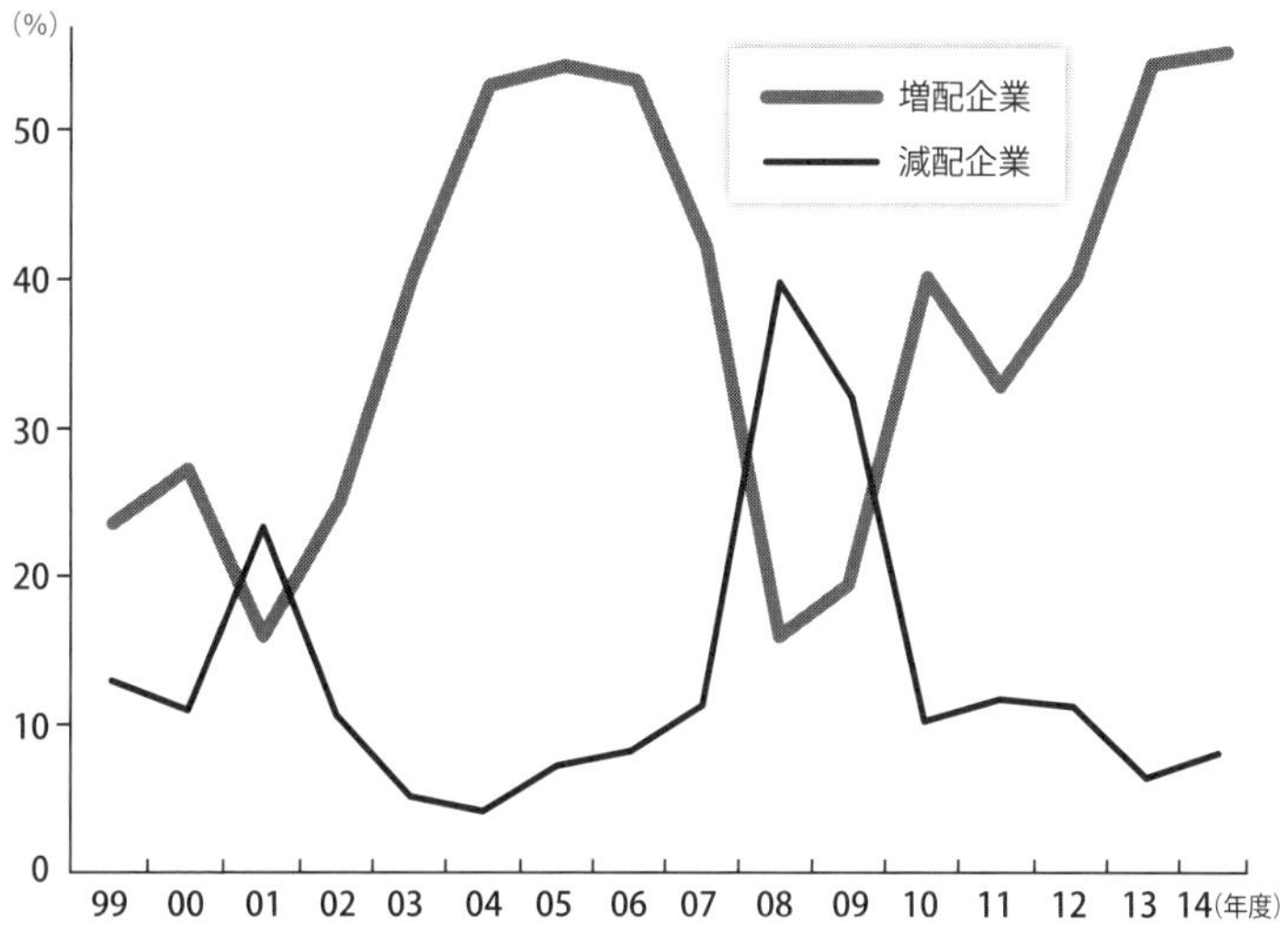

（出所）三菱UFJモルガン・スタンレー証券

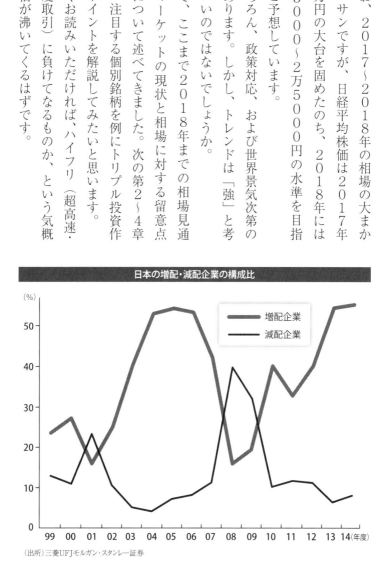

COLUMN

杉村富生のブレイクタイム……1

採用計画は企業の将来の姿（株価）を映し出す

株価が映し出すのは、企業の将来の姿です。現在、過去の姿ではありません。では、その未来の姿をどう予測するのでしょうか。まず、経営者の言葉が参考になります。ただし、個人投資家が話を直接聞ける機会はあまりありません。

企業業績はどうでしょうか。会社側の予想、『会社四季報』などのデータがあります。しかし、注意を要するのは企業業績が“万全”ではないことです。特に、会社側の予想は期中の減額修正を警戒して極端に慎重であったり、社内の努力目標を予想数字（超強気）にするケースが見られます。

そこで登場するのが新人採用計画です。これには“ウソ”がありません。かつて内定取り消しが問題になりましたが、そんな不祥事を起こした企業は大きなバッシングを受けました。経営破たんに追い込まれた企業もあったのです。

例年、桜の季節に大手マスコミによる来春の採用計画調査が行なわれます。日本経済新聞社の調査では、2017年に日本電産グループ、村田製作所、ALSOKなどが強気の採用計画を明らかにしています。

富士ソフト（9749）は450人（前年は394人）の採用を目指しています。サイバーコムなど有力子会社を持ち、自動運転、5G、VRなど新分野の開拓に積極的に取り組んでいます。自動運転で先駆している名古屋大学発のベンチャー企業に出資、名古屋オフィスは200人体制としました。ロボット「パルコ」は、介護施設向けの用途を開発中です。

第2章

確実に儲けを生み出す「極端バリュー」作戦

作戦1

ジェリーフィッシュ（クラゲ）の特性に学ぶ！

「ピンチはチャンス！」が株式投資の肝
パニック売りによる異常安は必ず修正される

✪配当利回りを常に頭に入れて投資に臨む

まずこの章では、確実に儲けを生み出す「極端バリュー」作戦として、**突っ込み買い**・**吹き値売り**について解説します。極端バリューとは、内容がいいのに全体相場にツレ安（つられて安くなること）し、極端に売られた超割安銘柄のことです。

マーケットが混乱すると、内容のいい銘柄も全体相場に引きずられ値を崩します。その場合、日経平均株価などの指数に比べ、それ以上に大きく下げる銘柄が続出します。ここに大きな収益チャンスが生まれるのです。これを見逃す手はありません。まさに、「ピンチはチャンス！」です。株式投資では、これが肝となります。

２０１６年の株式相場は、日経平均株価が1月、2月と2カ月連続して下げ、3月は戻しましたが、4～5月は再び弱い展開となりました。5月6日の日経

用語解説

■**突っ込み買い**
相場が急落している状況のときに買いを入れること。投資家心理の悪化により、株価が必要以上の安値水準を示すときがある。

■**吹き値売り**
相場が急騰したときの値段が吹き値であり、相場が何らかの理由で一時的に吹き上がったように高くなることを意味する。吹き値で売ることを吹き値売りという。

平均株価は、２０１２年11月15日以来となる６日連続の下げを記録しました。ちなみに、その前日の11月14日は、野田首相（当時）が衆議院の解散・総選挙の意向を表明した日です。この日を境に**アベノミクス相場**がスタートしたのです。

現在、市場関係者の間には、「アベノミクス相場は終わった」との声があります。このような相場展開のなか、多くの個人投資家の方が苦しんでいます。講演会などでは、「損失が膨らむ一方で困っています。リカバリーするにはどうすればいいでしょうか」などという質問をよくされます。

株式投資で失敗する典型例はスッ高値をつかみ、戻りを待っているうちに株価がズルズルと下がり、ドン安値をぶん投げる（損切り）という最悪のパターンです。株式投資で成功するためには、この逆をすればいいことになります。すなわち、安いところを拾い、高値で売り払う（利食う）のです。しかし、このためには背中がゾクゾクッとし、ギョッとするような下げ場面を買わねばなりません。

これが、「極端バリュー」の突っ込み買い・吹き値売り戦術です。『杉村富生の株の教科書　あなたも株長者になれる39の秘訣』（２０１４年12月にビジネス

■アベノミクス相場
安倍政権による経済政策の総称（通称、三本の矢）がアベノミクスであり、これに対する期待感によってアベノミクス相場は急騰劇を演じた。野田佳彦首相（当時）が衆議院の解散を宣言した２０１２年11月14日（日経平均株価の終値８６６４円）を起点としており、２０１６年６月24日には２万９５２円まで上昇した。

浮いたり沈んだりを繰り返すクラゲ

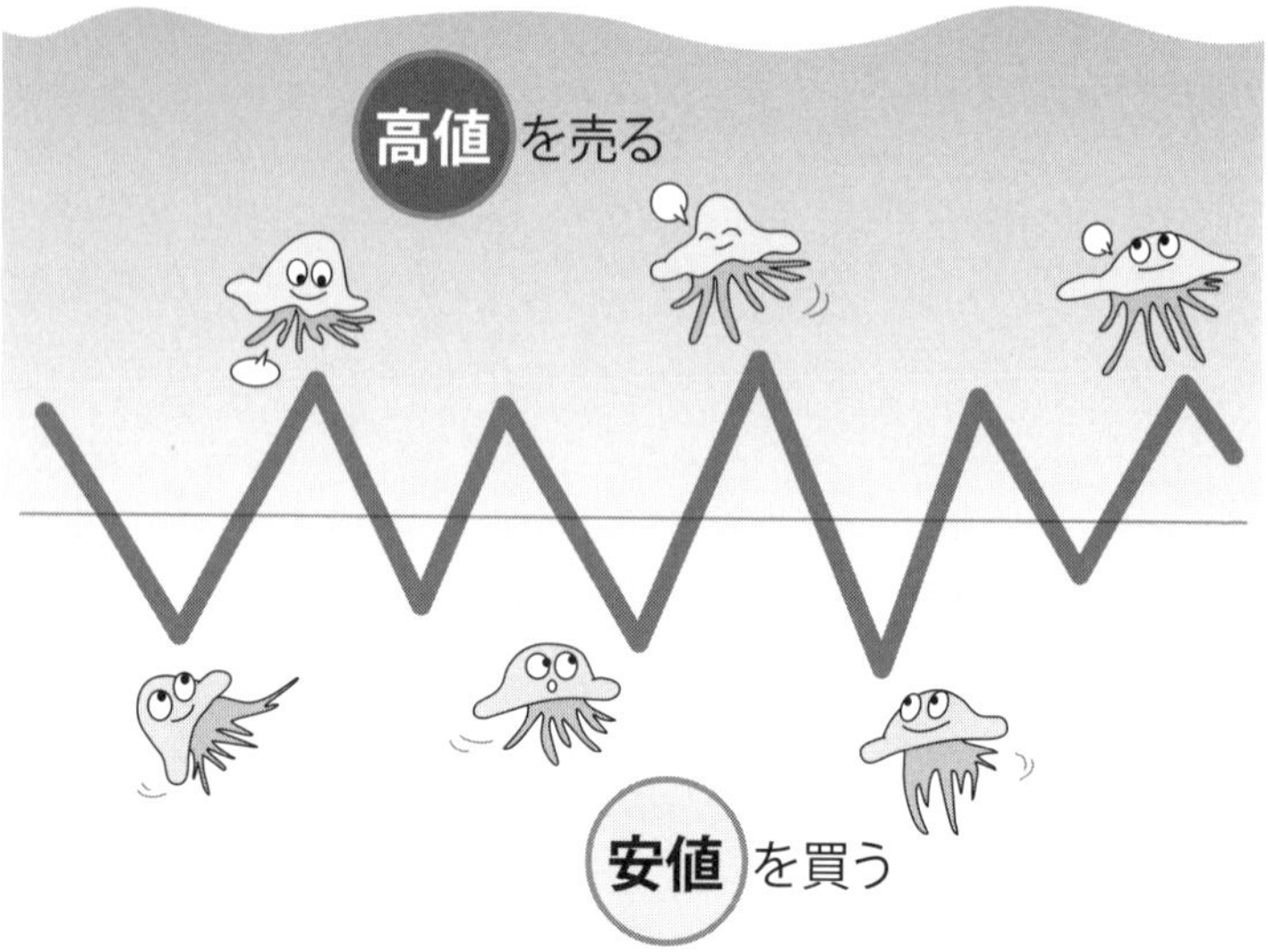

▼クラゲのように浮き沈みを繰り返すNTTドコモの日足

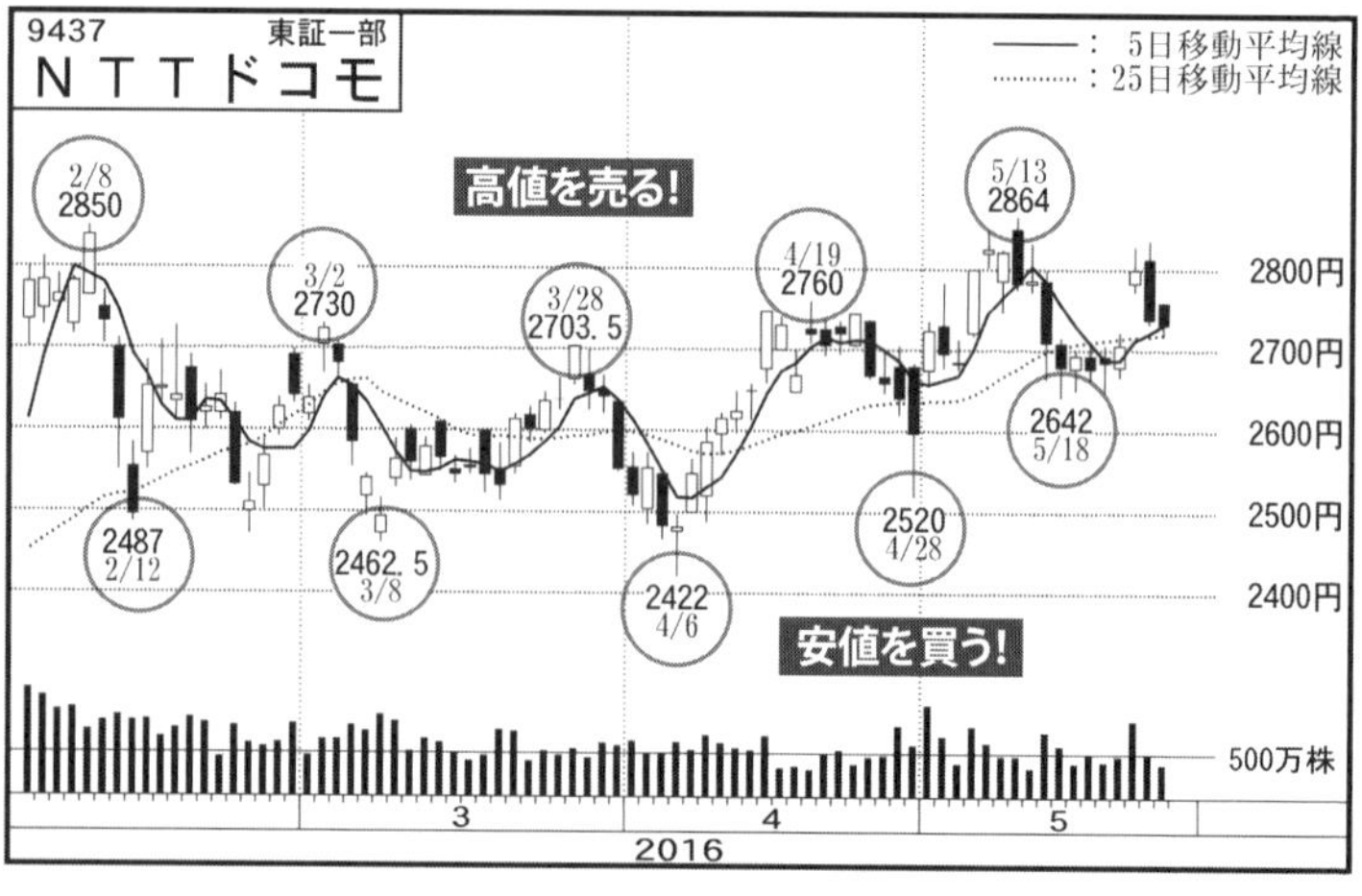

社より刊行）でも触れていますが、筆者はこの作戦を、別名「ジェリーフィッシュ（クラゲ）作戦」と呼んで勧めています。波間に漂うあのクラゲです。

クラゲは船舶などが接近すると、そのスクリュー音に反応して、海面すれすれから深く潜行します。この習性を見習うのです。すなわち、愚直に安いところを買って、素直に高いところを売る作戦です。

日経平均株価などの指数が大きく下げ、マスコミが大騒ぎすれば「好機到来」です。みんながパニックに陥り、「これはもうダメだッ」と身を引いている局面を断固、買い出動するのです。

このとき買いの重要な尺度となるのが、配当利回りです。個別銘柄の配当利回りについては、証券会社の情報ツール、あるいはネットで「〇〇銘柄の配当利回り」などと検索すればすぐ分かります。もちろん、年間配当金をそのときの株価で割ればすぐに計算できます。

ＰＥＲ（株価収益率）、ＰＢＲ（株価純資産倍率）は**割安銘柄**を見つけるうえで役立ちます。ただ、ＰＥＲは企業業績に対する不安が高まる状況下では割安の指標として機能しなくなることがあります。その点は注意が必要です。ＰＢＲは過去の〝蓄積〟をベースにしています。決算が赤字にならない限り、心

■割安銘柄
ＰＥＲ等の投資指標、チャート的な側面などをもとに割安な水準と判断された銘柄のこと。一般的に割安銘柄は上昇するまで時間を要する場合が多いものの、下値不安薄という利点がある。

配はいりません。

NTTドコモ（9437）は、安定感抜群の業績を維持しています。2016年3月期は、売上高に相当する営業収益が前期比3・3％増の4兆5271円億円、最終利益が33・7％増の5484億円となりました。増配を続けています。

2017年3月期は、会社側の見通しでは営業収益が2・1％増の4兆6200億円、最終利益が17％増の6400億円になりそうです。

携帯キャリア各社は政府の携帯料金値下げ要請に応じ、料金プランを見直しています。NTTドコモの場合、700億円程度の減収となりますが、これをデータ通信の伸びでカバーします。

年間配当は2016年3月期の70円に10円積み増し、80円とする見込みです。時価の2597円に対する配当利回りは、前期実績ベースの70円でも2・7％、今期予想ベースの80円では3・1％になります。

また、PER（予想ベース）は約17倍、PBR（実績ベース）1・8倍と割高感もありません。

もとより、同社は国内携帯キャリアの最大手（シェア4割強）であり、財務

■携帯キャリア

携帯会社、正式には電気通信事業者のこと。日本にはNTTドコモ（9437）、KDDI（9433）、ソフトバンクグループ（9984）の3社があり、各社とも熾烈なシェア争いを演じている。

ちなみに、キャリアは英語のcareer（経歴）ではなく、carrier（運搬人、運ぶ人）という意味。

内容は極めて良好です。ただ、株価はまさに波間に漂うクラゲのごとく、上げ下げを繰り返しています。

すなわち、2016年2月1日の高値2888円→2月12日の安値2487円（下落率13・9％）→3月2日の高値2730円（上昇率9・8％）→4月6日の安値2422円（下落率11・3％）→4月19日の高値2760円（上昇率14・0％）という具合です。

これほどの好業績、高配当銘柄であっても、全体相場の余波を受けてしまいます。だからこそ、投資妙味が生まれるのです。

一方、**ファーストリテイリング（9983）**は、販売不振を受け、2016年4月7日に2016年8月期の業績予想を下方修正しました。最終利益が従来予想を500億円下回る600億円と、2期ぶりの最終減益になります。これは前期比45％減益です。

この下方修正の発表を受け、翌営業日（4月8日）の株価は4095円安の2万6395円（前日比マイナス13・4％）まで売られました。この日の日経平均株価は、前日比72円高の1万5821円で引けています。**日経平均株価に対する寄与度**の大きい銘柄の同社株が逆行安となったのです。

▒日経平均株価に対する寄与度

日経平均株価に対して、それを構成する225銘柄がどのくらいの騰落幅をもたらしたかを示すもの。たとえば、10円のプラス寄与度とは、その銘柄が日経平均株価を10円押し上げたことを意味する。寄与度の上位銘柄には、ファーストリテイリング（9983）、ソフトバンクグループ（9984）、KDDI（9433）などがある。

しかし、この水準でも同社株の配当利回りは1・3%、PER25・7倍、PBR3・6倍と割安感はありません。つまり、このような銘柄は〝極端バリュー〟にはなりません。株式投資では、割高な主力銘柄が業績を下方修正したとき大ケガします。まあ、株価は業績悪を知っていたといえるのですが……。

この点、指標面で極端に割安となった銘柄を買えば、たとえそこから下げてもたかが知れています。逆に、「これは異常値だ」と確信を持って、買い下がっていけるのです。これが、〝極端バリュー〟の優位性です。

ただ、大切なのはせっかくの突っ込み買いのチャンスなのに、暴落の最終局面では、「いや、それは分かるがお金がない」という人が多いことです。やはり、リスク・マネジメントが大事です。そうでないと、「**鯨3文といわれても銭がなければ買えぬ！**」悲しい結果に陥りかねません。

これ以降は、筆者が注目している銘柄を例に解説していきたいと思います。注目ポイントはどこにあるのか、どのようなときに買い、どのようなときに売るのか、そのような考え方をぜひ参考にしてください。

なお、第2～4章の銘柄については、その投資メドを2016年12月末～2017年12月末においてあります。

▓「鯨3文といわれても銭がなければ買えぬ！」
リスク・マネジメントの大切さを教える相場格言。講演会などにおいて、「ここは絶好の買い場です」と指摘すると、かならずこんな声があがる。「いや～、買いたいのはやまやまだけど、資金がなくて……」と。高値圏では、現金比率を高めておく必要がある。

✪浅沼組の2017年3月期業績予想は慎重すぎる

▼前期大幅増益の反動見込むが、増配続く

浅沼組（1852）は1892年創業の中堅ゼネコンです。関西を地盤に全国展開しています。売上高構成比率は建築部門が82％、土木部門が17％と建築主体の会社です。歴史的建造物、官公庁建築に実績があり、京都府庁舎、奈良市庁舎などを手がけています。また、リニア中央新幹線のトンネル工事などを受注しています。

受注環境は良好であり、労務費、資材費の値上がりを順調な施工実績でカバーしています。最近は耐震補強工事、地盤改良工事、大規模リニューアル工事などが伸びています。

業績は好調に推移する見通しです。2016年3月期の売上高は1469億円（前期比15・9％増）、営業利益は64・5億円（同2・5倍）、最終利益は67・3億円（同2・4倍）と大幅に増えました。円高に苦しむ輸出関連企業とは対照的です。

2017年3月期は17％減収、最終利益が64・6％減益と見ていますが、会社側のこの予想数字は慎重すぎるのではありませんか。**1株利益**は2015年

■1株利益
正式には1株当たり純利益のことで、当期純利益÷期末の発行済み株式数で算出する。EPS（イー・ピー・エス）とも呼ばれるが、これは英語の「Earning Per Share」の略称。当期純利益が増えれば1株利益は多くなり、当期純利益が減れば少なくなる。また、自社株買い等により発行済株式数が減少すれば1株利益は多くなり、第三者割当増資等により発行済株式数が増加すれば少なくなる。

3月期の36・7円に対し、2016年3月期が88・4円、2017年3月期が31・3円と予想されています。

次期の見通しについて会社側は、景気下押しリスクに留意する必要があるとし、引き続き「選別受注」を徹底する方針です。2017年3月期の受注高は、1200億円（建築990億円、土木210億円）を見込んでいます。

配当利回りはどうでしょう。2015年3月期は2円配当でしたが、堅調な業績を受けて2016年3月期は5円配当としました。大幅な増配です。214円の株価は年間配当利回り2・3％となります。2017年3月期の配当は6円とします。

▼配当利回り3％相当の210円近辺を狙う

先にも述べたとおり、業績懸念、減配懸念を

浅沼組の業績推移

	2015年3月期	2016年3月期	2017年3月期
売上高	126,837 (▲7.0%)	146,982 (+15.9%)	122,000 (▲17.0%)
営業利益	2,608 (+85.9%)	6,454 (+147.4%)	2,710 (▲58.0%)
経常利益	2,338 (+118.8%)	6,161 (+163.5%)	2,460 (▲60.1%)
最終利益	2,793 (+58.7%)	6,728 (+140.9%)	2,380 (▲64.6%)

(注)売上高、利益はすべて連結、(　)は前期比、単位=百万円。 2017年3月期は会社側の予想

内包している企業の場合、ＰＥＲ、配当利回りを投資尺度にするとリスクが増大します。しかし、建設業界は東京オリンピック・パラリンピック、国土強靭化計画、大都市圏を中心としたビッグプロジェクトが目白押しであり、強烈な追い風が吹いています。２０１７年３月期が大幅減益予想なのは、前期の大幅増益の反動でしょう。気にする必要はありません。

このセクターに業績懸念、減配懸念はありません。このような銘柄が全体相場のあおりを受けて異常な安値をつけたとき、〝極端バリュー〟銘柄候補になるのです。

株価は２０１６年2月24日に２１４円まで突っ込みました。この水準は２０１７年３月期予想ベースでＰＥＲ（株価収益率）が６・８倍にすぎません（株価２１４円÷予想１株利益

▼淺沼組の日足

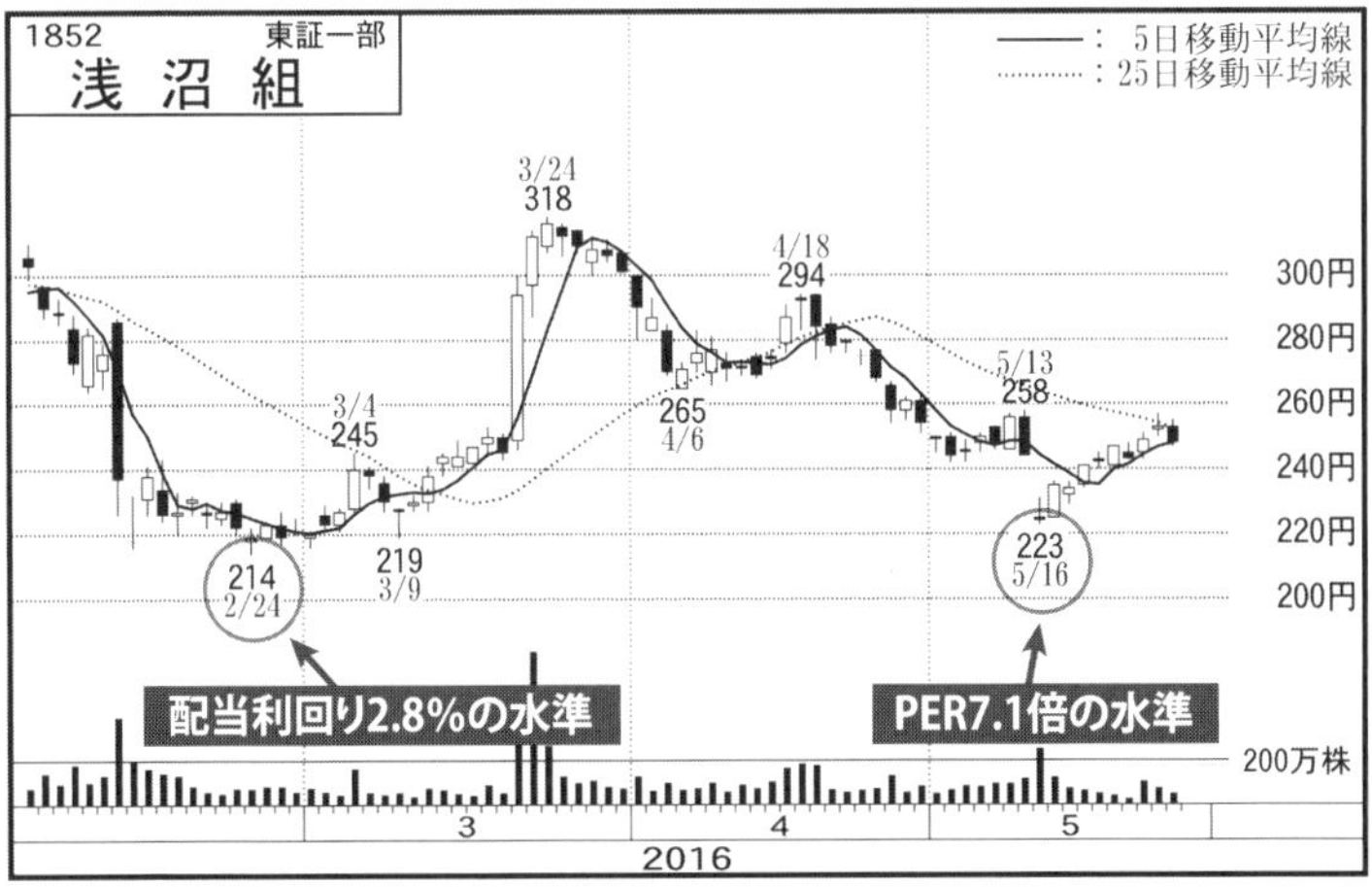

31・3円）。売られすぎです。

その後、2016年の3月半ばに見直し買いが入り、同月24日に318円まで急騰しました。まさに、吹き値です。この水準のPERは前期実績では3・6倍とまだ割安顕著ですが、配当利回りは1・6％に急低下しています。チャートを見ると、ローソク足が長大陽線→陰線の出現となり、上値が重くなったと判断できます。こうなれば、短期・順張りの場合は、とりあえず売りです。

実際、2016年4月6日には265円まで押し目を入れています。この水準はPER8・4倍（2017年3月期ベース）ですが、配当利回りは1・8％です。ここはひとまず、様子見です。5月16日には223円の安値をつけました。しかし、この水準はテクニカル的に買えません。

やはり、狙うのは配当利回りが3％に接近する210円がらみでしょう。そのときは即座に買いです。そして、300円を超えたとき、改めて売りか、買い（**利乗せ**）かを判断します。全般相場を見極めるのです。このようなことを繰り返すことによって、利益を積み重ねればいいのです。

■利乗せ
株式投資において、利が乗った場合にポジションを増やすこと。上昇局面での利乗せを「買い乗せ」、下降局面での利乗せを「売り乗せ」という。「利乗せは最後にやられる」という相場格言は、欲の張りすぎを戒めている。

✪双日の200円割れは千載一遇の買いチャンス

▼2017年3月期も2ケタ増益予想、8円配当継続

双日（2768）は、2004年に日商岩井とニチメンが合併して以降、順調に業容を拡大しています。総合商社では売上高、純資産ともに6位という位置づけですが、レアメタル、民間航空機、発電関連など国内トップクラスの取扱い高を誇る事業を多く抱え、生活産業部門にも力を入れています。

総合商社は資源安により、保有する権益の**減損損失**が膨らんでいます。2016年3月期に、**三菱商事（8058）**は4000億円、**三井物産（8031）**は2600億円規模の減損損失を計上することを発表しました。総合商社全体では1兆円規模です。

〝市況〟産業にはこのリスクがあります。これに対し、双日は**伊藤忠商事（8001）**などと同じように総合商社のなかでは資源・エネルギー分野の依存度が低く、業界内では不況抵抗力が強い銘柄とされています。

双日の2016年3月期は経常利益が前期比15・8％減の443億円、最終利益が同10・4％増の365億円となりました。1株利益は29円、年間配当は2円増の8円としました。

▩減損損失
企業が保有する固定資産の収益力が低下しているとき、固定資産の価値を本来の価値に下げること。例えば、100億円で入手した資産が60億円の利益しか出さないとき、本来の価値は60億円になる。貸借対照表の記載を100億円↓60億円に修正すれば、40億円を減損損失（特別損失として計上）したことになる。

2017年3月期は8・1%増収、9・5%増益を見込んでいます。1株利益は32円の予想です。配当は8円を継続します。**配当性向**は25%になります。

▼220円割れ買い↓250円近辺売り

しかし、同社の株価は三菱商事、三井物産などと同じような推移をたどり、2016年2月12日に192円まで売られました。これはPER6・6倍、配当利回り4・2%となる水準です。PBR（株価純資産倍率）は0・5倍を割り込みました。まあ、ひどい話です。

これは〝異常安〟です。その後、3月8日に249円まで戻しました。この水準はPER8・6倍、配当利回り3・2%です。最安値に対し、3割近い上昇です。チャートは陽線が続いたあと十字線に近い形のローソク足が出現しました。この水準はいったん利食うことにします。

220円割れは、絶好の買いチャンスとなります。全体相場の余波を受けて投げ売りが出たとき、勇気を振り絞って買い出動するのです。

そして、1〜2割上がったところを確実に売るのです。ちなみに、懸念されている減配については「ない」と考えています。むしろ、増配の可能性があるのではないでしょうか。

■配当性向

当期純利益のうち、配当金として支払われる割合を示したもの。配当支払率とも呼ばれる。例えば、当期利益が1000億円で配当総額が300億円の場合、配当性向は30%となる。一般的に、配当性向が低い企業は市場の評価を得にくいため、配当性向の目標値を示す企業が増えている。

双日の部門別売上高比率

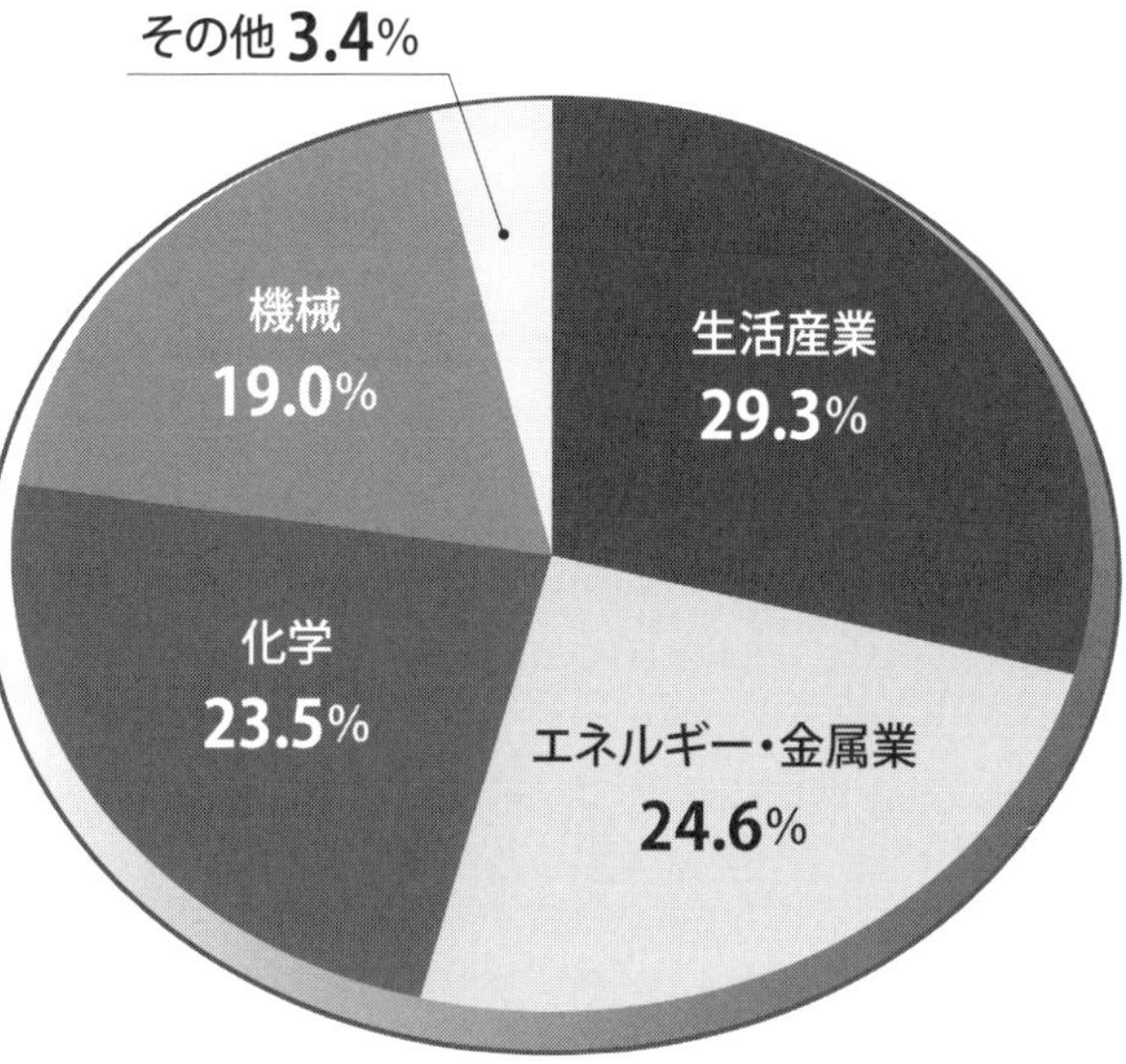

▼双日の日足

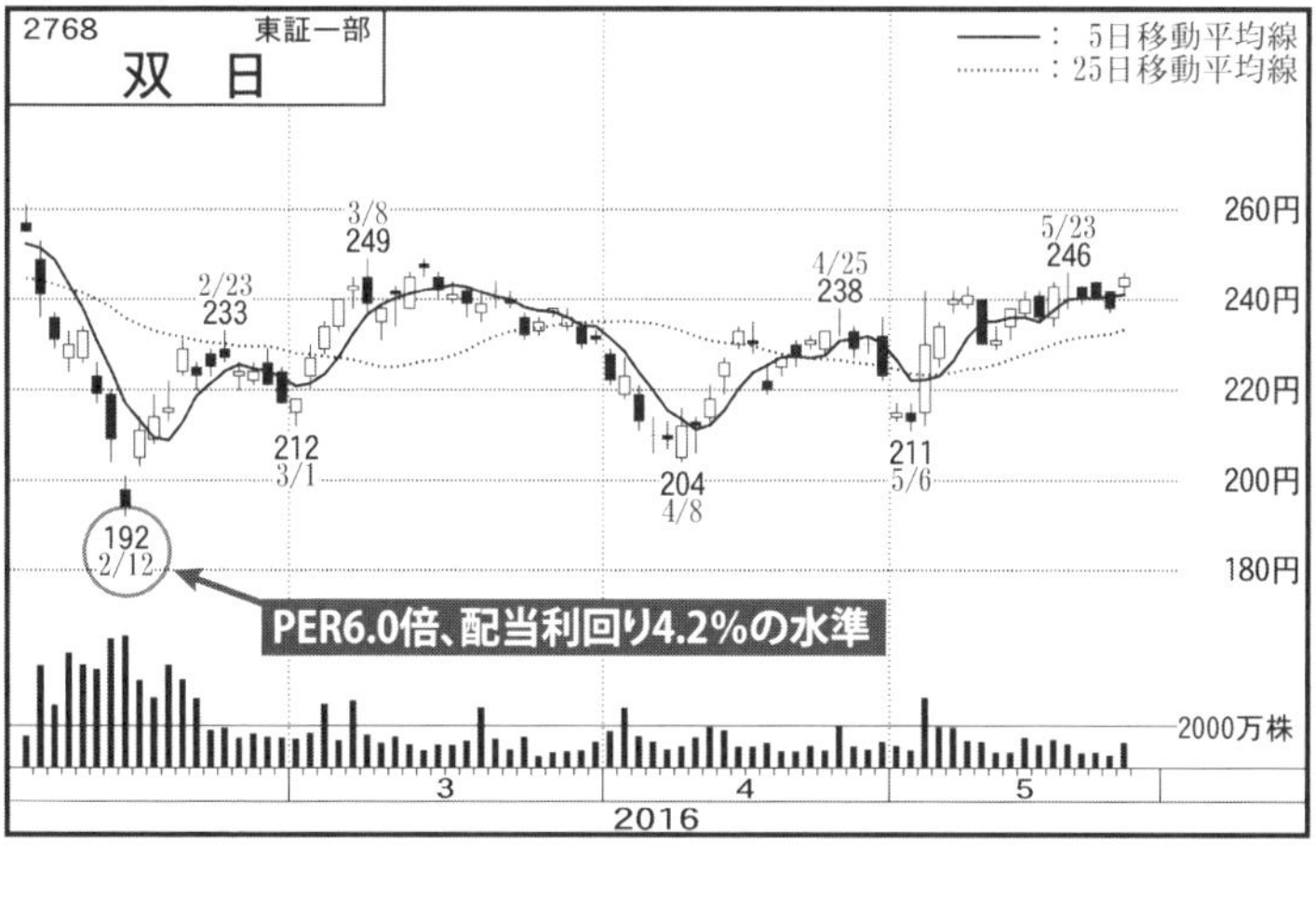

✪事業の多角化が進展、業績良好の東京センチュリーリース

▼有利子負債2兆円超、マイナス金利の恩恵受ける

東京センチュリーリース（８４３９）は、２００９年4月に東京リースとセンチュリー・リーシング・システムの合併により誕生した企業です。**伊藤忠商事（８００１）**が発行済み株式数の25・０％を保有する筆頭株主であり、**みずほフィナンシャルグループ（８４１１）**も同じく4・４％を保有する大株主です。

この〝毛並み〟のよさを生かし、広範な事業基盤を確立しています。主力の国内リース事業に加え、**スペシャルティ事業**、オート事業、国際事業などに事業を多角化しています。

スペシャルティ事業は、航空機リースに加え、メガソーラー事業の拡大が期待されます。オート事業は自動車リース会社、レンタカー会社（日本レンタカーサービス）を２０１３年度に連結子会社化しており、個人向け事業に力を入れています。

営業資産残高は約３兆円です。このうち国内リース事業が52％、スペシャルティ事業が26％、オート事業が13％、国際事業が９％を占めています。国内リー

▩スペシャルティ事業
本業に限らず、専門性を追求することで生み出された新たな事業のこと。独自の技術によって時代にマッチし、長期にわたって競争力を維持できる事業が求められている。

ス事業は飽和状態が想定されていますが、事業多角化に弾みがつき、カバーできる見通しです。また、頭に入れておきたいのは**有利子負債**が2兆4733億円（総資産の約75％に相当）と多く、これはマイナス金利政策の恩恵を受けます。

▼4300円目標に3700円以下の下値を仕込む

業績は極めて安定、順調に増収増益を続けています。すなわち、2014年3月期より2016年3月期までの売上高が前期比19・9％増→6・6％増→6・5％増、最終利益が同じく14・2％増→3・3％増→17・5％増です。2017年3月期1株利益は399円の予想、配当は15円増の95円とします。

株価は、これもクラゲのごとく浮き沈みを繰り返しています。2016年1月4日は4370円でスタート、1月21日の3645円→2月2日の4670円→同月12日の3445円→3月30日の4275円という具合です。

5月に入ると、急速に進んだ円高によって日経平均株価は急落しました。同社株もこの余波を受け、年初の安値水準に接近しています。ただ、業績面での不安は薄く、予想PERは8倍台、配当利回りも3％に近づいてきました。ここは勇気を出して買い下がり、4300円前後になれば手仕舞いすればいいのです。20％前後の利ザヤが稼げます。これはおいしい話ではありませんか。

■有利子負債
企業が返済すべき債務のうち、利息をつけて返済しなくてはならない負債のこと。これには金融機関から調達した短期、および長期の借入金、市場から調達した社債などが該当する。
一般的に、有利子負債の残高が大きいほど利息の支払いが増え、財務内容がよくないと判断される。ただし、マイナス金利下では利息の支払いが軽減するため、負債比率の高い企業には追い風となる。

東京センチュリーリースの主要データ

時価総額	3,998.42 億円	PER	8.6 倍
資本金	342.31 億円	PBR	1.2 倍
総資産	33,178.62 億円	ROE	10.7%
有利子負債	24,733.92 億円	上場来高値	4,670 円 (2016/2)
年間配当金	95 円	上場来安値	480 円 (2008/10)
配当利回り	2.5%	売買単位	100 株
筆頭株主	伊藤忠商事（発行済株式数の25%を保有）		

▼東京センチュリーリースの日足

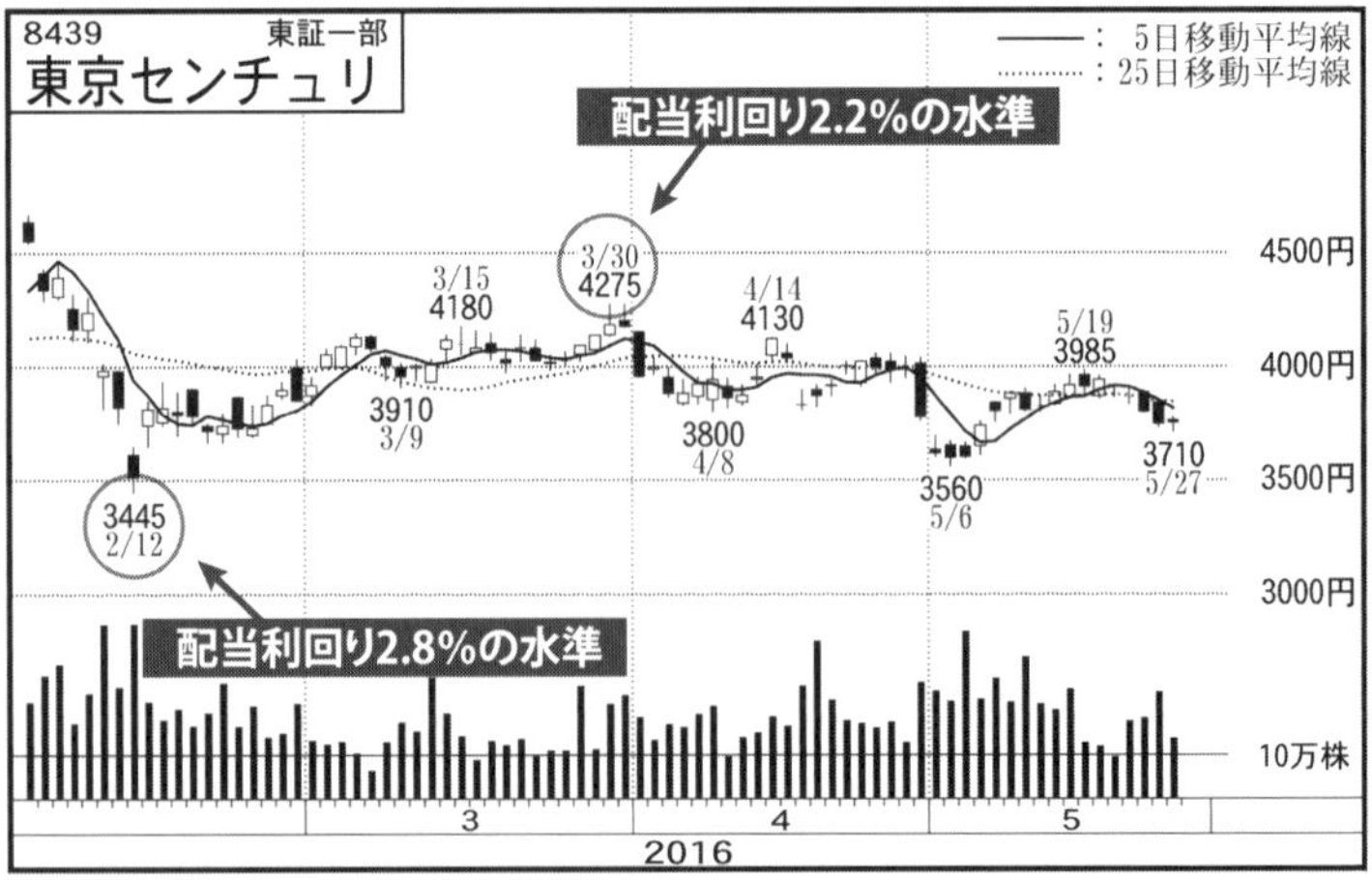

✪ブリヂストンの下値は安心買いができる

▼2016年12月期最終利益は9％程度の増益予想

ブリヂストン（5108）はタイヤのトップメーカーです。26カ国に180以上の生産・開発拠点を持ち、世界シェアは14・5％を誇ります。

2016年12月期の業績は売上高が3兆7500億円、経常利益が4870億円、最終利益が3090億円を見込んでいます。経常利益は前期比4％減益ですが、最終利益は9％近い増益予想です。

経常利益が微減益となるのは、円高・ドル安が響いているためです。しかし、タイヤ販売は北米を中心に好調を維持しています。このため、配当は前期比10円増配の140円とします。

海外売上高比率が83％と高いグローバル企業だけに、為替の動向が気になるところです。会社側の為替前提は1ドル＝115円です。ドルに対し1円変動すると、営業利益の変動額は32億円となる見込みです。

ただ、円高による減益要因はタイヤの販売増効果と原料安効果で吸収する計画です。2020年12月期までの「2015**中期経営計画**」では、配当性向の引き上げにも触れており、株主還元策を強化する方針です。

■中期経営計画

企業の中期的な経営計画のこと。略して「中計」と呼ばれ、その期間は3年程度であることが多い。5年以上の長期ビジョンに対し、具体的な数値目標を掲げるのが特徴。例えば、アサヒグループホールディングス（2502）では、EPS年10％程度の成長、ROE10％以上の水準の維持・向上を表明している。

▼配当利回り4％水準の3500円近辺を狙う

株価は2016年1月8日の3842円が2月1日に4416円、2月12日の3561円が3月7日に4228円と大きく突っ込んだあと、急速に戻しました。この間の上昇率はそれぞれ14・9％、18・7％になります。

注目したいのは、このときの安値3842円に対する配当利回りは3・6％、同3561円に対するそれは3・9％であったことです。

4月8日に3820円と再度、**心理的なフシ目**である4000円を割り込みました。この水準の配当利回りは3・7％です。これは絶好の拾い場です。3820円の10％高は4202円、15％高は4393円となります。

この近辺までの戻しは比較的容易であると考えられ、1回転勝負をする価値は十分にあるでしょう。この銘柄も、まさにクラゲのごとく上げ下げを繰り返していています。欲張らずに買い→売りを繰り返せば、何度でもおいしい思いをすることができるでしょう。

5月20日には3625円の安値をつけました。円高をイヤ気したのです。この水準のPERは9・0倍、配当利回りは3・9％です。

■心理的なフシ目

「日経平均株価は、心理的なフシ目の1万7000円を突破したことで後場に一段高となった……」などと論じられるときに用いられる。

株価の本来のフシ目は、通常、短期なら直近の高値や安値といった細かい価格が意識される。

いわゆるネックライン（関門値）といわれる株価が売り買いの目安になるのに対し、心理的なフシ目は切りのいい、おおまかな株価がその対象となる。

ブリヂストンの業績推移

	2014年12月期	2015年12月期	2016年12月期
売上高	3,673,964 (+3.0%)	3,790,251 (+3.2%)	3,750,000 (▲1.1%)
営業利益	478,038 (+9.1%)	517,248 (+8.2%)	520,000 (+0.5%)
経常利益	463,212 (+6.5%)	507,303 (+9.5%)	487,000 (▲4.0%)
最終利益	300,589 (+48.8%)	284,294 (▲5.4%)	309,000 (+8.7%)

(注)売上高、利益はすべて連結、( )は前期比、単位=百万円。 2016年12月期は会社側の予想

▼ブリヂストンの日足

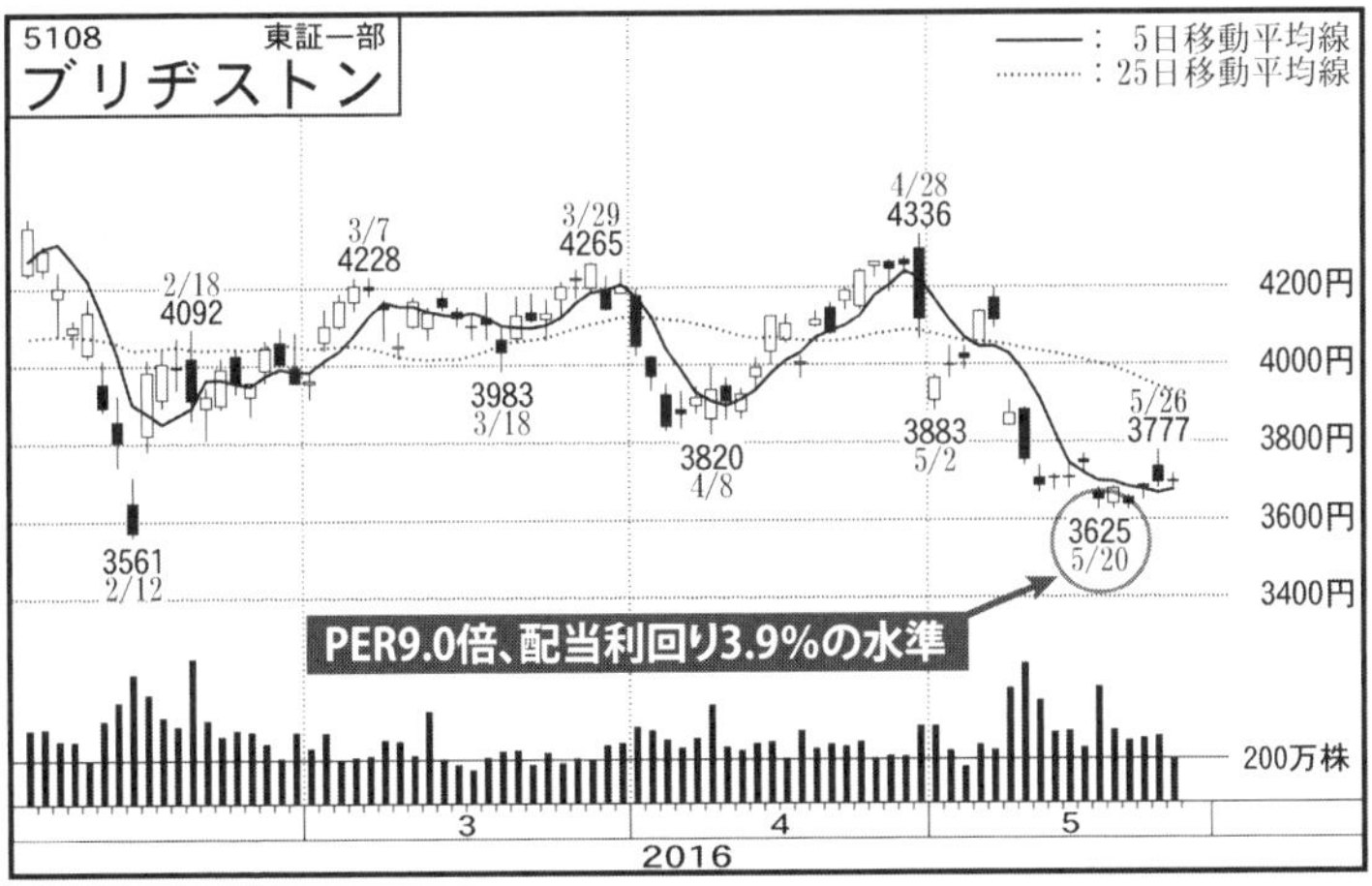

✪二点底を形成したみずほフィナンシャルグループ

▼2016年3月期はメガバンクで唯一増益を確保

みずほフィナンシャルグループ（8411）は日銀のマイナス金利政策の導入を受け、波乱の展開が続いています。株価はマイナス金利による**利ザヤ縮小**をイヤ気したのです。2016年1月29日の戻り高値216・9円が、2月12日には149・3円まで売られました。

2016年1月29日に発表した2016年3月期の業績は、経常利益が9975億円と前期比1％減益ですが、最終利益は6709億円とこちらは逆に、9・6％増益となりました。特筆すべきは、メガバンクのうち唯一最終利益が増益となり、9期ぶりに**三井住友フィナンシャルグループ（8316）**を逆転しました。2017年3月期も高水準の収益を確保できます。

注目の年間配当は7・5円と従来予想と変わりません。年間配当7・5円が維持されれば、150円の株価はジャスト5％の配当利回りになります。この投資妙味を見逃すことはできません。事実、3月14日に188・8円まで戻しています。これは安値149・3円に対し、何と26・5％値上がりしたことになります。3割近い短期急騰です。

■利ザヤ縮小
借りたお金の金利より、高い金利で貸し出した場合に得られる利益のこと。証券取引においては、売値と買値の差額によって生じる利益のことを指す。銀行にとっては重要な収入源の1つだが、銀行業界では日銀のマイナス金利政策によって、「利ザヤ縮小がさらに続いてしまう」と強い懸念を示している。

▼配当利回り5%水準で買い↓4%水準で利食う

ただ、この水準の配当利回りは3・97%まで低下します。これでも長期的に見れば妙味大ですが、配当利回りが4%前後に低下すると目先的に天井となっているのは紛れもない事実です。

その後、4月8日に再び1449・3円まで売られました。2月12日の安値とまったくの同値です。テクニカル的には**二点底**となり、再騰機運が出てきています。この水準では配当利回り5%が強烈に意識され、機関投資家などの買いが見込めます。この水準はPBR面でも0・4倍台と異常な安値であり、安心買いができます。

もちろん、貸し出しの利ザヤ縮小、国債運用利回りの低下をもたらすマイナス金利政策は、銀行の短期的な収益面ではプラスにはなりません。しかし、報道によると、全国銀行協会の会長に就任した国部《くにべ》毅《たけし》氏(三井住友銀行頭取)は、「消費や投資を喚起する効果が時間とともに出てくるため、中期的にはプラスになる」と述べています。

足元では住宅ローンの新規申し込み、借り換えが増えており、こちらも収益面で下支え要因となります。

■二点底

株価が2度同じくらいの安値をつけ、ローマ字の「W」のような形となったチャートパターン。ダブルボトムとも呼ばれ、相場の底を表わす。下落相場では、前に一度つけた安値は強く意識される。二度目の安値挑戦でこの水準を下回らないと下落基調が変化するため、重要な底値確認のサインとなる。

みずほフィナンシャルグループの株価と配当利回り

株価（円）	配当利回り（%）	株価（円）	配当利回り（%）
215.0	3.49	170.0	4.41
210.0	3.57	165.0	4.55
205.0	3.66	160.0	4.69
200.0	3.75	155.0	4.84
195.0	3.85	150.0	5.00
190.0	3.95	145.0	5.17
185.0	4.05	140.0	5.36
180.0	4.17	135.0	5.56
175.0	4.29	130.0	5.77

（注）年間配当7.5円（実績値）で算出

▼みずほフィナンシャルグループの日足

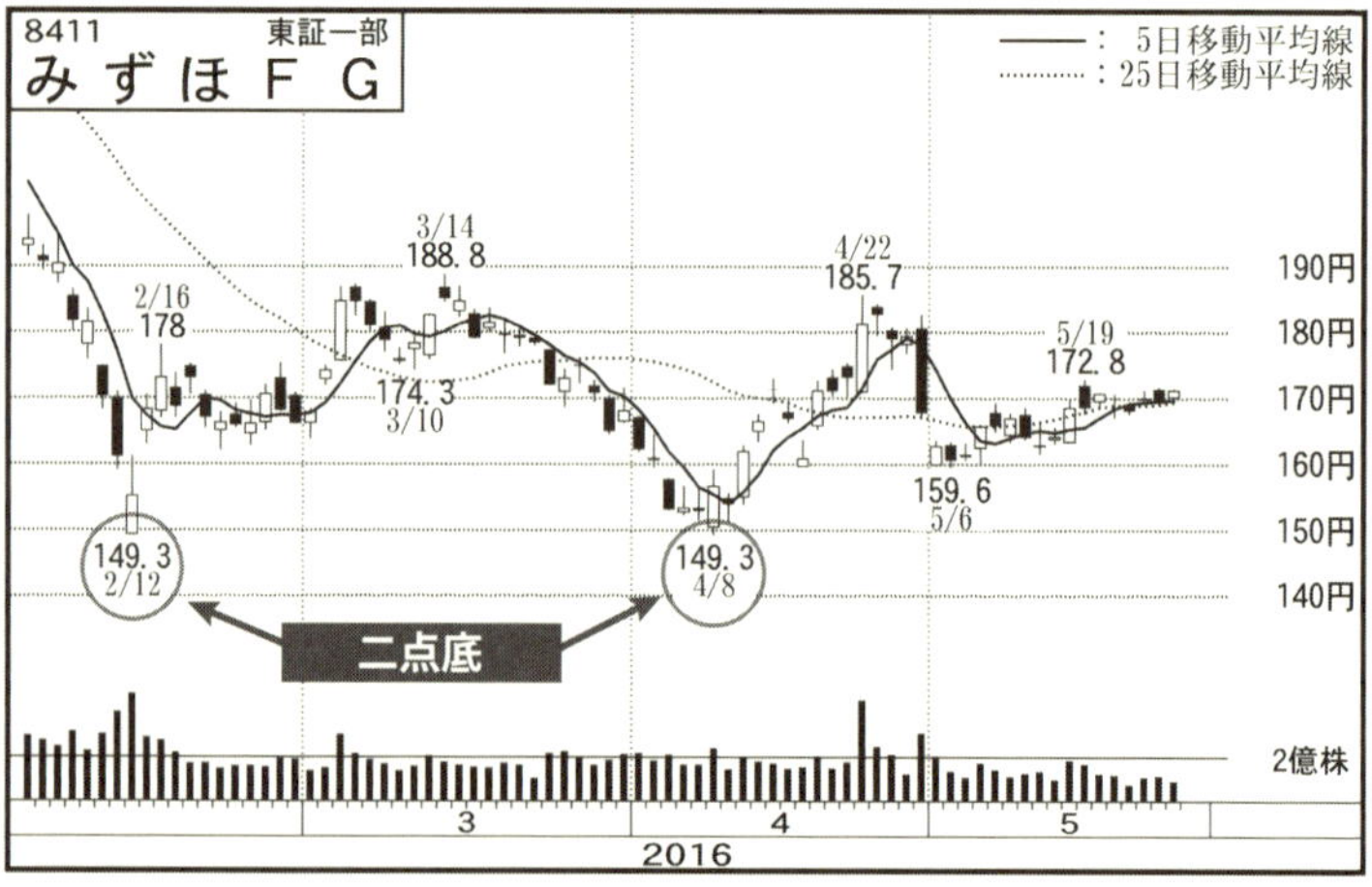

✪日本M&Aセンターは為替リスクと無縁の好業績銘柄

▼2017年3月期も2ケタ増収増益続く

日本M&Aセンター（2127）は、国内トップ級の独立系M&Aコンサルティング会社です。中堅・中小企業のM&A、および仲介業務を全国的に展開しています。地方銀行、信用金庫など各地域の金融機関と業務提携し、強固なネットワークを築いていることが強みです。年間の成約支援件数は200件以上の実績を誇ります。

最近は業績不振企業の企業再生支援、後継者不足による企業再編支援などが伸びており、業績は極めて堅調に推移しています。

2016年3月期の売上高は、147億7800万円（前期比20・9%増）、経常利益は71億1600万円（同12・8%増）、最終利益は48億4000万円（同22・5%増）を達成しました。増収増益を続けています。

1株利益は121円、年間配当は4円増の49円としました。2017年3月期も続伸の見通しです。

2017年3月期は14・2%増収、12・2%増益、1株利益は136円の予想です。会社側の業績予想は保守的であり、今期も**上ブレ**が予想できます。

■上ブレ
経済指標、企業業績などが事前に想定した数字を上回ること。また、業績などが想定を上回るであろうと予測することを「上ブレ観測」といい、これは株価を押し上げる要因となる。反対に、指標や業績などが想定数字を下回ったときは「下ブレ」という。

▼全体相場が下げたときの下値を拾う

チャートは日足、週足、月足すべてが右肩上がりの上昇トレンドを維持しています。同社株は為替リスクとは無縁であり、先物に振り回される比率も低いのが強みです。それでも、全体相場が急落すれば余波を受けます。このときが狙い目です。

2016年は2月1日に6430円まで値上がりしましたが、2月12日には4300円まで急落しました。この間の下落率は33%を超えます。同じ期間、日経平均株価は1万7905円→1万4865円と17%下げていますが、これを大きく上回る下落率です。

企業価値を無視した下げとなるのは、投資家の換金売りがパニック売りを呼ぶため

日本M&Aセンターの業績推移

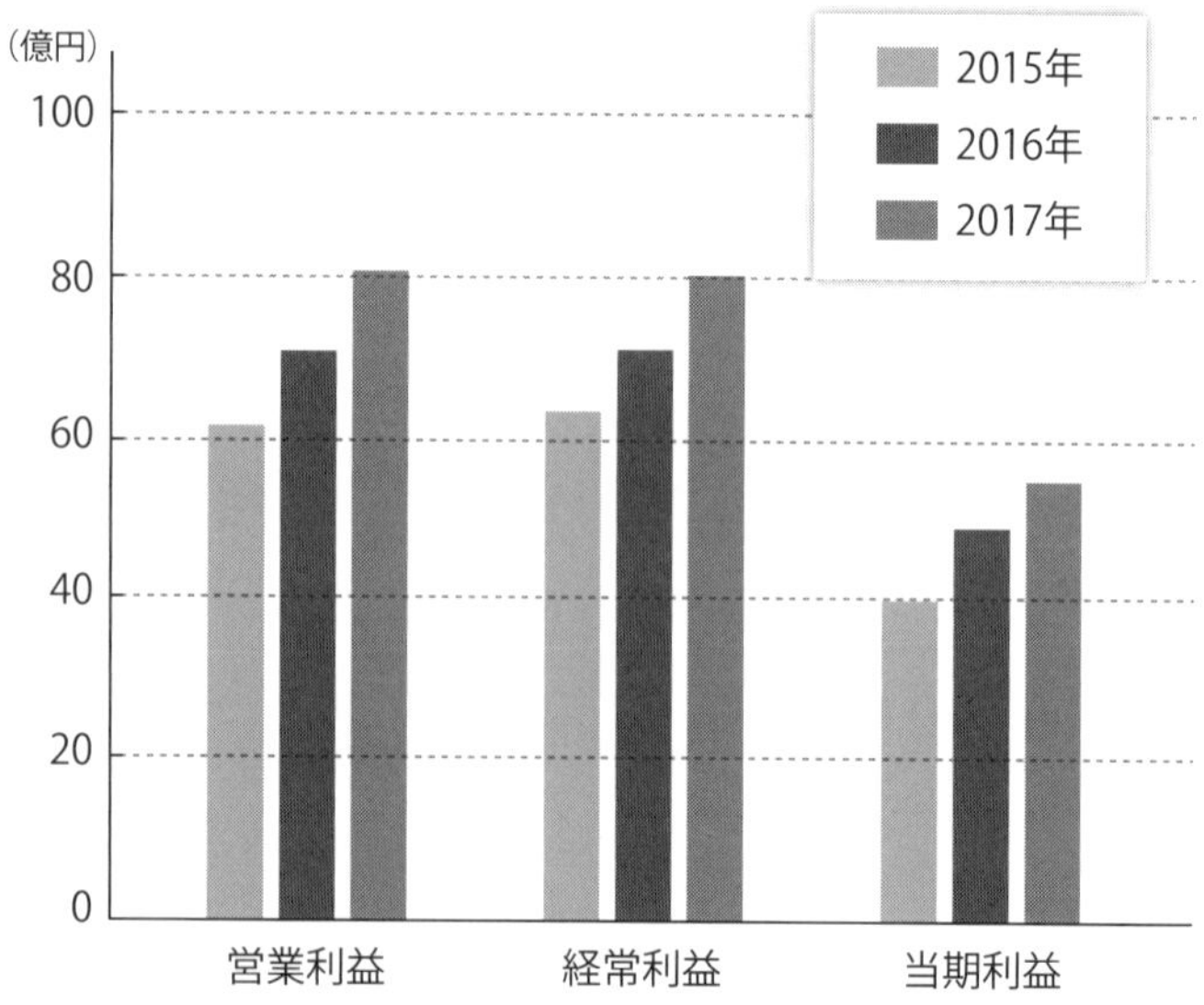

でしょう。しかし、このような下げは需給関係によるものであり、企業価値が損なわれたための売りではありません。

その証拠に、同社株は４月14日に６８４０円と上場来高値を更新しました。これは２０１６年１月４日の始値５８５０円を17％上回る水準です。

これに対して、同期間、日経平均株価は16％を超える下落率です（１月４日の始値１万８８１８円→４月11日の終値１万５７５１円）。好内容銘柄の突っ込み買いの有効性を物語っています。

その後、同社株は４月14日の高値６８４０円が、５月２日には６１８０円まで下落しました。しかし、５月23日には６８８０円と切り返しています。もちろん、上場来高値更新です。

▼日本M&Aセンターの週足

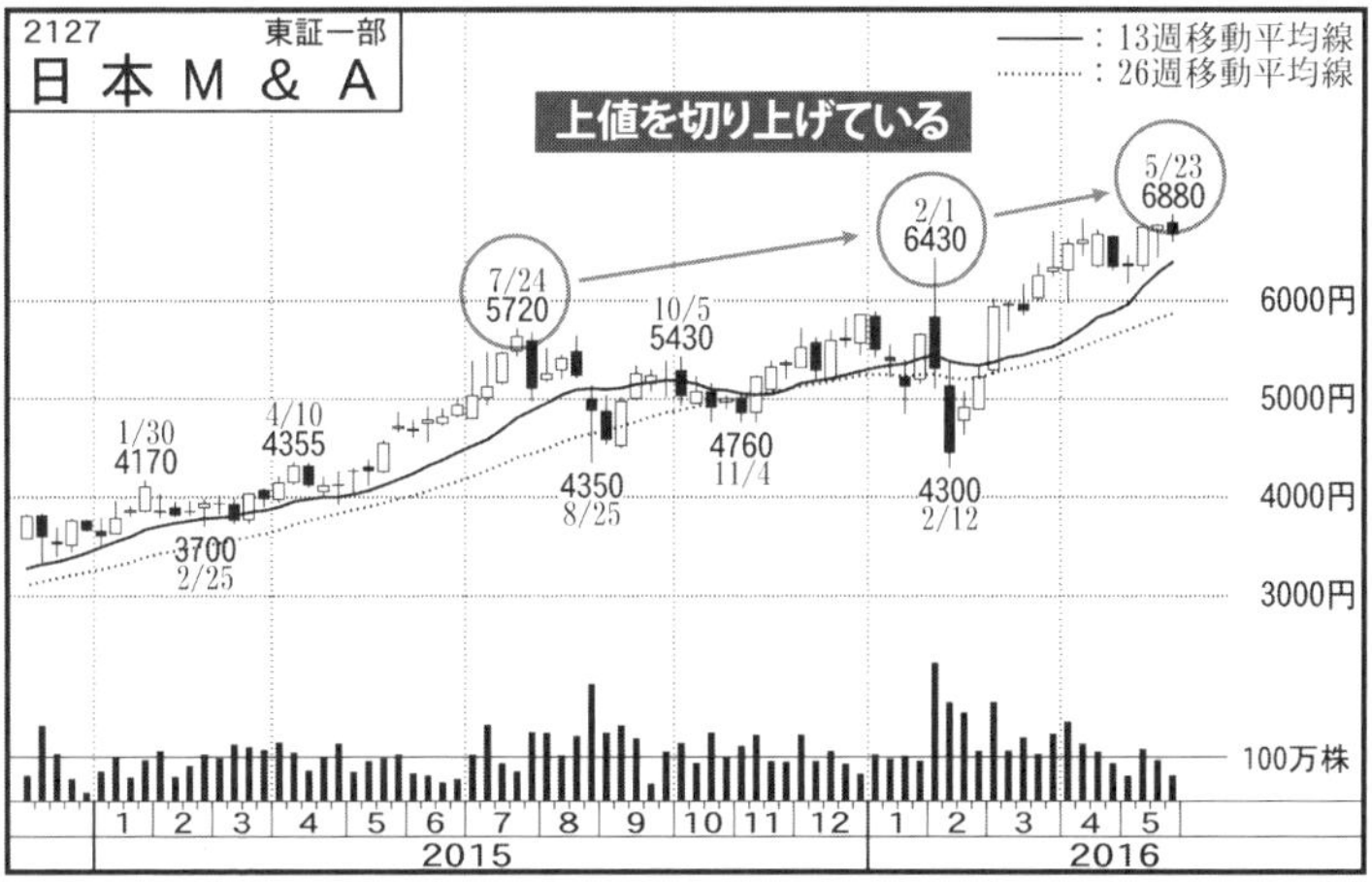

✪日経平均株価に割り負けた日本電産の下値を拾う

▼2017年3月期も増収増益見込みと堅実無比の経営

日本電産（6594） は、今や世界的な電動機メーカーとして存在感を高めています。「回るもの、動くもの」に特化した世界ナンバーワンの総合モーターメーカーであり、主力の精密小型モーターは世界シェア80％を誇ります。最近は車載向けを中心に需要が伸びており、中・大型モーターにも注力しています。流れをつかむ経営感覚はさすがです。

永守重信会長兼社長の猛烈なリーダーシップのもと、積極的なM＆A戦略で関連企業を次々に傘下に収め、不振企業を高収益企業に変身させています。将来的には「10兆円企業」を目指しています。

永守重信会長兼社長は、発行済み株式数の8・6％を保有する筆頭株主でもあり、株主還元策にも意欲的です。その経営手腕は常に、「ベスト経営者」の上位にランクされています。

2016年3月期は売上高が1兆1783億円（前期比14・6％増）、営業利益が1245億円（同12・0％増）、最終利益が918億円（20・5％増）と2ケタ増収増益を達成しました。世界景気の減速、円高の影響は関係ありま

■**永守重信**

ながもり・しげのぶ。日本電産の創業者。創業時より世界一を目指し、実現させた。赤字続きの会社を1年で最高益会社に変えてしまう手腕は、「M＆Aの達人」とも呼ばれている。休むのは1月1日の午前中だけともいわれており、「一番以外はビリ」「すぐやる、必ずやる、できるまでやる」など名言も多い。1944年8月、京都府生まれ（71歳）。

せん。

1株利益は309円となり、年間配当は10円増配の80円としました。毎期増配を続けています。2017年3月期の売上高は1兆2500億円（前期比6・1％増）、最終利益が980億円（同6・7％増）を見込み、1株利益は329円となる見通しです。

▼信頼感抜群！　下げても戻る株価習性

株価は、2016年1月4日の始値8726円が2月12日に6407円と大きく下げました。この間の下落率は26・6％に達します。これは、日経平均株価の下落率を5・6％上回っています。外国人の売りがあったようです。

その後、3月15日に8344円まで戻しました。安値6407円→8344円の上昇率は30・2％です。これは、同期間における日経平

日本電産の業績推移

	2015年3月期	2016年3月期	2017年3月期
売上高	1,028,385 (+17.5%)	1,178,290 (+14.6%)	1,250,000 (+6.1%)
営業利益	111,218 (+30.7%)	124,538 (+12.0%)	130,000 (+4.4%)
経常利益	107,371 (+26.8%)	119,328 (+11.1%)	130,000 (+8.9%)
最終利益	76,216 (+35.1%)	91,810 (+20.5%)	98,000 (+6.7%)

（注）売上高、利益はすべて連結、（　）は前期比、単位=百万円。 2017年3月期は会社側の予想

均株価の上昇率15・1％を大きく上回ります。

同社株は日経平均採用銘柄ではありませんが、時価総額が2兆円を超える大型株であるため、ＴＯＰＩＸ、日経平均株価の動きに連動します。

しかし、過去の例を見ても、突っ込み買いの対象銘柄としてリストアップすることができます。実力株が大きく売り込まれた局面は、文句なしに「買い！」となります。

実際、4月28日には８４４７円の戻り高値をつけました。4月18日の下値６９８５円に対し、20・9％の上昇率です。

その後、5月6日には７６８０円まで下げましたが、5月25日には８５１１円まで戻しています。この間の上昇率は10・8％に達します。

安いところを買えば、確実に儲かるのです。

▼日本電産の日足

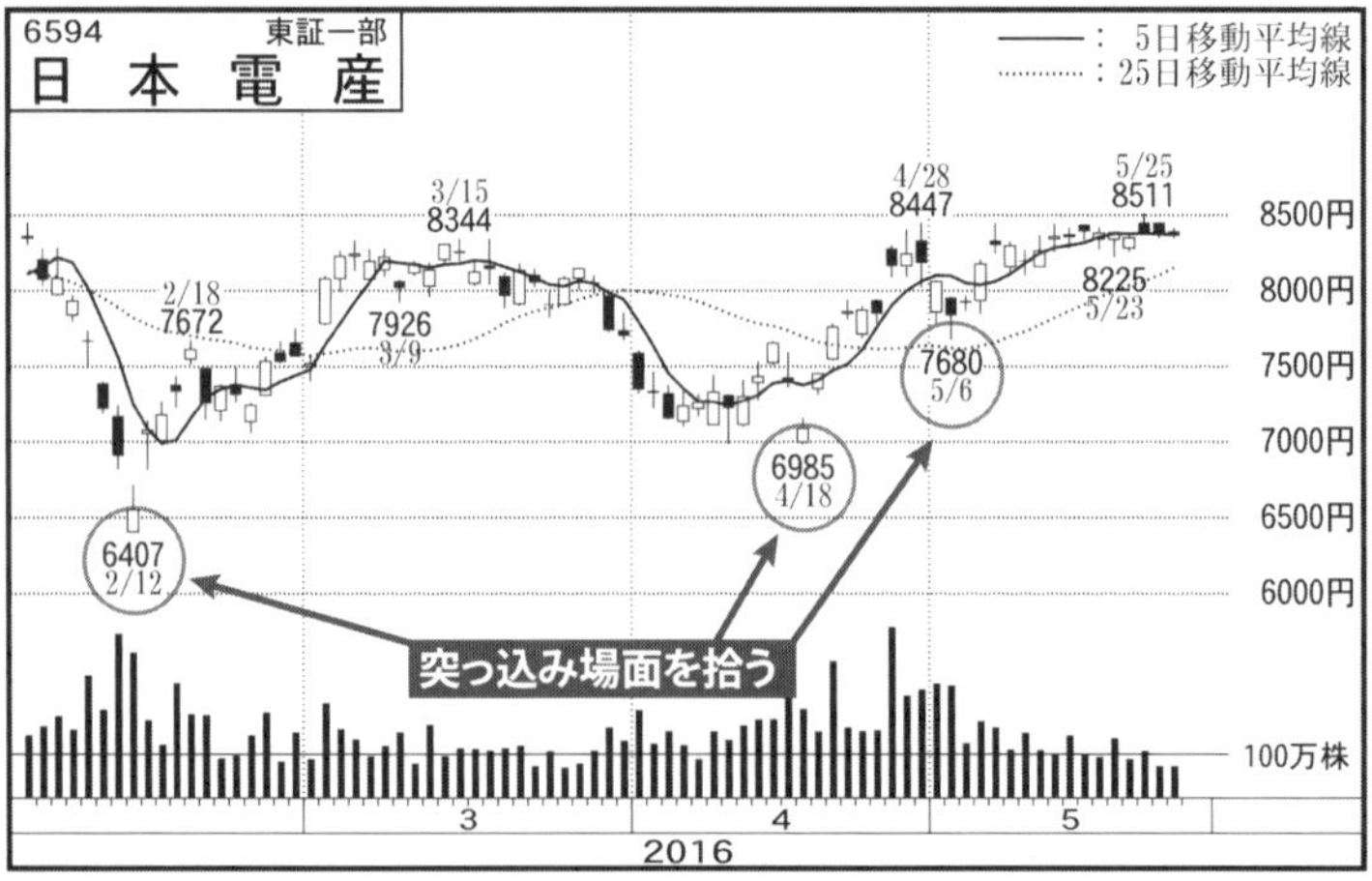

✪マイナス金利が追い風となる全国保証

▼前期の2ケタ増益に続き、2017年3月期も業績堅調

全国保証（7164）は、独立系の住宅ローン信用保証会社です。全国の600を超える銀行、信用金庫などと提携し、住宅ローンの借り手の連帯保証人を代行する業務を行なっています。**信用保証業務**は住宅ローンのほか、教育ローン、カードローンなどの保証も手がけています。

保証件数は提携先の拡大で着実に伸びています。1件当たりの保証金額も、住宅着工件数は伸び悩んでいますが、首都圏を中心としたマンション価格の上昇を受け続伸傾向にあります。

日銀のマイナス金利政策の導入は、中・長期的に見れば同社にとって間違いなく追い風となります。住宅・マンション販売各社は、住宅ローン金利の低下をセールストークに販売攻勢を強めており、モデルルームなどを訪れる人の数は前年を大きく上回っています。

住宅・マンション販売の好調ぶりは、同社の住宅ローン保証件数の増加に直結します。このような好環境を背景に、業績は実に堅調です。

2016年3月期は売上高が319億2000万円（前期比8・2％増）、最

▩信用保証業務

銀行、信用金庫等の金融機関と業務提携し、金融機関が取り扱っている個人、法人向けローンの保証業務を請け負うこと。信用保証会社には、独自の与信・審査ノウハウと債権回収ノウハウがあり、提携先金融機関のローンを利用する顧客の債務保証を行なう。保証残高に一定の比率をかけた保証料が収益源となる。

終利益が172億円（同13・8％増）となりました。1株利益は250円強、年間配当は前期の48円を55円に増配しました。2017年3月期も増収増益を見込んでいます。ちなみに、配当は3年間で2倍以上になっています。

▼3500円以下を買い下がる

株価は2016年2月2日に4085円まで買われましたが、同月12日に2905円と急落しました。この間の下落率は28・9％に達します。同期間に日経平均株価は16・3％下げていますが、これよりはるかに大きな下げです。先の日本M&Aセンター、日本電産もそうですが、好業績銘柄であってもとんでもないパニック売りに見舞われることがあります。

チャートを見ると、窓をあけて下げています。これは、マイナス金利による保証手数料の低下

全国保証の業績推移

	2015年3月期	2016年3月期	2017年3月期
売上高	29,507 （+9.1%）	31,918 （+8.2%）	33,780 （+5.8%）
営業利益	22,380 （+62.5%）	25,125 （+12.3%）	24,240 （▲3.5%）
経常利益	24,115 （+55.5%）	26,303 （+9.1%）	25,140 （▲4.4%）
最終利益	15,112 （+61.1%）	17,204 （+13.8%）	17,290 （+0.5%）

（注）売上高、利益はすべて連結。（　　）は前期比、単位＝百万円。2017年3月期は会社側の予想

が懸念されたことも響いているようです。しかし、冷静に考えれば好実態を無視した下げです。こんなところは断固、買わねばなりません。

実際、マーケットが落ち着きを取り戻すと株価は戻り歩調に転じました。4月22日には4195円と、4000円台を回復しました。安値2905円に対する上昇率は44・4%に達します。

その後、5月10日に3720円、同月26日に3585円と下げに転じています。3500円以下の下値を買い下がる好機到来です。

好実態の銘柄が全体相場の軟地合いに引きずられ、大きく売り込まれたとき（波乱）、それは突っ込み買いの好機（チャンス）となるのです。まさに、「波乱はチャンス！」ではありませんか。

▼全国保証の日足

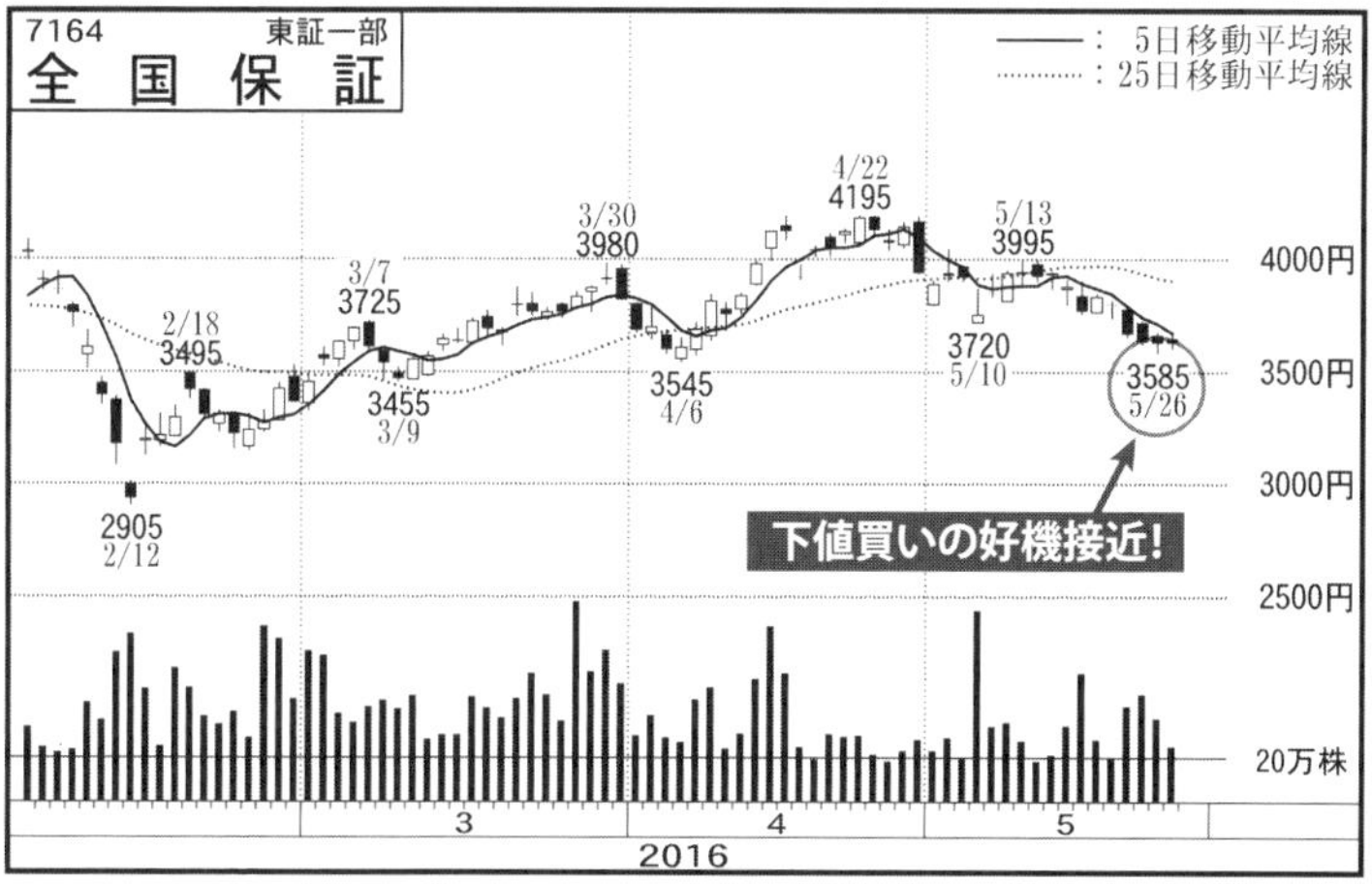

COLUMN

杉村富生のブレイクタイム…… 2

知られざる健康経営銘柄に注目

いや〜、長生きはしたいけど……。そんな時代が到来しつつあります。60 歳以上の人は個人金融資産（1741 兆円）の 6 割強を保有していますが、富裕層と極貧層に二分されています。日本は平均寿命が男性 80.50 歳、女性が 86.83 歳と世界有数の長寿国です。明治の初めの平均寿命は 40 歳そこそこでした。まさに、「人生 50 年」の時代です。

1961 年に「国民皆保険制度」がスタートした当初、65 歳以上の高齢者はわずか 500 万人、平均寿命は 67 歳でした。公的年金は支給が始まると、数年以内にほとんどの人が死ぬ——それを前提としていたのです。しかし、現状はみんな長生き（死なない）ではありませんか。

65 歳以上の高齢者は 3000 万人を突破、社会保障給付費は年間 115 兆円、国民医療費は 40 兆円を超えています。長生きが国家財政を圧迫する？　いや、そう決めつけたくはありませんが、問題なのは健康寿命が平均寿命より 10 年近く短いこと。元気な高齢者になりたいですね。そのためには対策が必要です。

経済産業省と東京証券取引所は毎年 1 月、従業員の健康維持・増進を図っている企業として「健康銘柄」（25 社）を選定、公表しています。SCSK（9719）はそのなかの 1 社です。傘下に自動運転の中核企業ベリサーブを擁しています。業績は好調です。2017 年 3 月期は前期に続いて史上最高の決算となるでしょう。

作戦2

ウォーレン・バフェット氏の売買手法に学ぶ！

第3章

資産をロングで拡大させる「極上グロース」作戦

優良株の長期投資こそ〝大富豪への道〟
企業価値の高い銘柄を魅力的な価格で仕込む

✪優良株が大きく売り込まれたところを買い下がる

次は、資産をロングで拡大させる「極上グロース」作戦として、**ウォーレン・バフェット**氏の投資手法に改めて注目してみたいと思います。ウォーレン・バフェット氏は、主に優良株の長期投資により巨万の富を築いたアメリカの投資家です。

最近は、アップル株の大量買い（981万株を約1100億円投じて取得）が話題になりました。ビル・ゲイツ氏などと並ぶ大富豪であり、2015年8月現在、その純資産総額は670億ドル（7兆3000億円）といわれています。

1965年、当時毛織物紡績業を営んでいた**バークシャー・ハサウェイ**社の経営権を握りました。以降、同社を通じて株式投資を行ない、大きな成功を収めたのです。

バフェット氏は現在、世界最大の投資持株会社に成長したバークシャー・ハ

用語解説

■**ウォーレン・バフェット**

1930年、アメリカのネブラスカ州で生まれる。2016年5月現在、85歳という年齢ながら、投資家、経営者、慈善活動家として活躍中。世界最大の投資持株会社であるバークシャー・ハサウェイの筆頭株主であり、同社の会長兼CEO（最高経営責任者）を務める。

サウェイ社の筆頭株主であり、同社の会長兼ＣＥＯを務めています。ただ、彼は著名な投資家、経営者だけではありません。慈善活動にも力を入れ、資産の85％を複数の慈善財団に寄付しているといわれています。

バフェット氏の投資手法は、当初、ＰＢＲ（株価純資産倍率）1倍割れの企業の株価が、解散価値である1倍の水準に修正される傾向があることに着目し、割安株を買って価格修正されたところで売却するやり方を主流としていました。なるべく短期間に利ザヤを稼ぐ方法です。

しかし、やがて単純に割安な企業の株式を買うより、優良な企業の株式をそれ相応の価格で買って長期間保有する方法に転換させたのです。投資先企業の平均保有期間は27年、バークシャー・ハサウェイ社の企業価値は買収以来7000倍になった、といわれています。

バフェット氏の投資基準は、①事業の内容を理解できること、②長期的に好業績が見込めること、③経営者に能力があること、④株価が魅力的な価格であることを挙げています。

彼は、事業の内容が複雑すぎたり、よく分からない分野には手を出さないことを信条にしているため、原則としてハイテク企業などには投資をしていませ

■バークシャー・ハサウェイ
世界最大の投資持株会社。子会社を通して保険などのビジネスも展開している。元々は綿紡績の会社だったが、今ではコカ・コーラ、アメリカン・エキスプレスなどの筆頭株主。

ん。また、長期的な業績を予測するためには、数字に表れるものだけでなく、ブランド力、価格決定力などを重視しています。アップルはハイテク企業ですが、ブランド力などに注目したのでしょう。

バフェット氏もいっているように、優良株は常に割高に買われていますが、日本を代表する優良企業でも、株価が急落することがあります。**パナソニック（6752）**、**オリンパス（7733）**などが好例です。経営危機に発展するかどうかを慎重に見極める必要はありますが、こんなところは断固、買いになります。

バフェット氏は、数々の名言を残していることでも知られ、世界中に多くの信奉者がいます。もちろん、筆者も尊敬しています。名言のなかにある「今日、明日の株価に一喜一憂せず、そ

▼パナソニックの月足

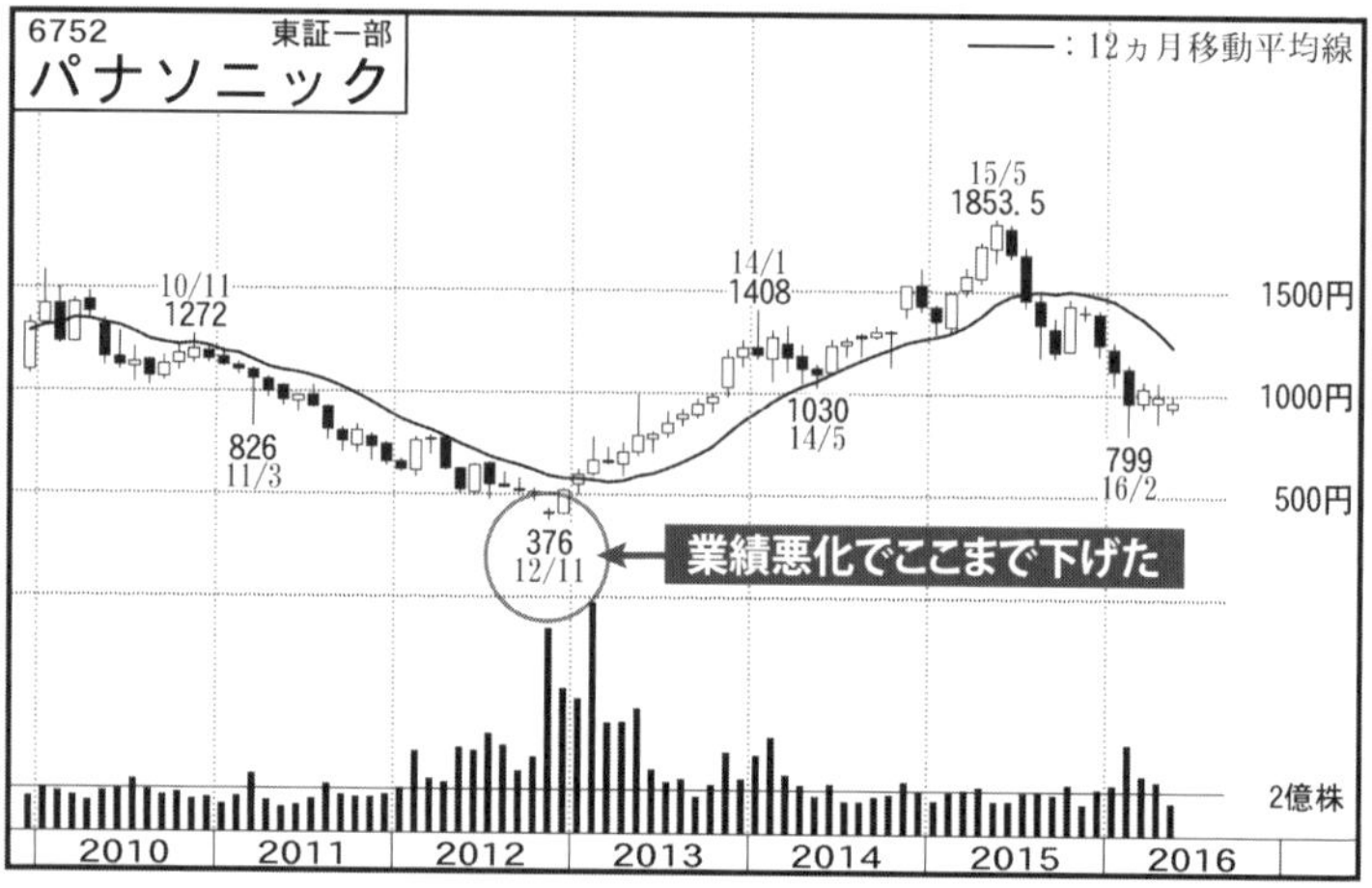

の会社が何をつくっているかが重要」という言葉は、実際に投資を行なう際にとても参考になります。また、「50から75の銘柄管理は私の手に余る。私は数銘柄を大量に持つのが好きだ」という、多すぎる銘柄の保有を戒める名言にも、大いに共感できます。

第2章の「極端バリュー」作戦は、主に短期の突っ込み買い→吹き値売りで確実に利益を得ようというものでした。これに対し、第3章の「極上グロース」作戦では、優良株の長期投資で資産を拡大させる方策を探ります。

取り上げた銘柄は、「10年、50年経っても社会に必要とされる企業」をバフェット氏の目線でピックアップしたものです。ぜひ、参考にしてみてください。社会に必要な会社は伸びるのです。

▼オリンパスの月足

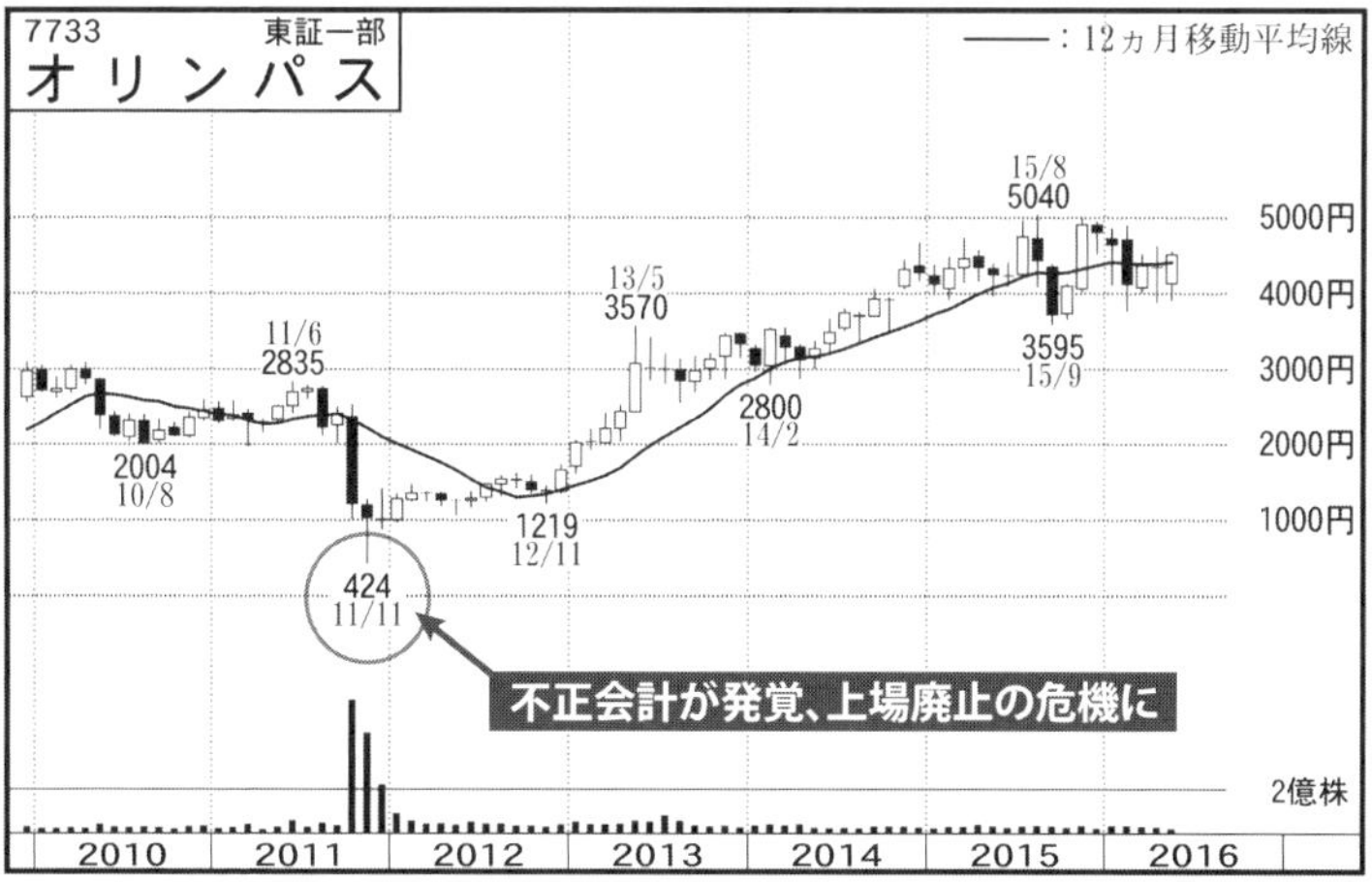

ウォーレン・バフェット氏の名言

今日や明日、来月に株価が上がろうが下がろうが、私にはどうでもいい。その会社が10年、50年経ってもほしいと皆が思うものをつくっているかどうかが重要なのだ。

投資は力仕事ではない。人一倍、読み、考えなくてはいけない。

私が成功したのは、飛び越えられるであろう30センチのハードルを探すことに精を傾けたから。

大事なのは、自分が好きなことを飛び切り上手にやること。お金は副産物にすぎない。

私自身は、投機は成功しないと思っている。

常に株券ではなく、ビジネスを買うという投資姿勢が必要です。

分散とは、無知に対するリスク管理だ。広範囲な分散投資が必要になるのは、投資家が投資にうとい場合のみだ。50から75の銘柄管理は私の手に余る。私は数銘柄を大量に持つのが好きだ。

（出所）インターネット・サイト「リーダーたちの名言集」より抜粋

✪ビッグプロジェクトの後押しを受けるダイセキ環境ソリューション

▼2017年2月期の業績予想は保守的との見方が有力

ダイセキ環境ソリューション（1712）は、土壌汚染調査・処理の大手企業です。環境意識の高まりを背景に、売上高の9割近くを占める土壌汚染調査・処理が注目を集めています。中長期的にも東京オリンピック・パラリンピック関連、リニア新幹線などビッグプロジェクトが目白押しであり、大型工事案件向けに土壌汚染調査・処理の需要は高まりを見せています。

業績は、2016年2月期の営業利益が前期の12億2500万円↓25億1600万円、最終利益が同7億1400万円↓15億1600万円と大きく伸びました。増益率はそれぞれ105・4％、123・2％となりました。2倍以上に伸びたのです。

2017年2月期は前期の大型案件計上の反動が出て、営業利益、最終利益ともに前期比36・6％減益と予想されています。ただ、大手調査機関では会社計画は保守的すぎると見ており、最終的には前期並みの収益を確保できる、としています。国内の建設・不動産市場は前述のビッグプロジェクトに加え、**国土強靭化の推進**が大きな課題となっており、公共投資の増加が同社の業績を下

▒国土強靭化の推進
国（内閣官房が主導）による国土を強靭化するためのプロジェクト。「ナショナル・レジリエンス」とも呼ばれる防災・減災の取組みは、国家のリスクマネジメントといえる。強靭とは強くてしなやかなことであり、災害や事故などで致命的な被害を負わない強さと、速やかに回復するしなやかさを持つことを目指している。関連企業のすそ野は広い。

支えするでしょう。

▼1000円割れを仕込み、1200円台回復を待つ

株価は、2016年1月4日の始値1377円が同月8日に1450円まで買われたものの、3月9日には969円まで売られました。これは、3月6日に2017年2月期の慎重な業績予想が発表された影響です。

その後、3月30日に1129円まで戻したあと、4月7日に956円と年初来安値を更新しました。これは、前日6日の決算発表を受けての下げです。しかし、ここが**ダメ押し**の形となり、4月25日には1246円まで上昇しました。

2018年2月期は再度、2ケタ増収増益に回帰するとの見方が有力なだけに、1000円を割り込むような局面があれば絶好の仕込み場となります。いわゆる、**アク抜け**です。

同社は資本金22億4800万円、時価総額161億円の〝小粒〟な会社ですが、土壌汚染調査・処理のニーズは日本だけでなく、中国など海外でも急拡大することが予想されます。まさに、バフェット氏が主張する「10年、50年経っても社会に必要とされる企業」ではありませんか。

■ダメ押し
すでに結果が出ていることに念を押す、止めを刺すこと。株式相場では下降を続けた株価が安値の限界に達し、もうこれ以上下げられない局面になったケースを指す。「ダメ押しの買い」などともいう。余談になるが、相撲ではダメ押しを繰り返す横綱白鵬に批判が集まっている。

■アク抜け
悪い材料がすべてはっきりし、株価の下げが一段落した状態。「悪材料出尽くし」ともいう。

ダイセキ環境ソリューションの主要データ

時価総額	161.10億円	PER	14.0倍
資本金	22.48億円	PBR	1.7倍
総資産	145.42億円	ROE	15.5%
有利子負債	18.65億円	上場来高値	2,700円（2007/10）
年間配当金	9円	上場来安値	269.5円（2010/10）
配当利回り	0.8%	売買単位	100株
筆頭株主	株式会社ダイセキ（発行済株式数の54%を保有）		

▼ダイセキ環境ソリューションの日足

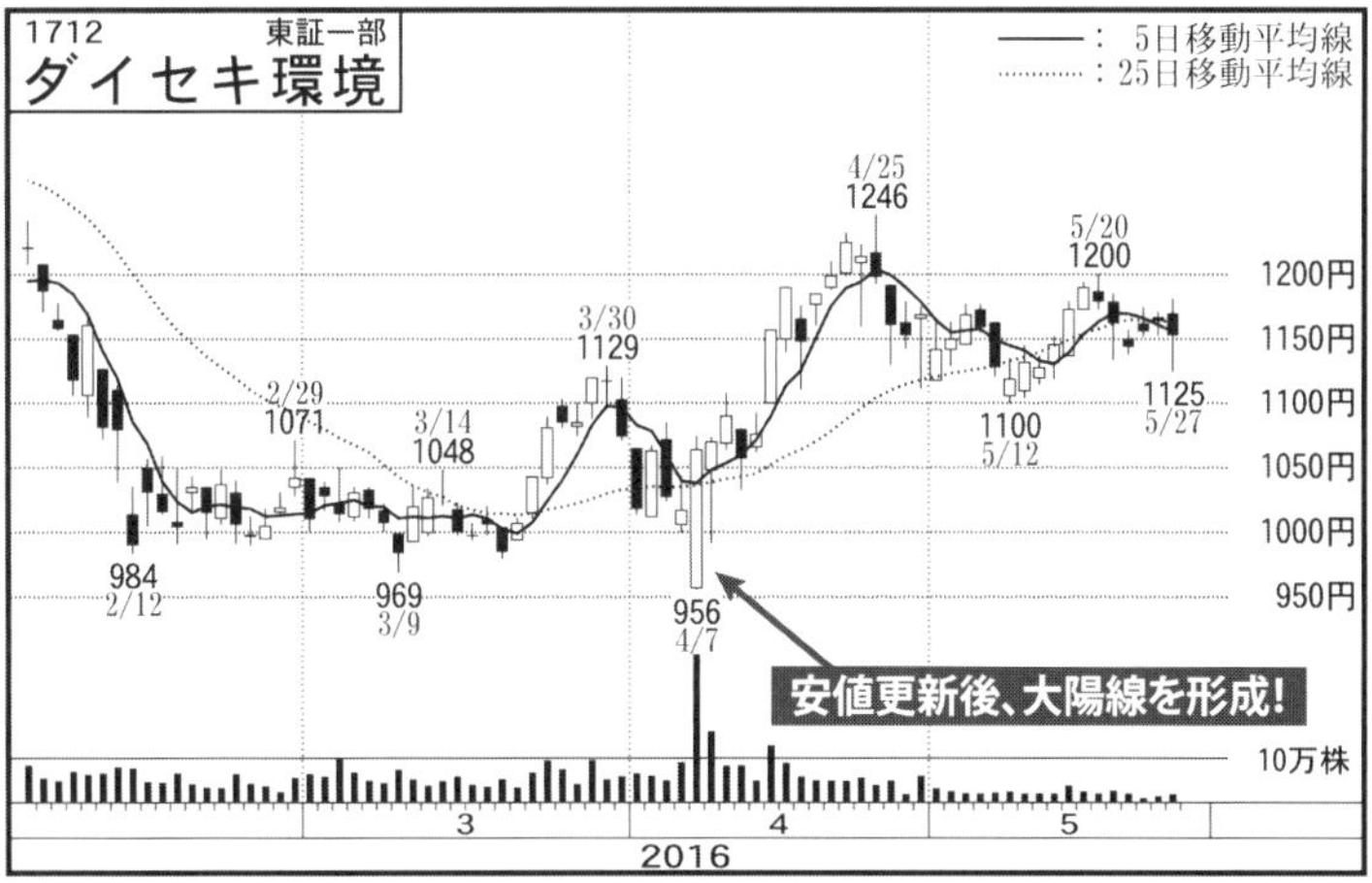

✪世界的電子部品の村田製作所は二番底を確認

▼2017年3月期は2ケタ減益予想だが、為替次第で上ブレも

村田製作所（6981）は、世界的な電子部品メーカーとして成長を続けています。セラミックコンデンサーなど世界シェア1位の製品を数多く保有し、アメリカのアップル社にスマホ向けコンデンサーを供給しています。代表的なアップル関連株です。

海外売上高比率が92％と高いだけに円高の影響を強く受けますが、圧倒的な製品力と技術力、〝鋼《はがね》〟のような企業体質によって、価格抵抗力を維持しています。主力のコンデンサーはスマホの生産調整があるものの、圧電部品、車載向けが堅調で収益を下支えしています。

2016年3月期は売上高が前期比16・0％増、経常利益が同17・1％増、最終利益が同21・5％増と続伸しました。懸案のスマホについては、台数の鈍化を機器の高機能化によって1台当たりの部品数が増加しており、これが好調を支えました。配当は210円（前々期は189円）です。

しかし、2017年3月期については1・2％の微増収ながら、営業利益が前期比12・9％減の2400億円、最終利益も同じく12・7％減の1780億

■アップル関連株

アップル社のスマホ「iPhone」向けに部品を供給する企業の銘柄。村田製作所（6981）を筆頭に、アルプス電気（6770）、TDK（6762）、ジャパンディスプレイ（6740）、フォスター電機（6794）、日東電工（6988）、ミネベア（6479）などがある。最新モデルの販売動向が株価に大きな影響を与えている。

円と5期ぶりの減益予想を発表しています。これは円高の影響を強く受けるためです。今期の為替レートは1ドル＝110円を想定しており、これ以上の円高が進行すると業績の下振れ懸念が台頭します。

ただ、カーエレクトロニクス分野の成長が見込め、年間配当は10円増の220円とします。同社では配当性向30％の実現を目指しており、こうした株主優遇を意識した経営方針は評価されるでしょう。

▼円高局面では悪目買いで買い下がる

株価は2016年1月4日に1万7455円でスタート、為替相場に連動した動きを見せています。しかし、2月12日の年初来安値1万1610円→5月26日の1万1865円で二番底を形成しました。底打ちです。

村田製作所の利益推移

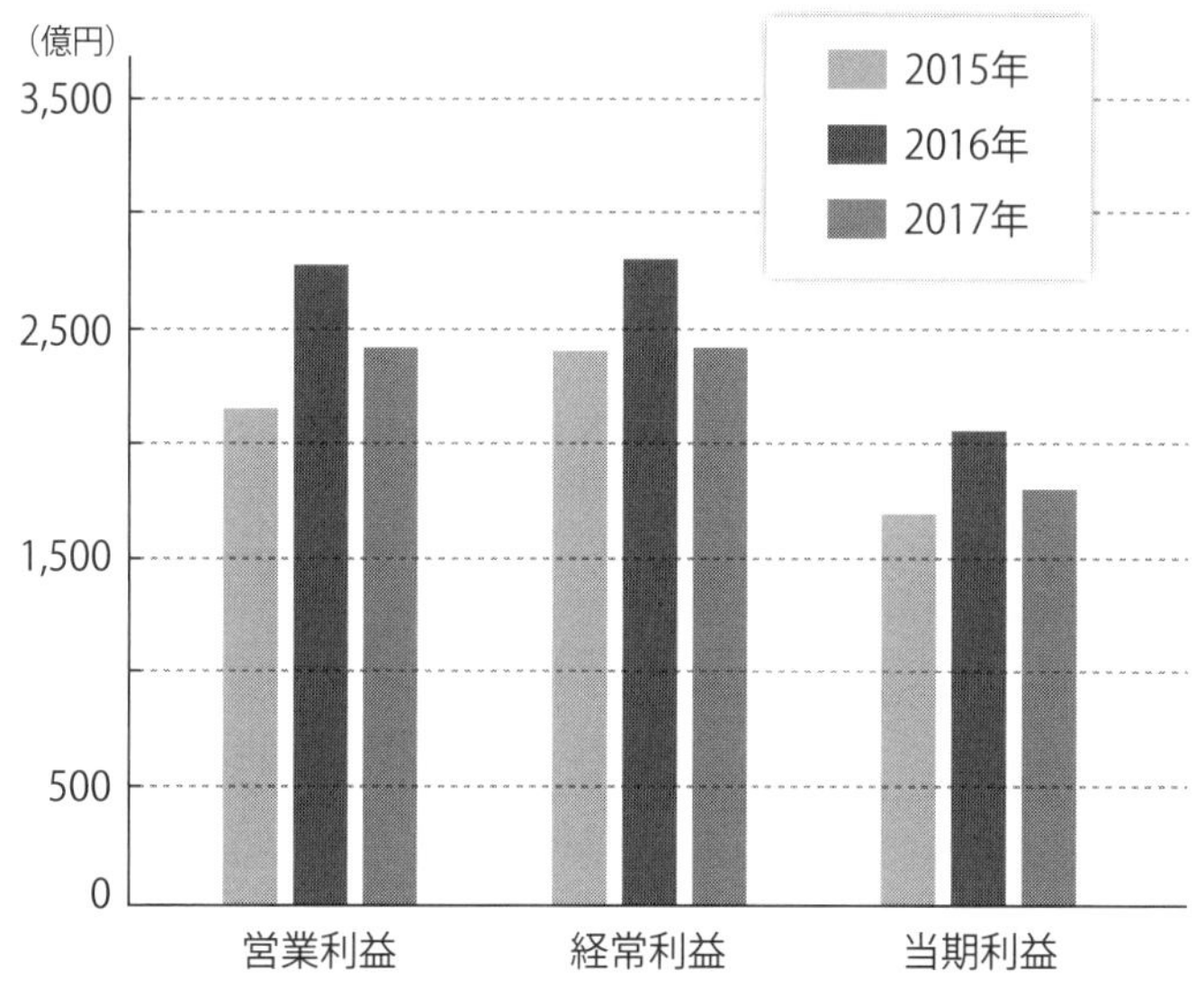

２０１６年5月2日（決算発表の翌営業日）、今期の減益予想、円高の進行が嫌気されて株価は大きく値を崩しましたが、5月26日終値時点では先の安値を割り込んでいません。仮に一段安となれば、まさに「**悪目買い**」で買い下がればいいでしょう。

行きすぎた円高は、いずれストップします。為替相場は２０１６年5月3日の１０５円54銭を底に、反転の兆しを見せています。5月20日には１１０円59銭まで戻し、１０９〜１１０円台でもみ合いを続けています。円買い・先物売りを仕掛けている投機筋の巻き戻しは、十分考えられます。ともあれ、「いつまでもあると思うな、親と円高！」です。円高で売られる局面があれば、すかさず拾っておきたいですね。

▼村田製作所の日足

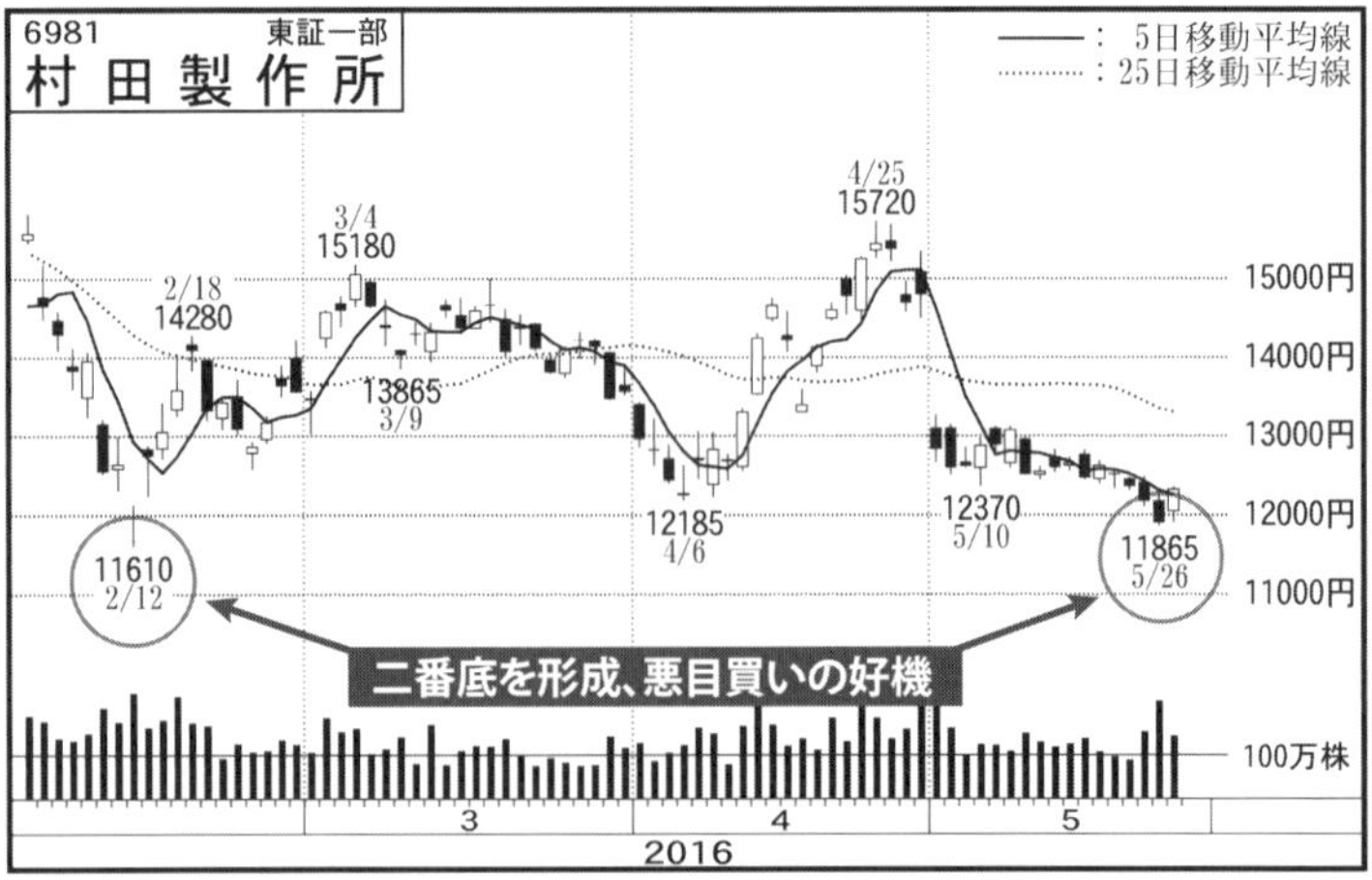

✪高収益体質を評価できるユー・エス・エス

▼前期に続き、2017年3月期も最高益更新予想

ユー・エス・エス（4732）は、中古車オークションの運営会社です。中古車販売業者が会員となっており、会員数は4万6000名を超えています。日本最大の中古車オークション会社として、インターネットによる「インターネット・ライブ」、通信衛星中継テレビ「グローブネット」を運営しています。IR活動にも熱心です。

また、子会社のリプロワールドを通じ、中古車買い取り専門店「ラビット」をチェーン展開しています。ユー・エス・エスの事業別売上高比率は中古車オークションが75％、中古車買い取り販売15％、その他10％となっています。中古車オークションが活性化しています。

オークションの出品台数は堅調に推移しており、落札手数料の値上げ効果が収益増に寄与します。売上高の33％強が純利益という高収益企業です。財務状況は**現金同等物**が373億円あるのに対し、有利子負債は1億8200万円とごくわずかです。実質無借金といえます。

業績は抜群の安定感を誇ります。2016年3月期は売上高が686億円（前

■悪目買い
相場に悪い材料が出たとき、あえて買いに出ること。悪目とは上がると見られた相場が下がること、または下げている相場のことをいう。

■現金同等物
容易に換金可能であり、価値の変動についてリスクが限定されている短期投資用の金融商品。一般的には、償還日までの期間が3カ月以内の定期預金、譲渡性預金、コマーシャル・ペーパー、売戻し条件付現先、公社債投資信託などが該当する。

期比16・9％増）、営業利益が３４５億円（同３・２％増）、最終利益が２２５億円（同３・８％増）となりました。１株利益は87円でした。もちろん、最高益更新です。

２０１７年３月期は売上高が７１４億円（前期比４・１％増）、最終利益が２３８億円（同５・９％増）と連続最高益を更新する模様です。

連続増配中であり、２０１６年３月期は40・８円を実施しました。２０１７年３月期は46・４円配当を計画しています。高水準の配当を手掛かりに長期投資が可能な銘柄です。

▼１６００円台前半を仕込む

株価は、２０１５年５月21日に示現した上場来高値２５７９円をピークに下げトレ

ユー・エス・エスの事業領域

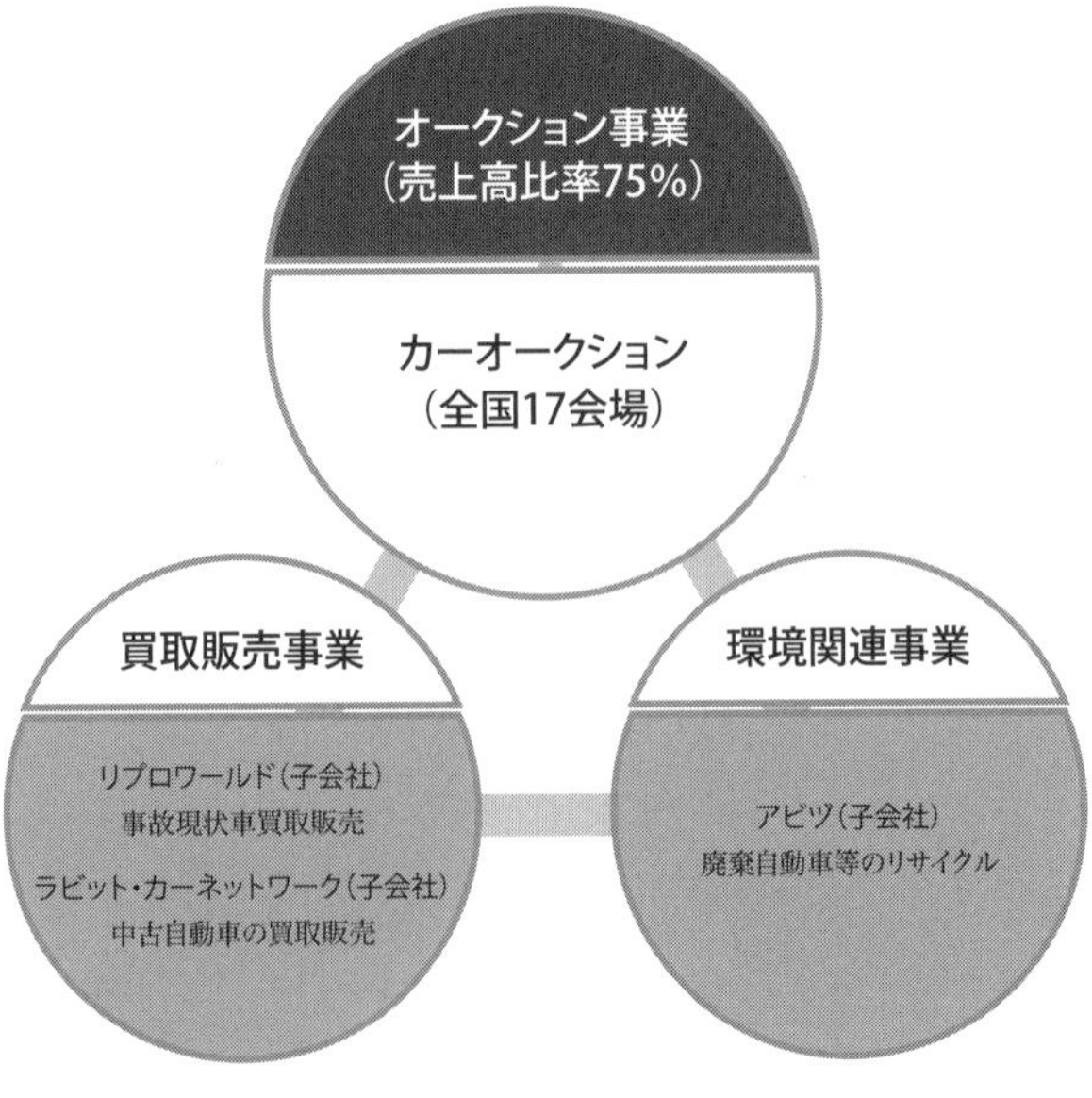

ンドとなり、２０１６年２月12日には１４５６円まで売られました。

この間の下落率は43・５％であり、１４５６円に対する配当利回りは２・８％（前期実績ベース）に達していました。企業の実力を知っていれば、このような安値は大喜びで買えます。

２０１６年５月12日の安値１５７２円に対する配当利回りは２・９％強（今期予想ベース）であり、下がれば安心買いできる銘柄です。

株価は下降トレンドを描いていますが、心配はいりません。すでに、チャート的には底練りに入っています。反発に転じるのは近そうです。

中古車のネットオークションは今後さらに伸びると予想されます。まさに、バフェット氏好みの銘柄ではないでしょうか。

▼ユー・エス・エスの週足

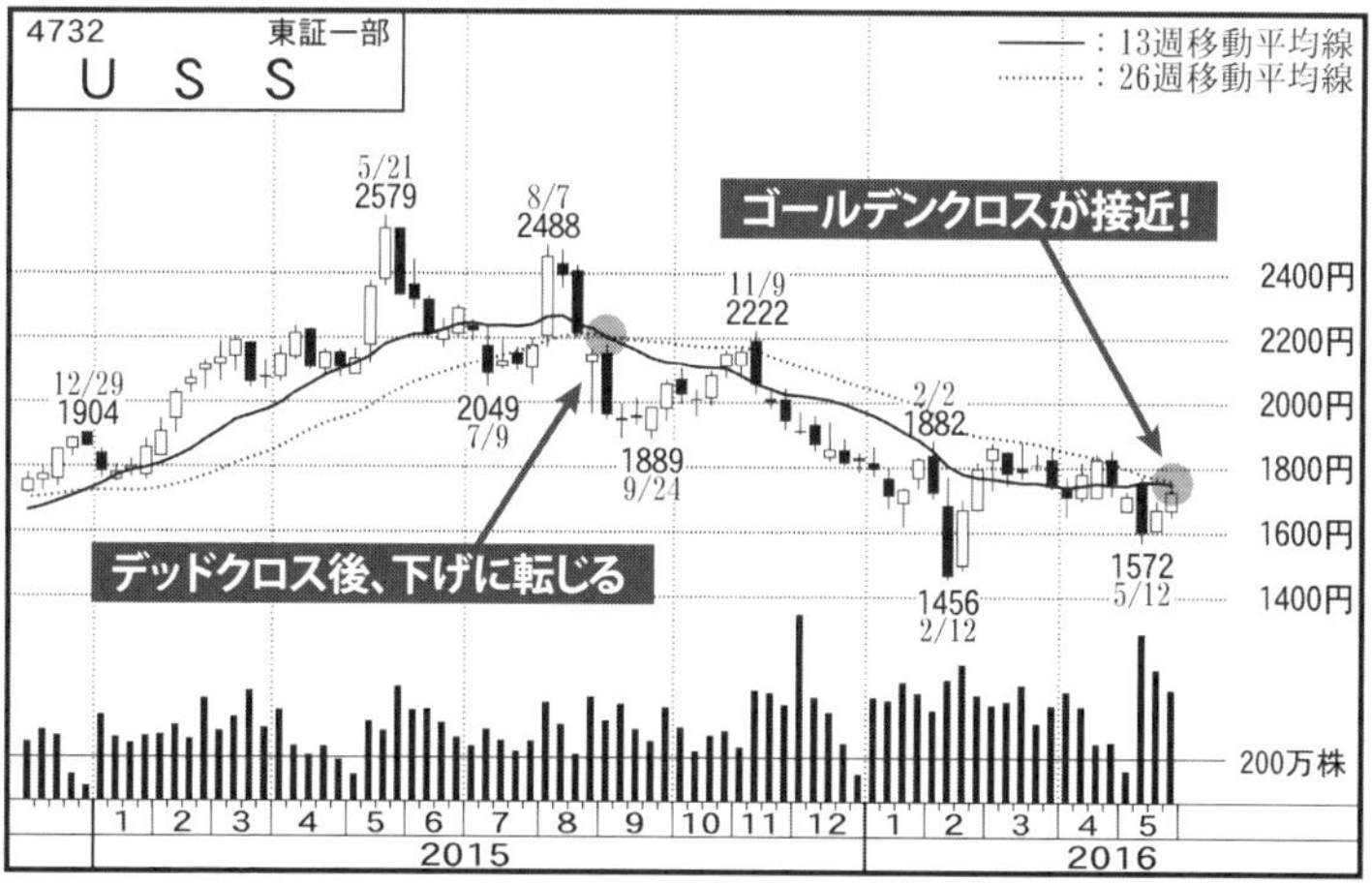

✪リフォーム好調、1株利益の伸びが顕著なアドヴァン

▼2017年3月期の最終利益は40％増の予想

アドヴァン（7463）は、主に住宅建材の輸入販売、国産建材の開発・販売を手がけています。高級品が中心です。扱う建材はタイル、石材、フローリング用材など種類が豊富です。その用途は住宅、店舗、商業施設など多岐におよびます。

住宅のリフォームに関しては、東京・原宿、大阪・本町に業界最大級のショールームを設置しています。主要顧客は国内の工事店等ですが、テレビコマーシャルを積極活用し、個人客の獲得に注力しています。

業績は広告効果もあり、個人客のリフォーム需要が伸びています。2016年3月期は売上高195億3600万円と前期比12％増、営業利益が61億3900万円と30・9％増となりました。このところ毎期、最高益を更新中です。山形雅之助社長は堅実さに定評があります。

2017年3月期は売上高が215億円（前期比10・1％増）、営業利益が64億円（同4・3％増）、最終利益が44億円（同40・7％増）と引き続き増収増益を見込んでいます。特に、最終利益の大幅な伸び率には注目できます。1株

■アドヴァン

1975年、輸入セラミックタイルの販売を目的に資本金500万円で設立。1995年10月、新規上場（初値547・7円）。従業員数327名（うち、営業スタッフ約200名）。自社物流倉庫（全国3拠点）、ショールーム（全国5拠点）の拡充に注力している。

利益は82円（前期は79円）に増えます。

▼1000円がらみを仕込む

株価は1995年10月に上場した際の初値が547・7円、上場来安値が1998年10月の90・9円、上場来高値が2000年2月の1275円です。これらはいずれも株式分割等を勘案した価格ですが、2016年1月6日に1237円と上場来高値まであと一歩のところまで接近しています。

この時点では惜しくも上場来高値を抜くことができませんでしたが、2006年3月の戻り高値1207・5円を上抜きました。これは評価できます。上場来高値の1275円を上抜けば、さらに一段高の公算大となります。年間足のチャートは抜群に強い形（上昇トレンドが継続）です。

アドヴァンの利益推移

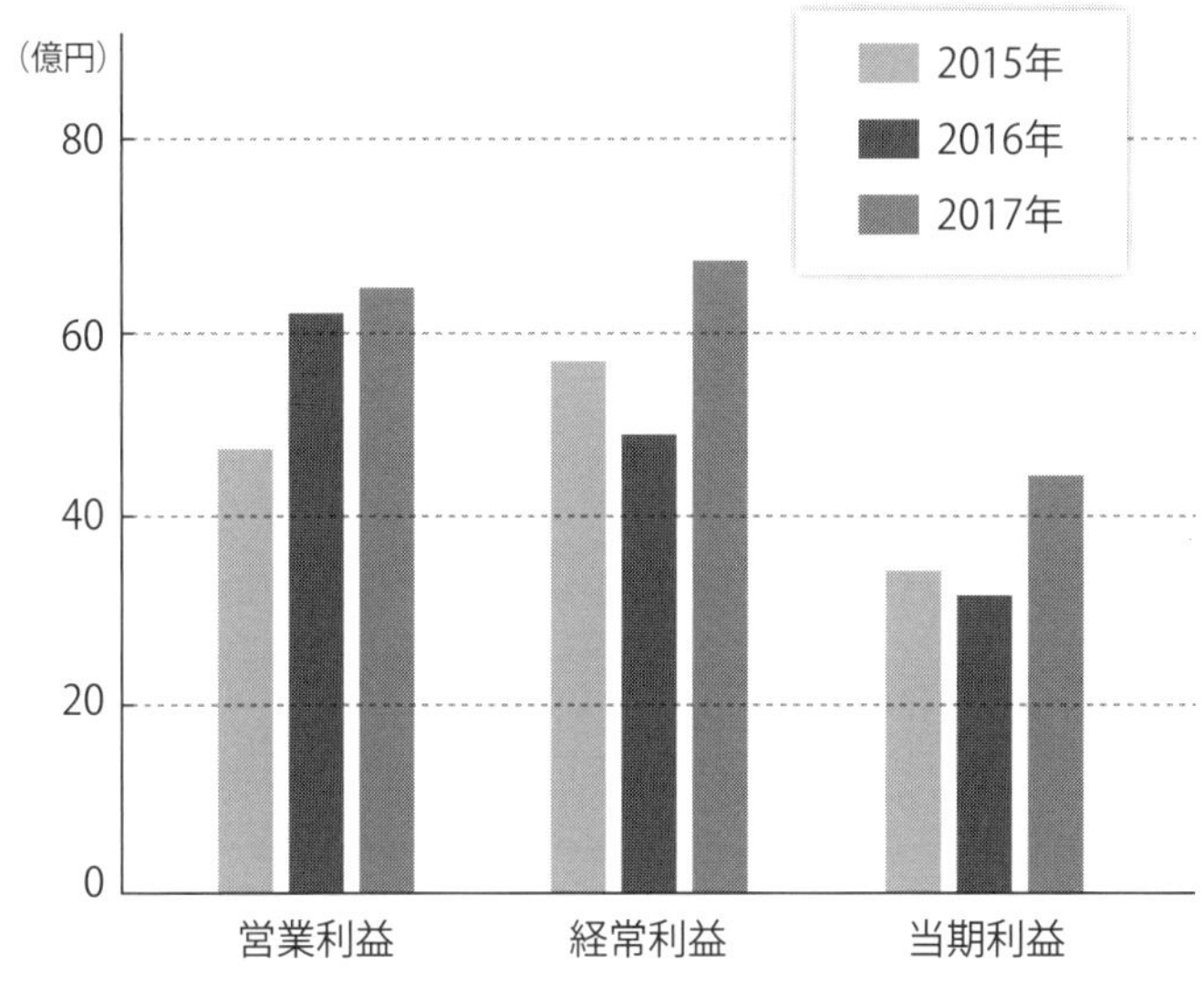

直近ベースでは、2016年4月5日に939円まで売られています。これは年間配当25円に対し、配当利回りが2・6％強の水準です。こんな場面は断固、買いです。実際、4月15日には1074円まで戻しています。

5月2日には1000円ジャストの安値がありました。1000円がらみを拾って上場来高値近辺まで持続しても、30％近い利幅を取ることができます。それは十分に可能ではないでしょうか。

ただ、このクラスの銘柄は優良株だと分かっていても、全体相場の余波を強く受けます。多くの投資家の皆さんが売り急ぎます。換金売り→ろうばい売りの流れになりやすいのです。しかし、そのようなときが、仕込みのチャンスとなります。

▼アドヴァンの週足

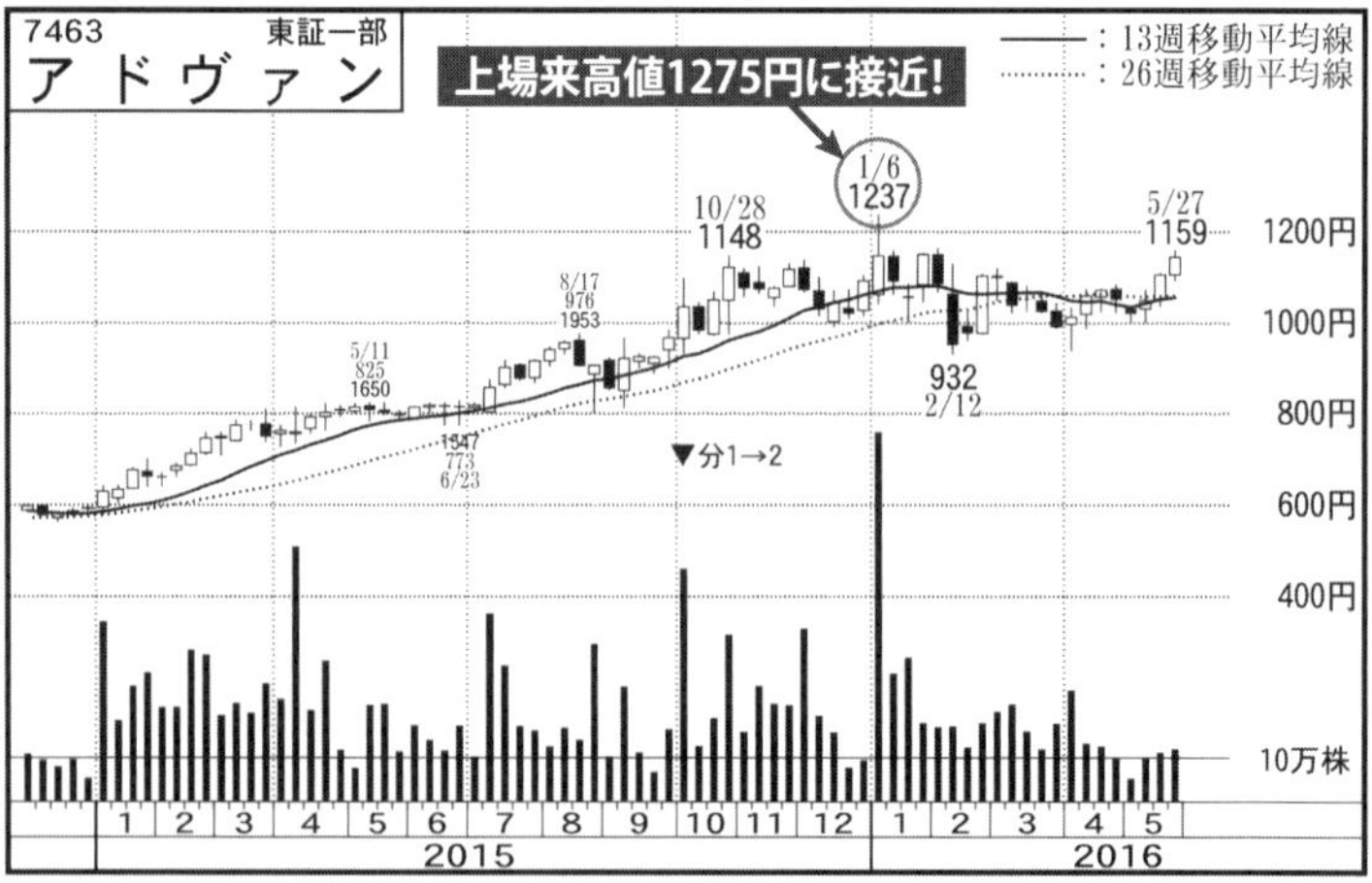

✪世界トップシェアの製品を多数有するナブテスコ

▼決算期を変更、2016年12月期1株利益の伸び顕著

ナブテスコ（6268）は、世界トップシェアの産業機器を多数有する機械メーカーです。例えば、世界トップシェア機器には、産業ロス・カット用精密減速機、大型船の遠隔制御システム、パワーショベル用の走行モーターなどがあります。2015年にはボーイング社の「サプライヤー・オブ・ザ・イヤー」に選定されました。まさに、**サプライヤー・テクノロジー企業**です。

このほか、国内トップシェア機器には、鉄道車両用ブレーキ装置、自動ドアの開閉装置などがあり、最近は特に自動ドアが伸びています。飛行機のフライト・コントロール・システムなど航空機器も手がけています。

同社は、2003年に帝人製機とナブコが経営統合して誕生しました。業績は2016年12月期の売上高が2500億円、経常利益が270億円、最終利益が189億円を確保できそうです。〝世界不況〟は関係ありません。

ただ、決算期を3月期より12月期に変更するため、前期との単純比較はできません。2015年3月期との比較では14％増収、6.5％増益（最終利益）となります。

■**サプライヤー・テクノロジー企業**
圧倒的な国際競争力を有する部材・製品提供企業のこと。指示された部材・製品を提供するだけのサプライヤー企業とは異なり、高品質・高シェアを背景とした価格競争力を持っている。

注目したいのは1株利益の伸びです。2013年3月期の104・6円→2014年3月期の118・0円→2015年3月期の140・2円→2016年12月期の153・0円（予想）と着実に増えています。

実際に投資をするうえで、配当の増減とともに1株利益の推移もチェックしておかなければいけません。ウォーレン・バフェット氏は、配当成長力とともに1株利益の伸びを重視しているといわれています。

1株利益が増えるということは、収益が拡大するか、発行済み株式数が減ることを意味します。いずれにしても、1株利益の価値が上昇すれば株価押し上げ要因となるのです。

ナブテスコの高シェア製品

産業用ロボット精密減速機	世界シェア	約60%
パワーショベル用走行ユニット	世界シェア	約30%
建物用自動ドア	世界シェア	約20%
プラットフォームドア	世界シェア	約20%
フライトコントロール・システム	国内シェア	約100%
商業車用エアドライヤー	国内シェア	約85%
レトルト食品用充填包装機	国内シェア	約85%
鉄道車両用ドア開閉装置	国内シェア	約70%
船舶用エンジン遠隔制御システム	国内シェア	約60%
鉄道車両用ブレーキシステム	国内シェア	約50%

▼戻り足順調、押し目狙い

同社の株価は、２００３年9月の上場（初値＝５０１円）以来、長期上昇トレンドを描いてきました。リーマン・ショックの余波を受けた２００８年10月に上場来安値の４３２円まで売られましたが、ここを起点に続伸を続け、２０１５年3月19日に３６５５円の上場来高値を示現しています。

景気敏感株だけに世界的な景気減速が懸念され、最近の株価は調整しています。２０１６年2月12日には１８５９円まで売られました。上場来高値３６５５円と直近安値１８５９円の下げ幅は１７９６円にもなりますが、この下げ幅の半値戻しは２７５７円、3分の2戻しは３０５６円となります。直近の株価は、戻り歩調に勢いが出ています。

▼ナブテスコの月足

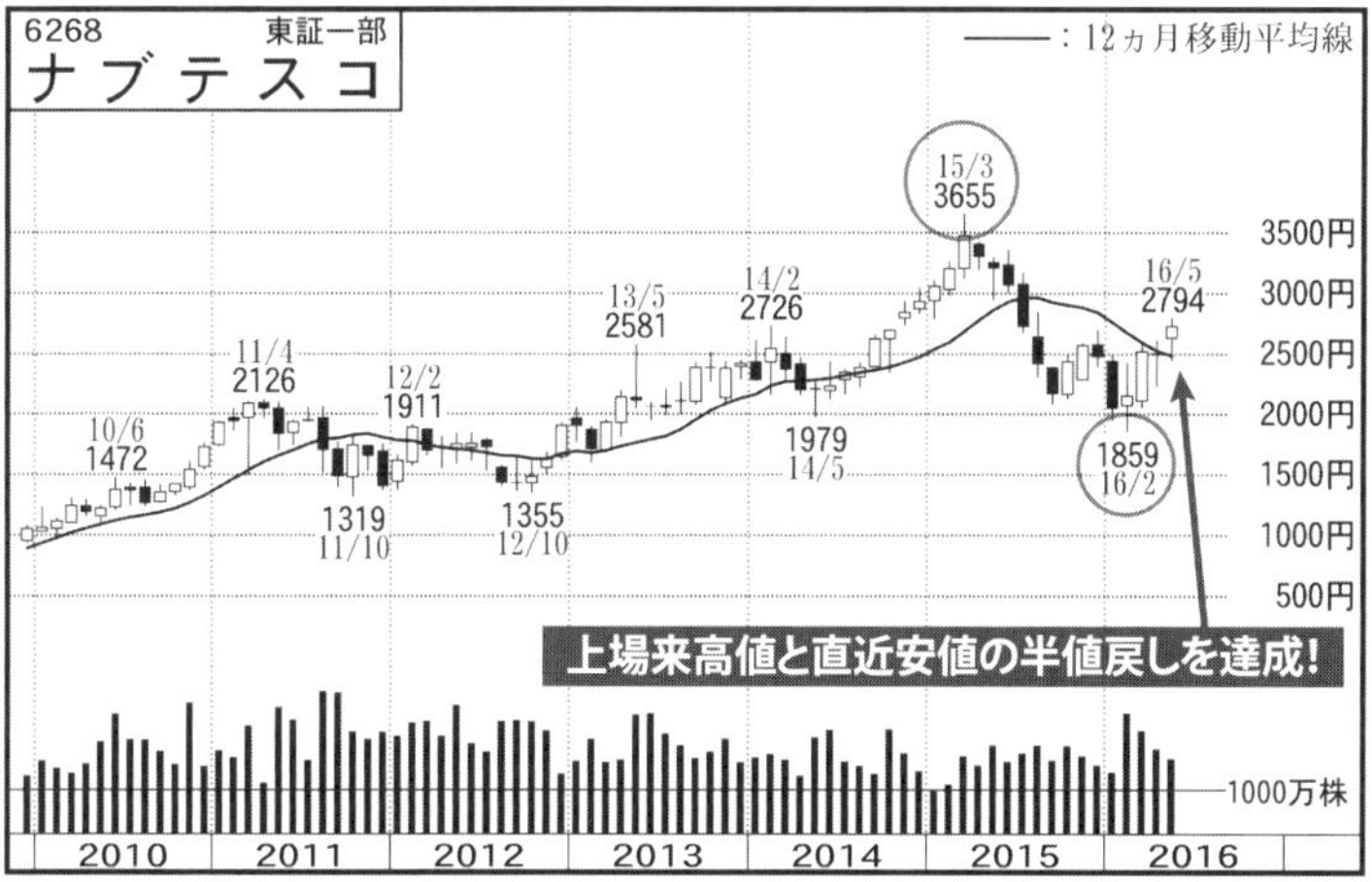

✪日本空港ビルディングのインバウンド効果はこれからが本番

▼前期は業績上方修正↓2017年3月期も2ケタ増益続く

日本空港ビルディング（9706）は、1953年に羽田空港の建設、管理運営を目的に設立されました。1993年に第1旅客ターミナルビル、2004年に第2旅客ターミナルビル、2010年には国際線旅客ターミナルビルの管理運営を開始しています。

国際線旅客ターミナルビルの管理運営は、**持ち分適用会社**が担い、持ち株比率38・8％分の収益が同社の業績に反映されます。

このほか、羽田空港だけでなく成田空港、中部空港、関西空港でも物品販売を行ない、2014年に羽田で開業したホテルも経営しています。事業別の売上高比率は物品販売が61％、施設管理運営が29％、飲食その他が10％となっています。インバウンド関連です。

2016年3月期の業績は、売上高が2041億円（前期比17・7％増）、営業利益が113億円（同14・3％増）、最終利益が89億円（同33・4％増）となりました。ちなみに第2四半期決算発表時、期初計画に対し売上高を194億円、営業利益を17億円上方修正しています。

■持ち分適用会社
連結財務諸表上、持分法の適用対象となる関連会社のこと。原則として、議決権所有比率が20％以上50％以下の非連結子会社・関連会社を指す。持ち分適用会社は連結子会社と異なり、財務諸表を合算しない。

テナント賃料などは減少傾向にありますが、訪日外国人の増加に伴い、国際線の売店売上高、飲食が大きく伸びています。2020年に向け、インバウンド効果は、これからが本番です。

2017年3月期は売上高が8・3％増の2210億円、経常利益が14・3％増の156億円、最終利益が25・1％増の111億円と予想しています。1株利益は131円となります。

▼上場来高値の6割水準戻しを狙う

株価は2013年4月末の1504円が、2015年4月7日に8320円まで買われました。5・5倍を超える大化けです。収益ベース（最終利益）は2013年3月期が16・24億円→2015年3月期が

日本空港ビルディングの利益推移

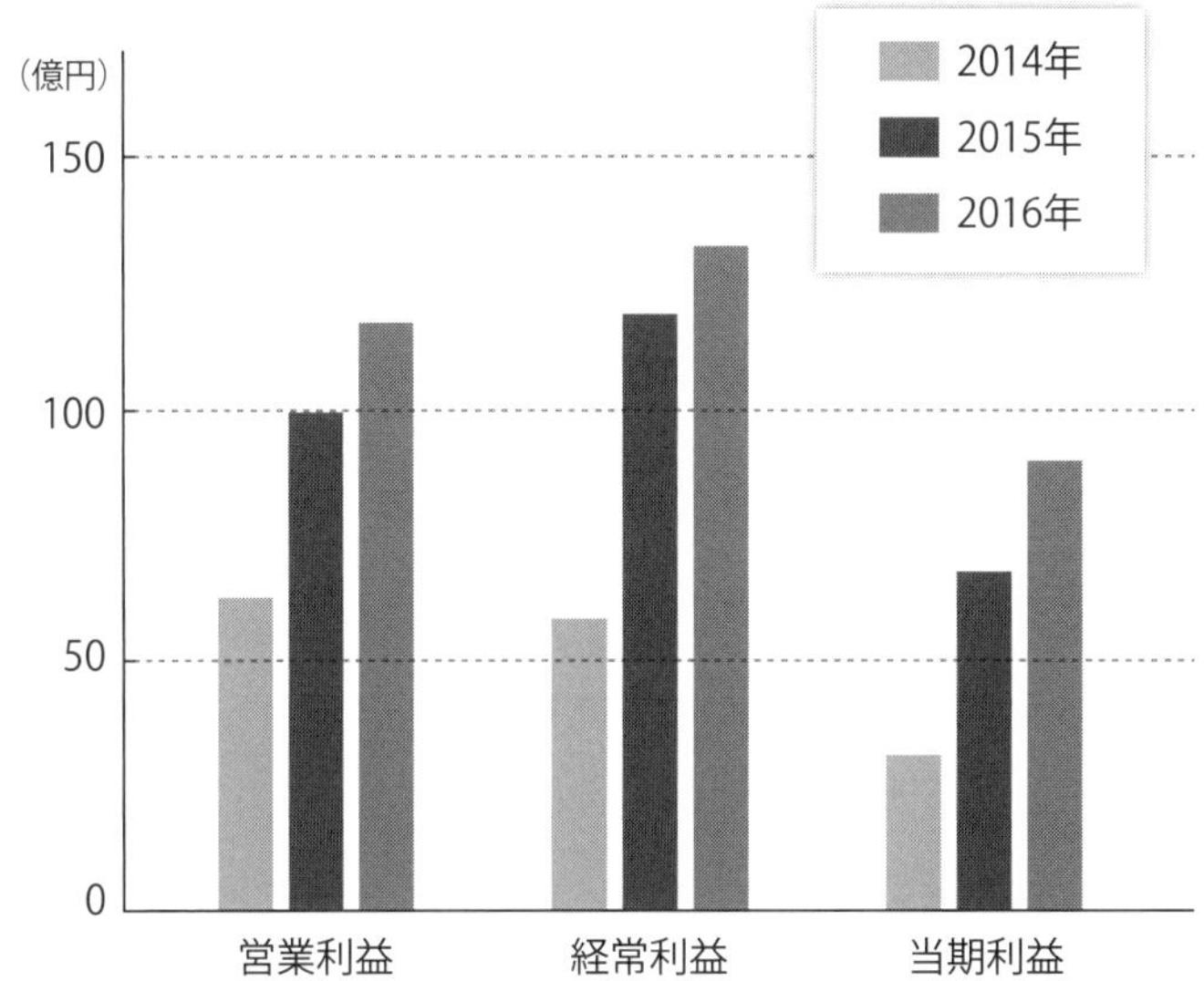

66・48億円と4・1倍に急増しています。これが株高を支えたのです。

しかし、2016年2月12日には3360円まで売られ、直近の株価は3600円あたりで小動きを繰り返しています。これは先の上場来高値8320円に対し、43％程度の水準にすぎません。

上場来高値8320円の60％水準は4992円です。3600円前後を仕込み、4900円で売却できれば3割以上の利益となります。

多少時間はかかるかもしれませんが、見直し買いの入る公算は大きいでしょう。何しろ、何年経っても社会になくてはならない会社です。

事業内容は一目瞭然、株価は安値圏にあります。筆者は、ウォーレン・バフェット氏好みの銘柄だと強く思います。

▼日本空港ビルディングの週足

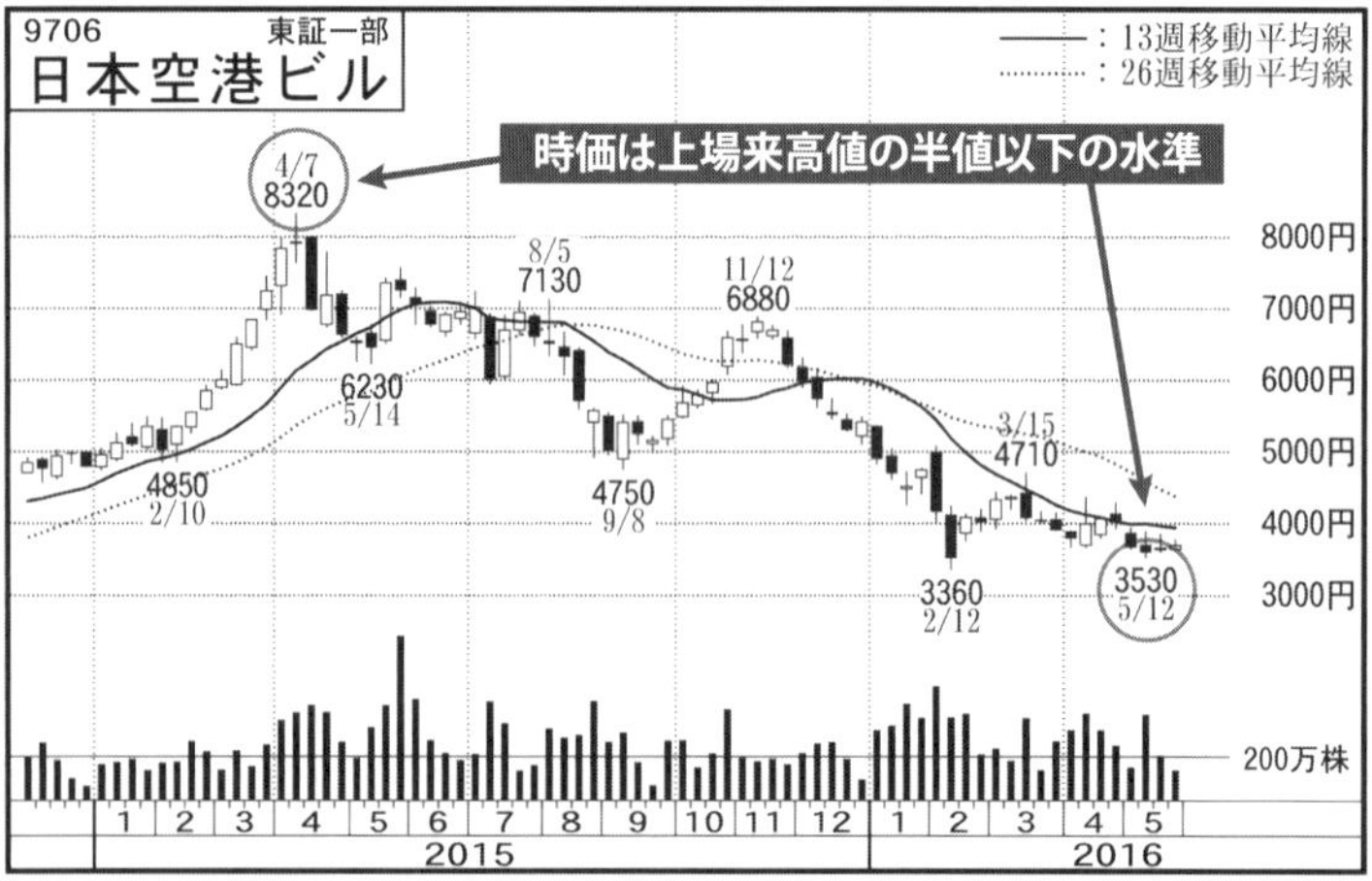

✪小野薬品工業の「オプジーボ」は超大型薬品

▼オプジーボの売上高は2020年に1兆円を超える!?

小野薬品工業（4528）は、マーケットの注目を最も集めている医療用医薬品メーカーといってもいいでしょう。がんの免疫療法治療薬「オプジーボ」がメラノーマに加え、肺ガンの治療にも効果があることが判明し、一躍脚光を浴びることになりました。腎臓がんにも薬効が確認されています。最終的には20種類のがんに薬効が拡大する見通しです。

オプジーボは、アメリカのＦＤＡの支援を受け、販売・研究開発面ではブリストル・マイヤーズスクイブ社と連携しています。ガン治療薬の大型化が期待されています。

２０１６年4月11日、同社はオプジーボの国内売上げ実績、および予想値を発表しました。それによると、２０１６年3月期実績は、事前の会社予想175億円に対し２１２億円、２０１７年3月期は１２６０億円に拡大します。これは前期比6倍近い伸びです。２０２０年には1兆円、２０２７年には2兆円を超えるとの見方もあります。

ただ、会社側の予想数字は、２０１７年3月期までの新規使用患者数（非小

■メラノーマ
悪性黒色腫という悪性皮膚がんの病名。一般的には、「ほくろのがん」「ほくろのような皮膚がん」などと呼ばれている。皮膚の色に関係する色素をメラニンというが、これをつくる色素細胞（メラノサイト）ががん化した腫瘍と考えられている。

■ＦＤＡ
アメリカ食品医薬品局。アメリカ国民の健康を守ることを責務とする政府機関。食品、医薬品など消費者が使用する製品に対して許認可を与える権限を有し、違反品の取り締まりなどを行なう。

細胞肺ガンの場合1万5000名)、年間薬価(同1500万円)を考慮すれば、かなり低い水準であると筆者は分析しています。

2016年3月期の売上高は前期比18・1%増の1602億円、最終利益は、前期比92・5%増の250億円となりました。

2017年3月期は薬価改定(オプジーボの薬価改定は2018年以降)があるとはいえ、オプジーボの飛躍的な販売増により、売上高が前期比61・6%増の2590億円、最終利益が前期比2・2倍の558億円と、会社側は公表しています。

▼高値づかみに注意し、波動取り

オプジーボの注目度が高まるにつれ、株価もうなぎ上りの様相を見せています。

2016年3月29日に、1株を5株にする株

末期がんの治療薬「オプジーボ」の売上高推移

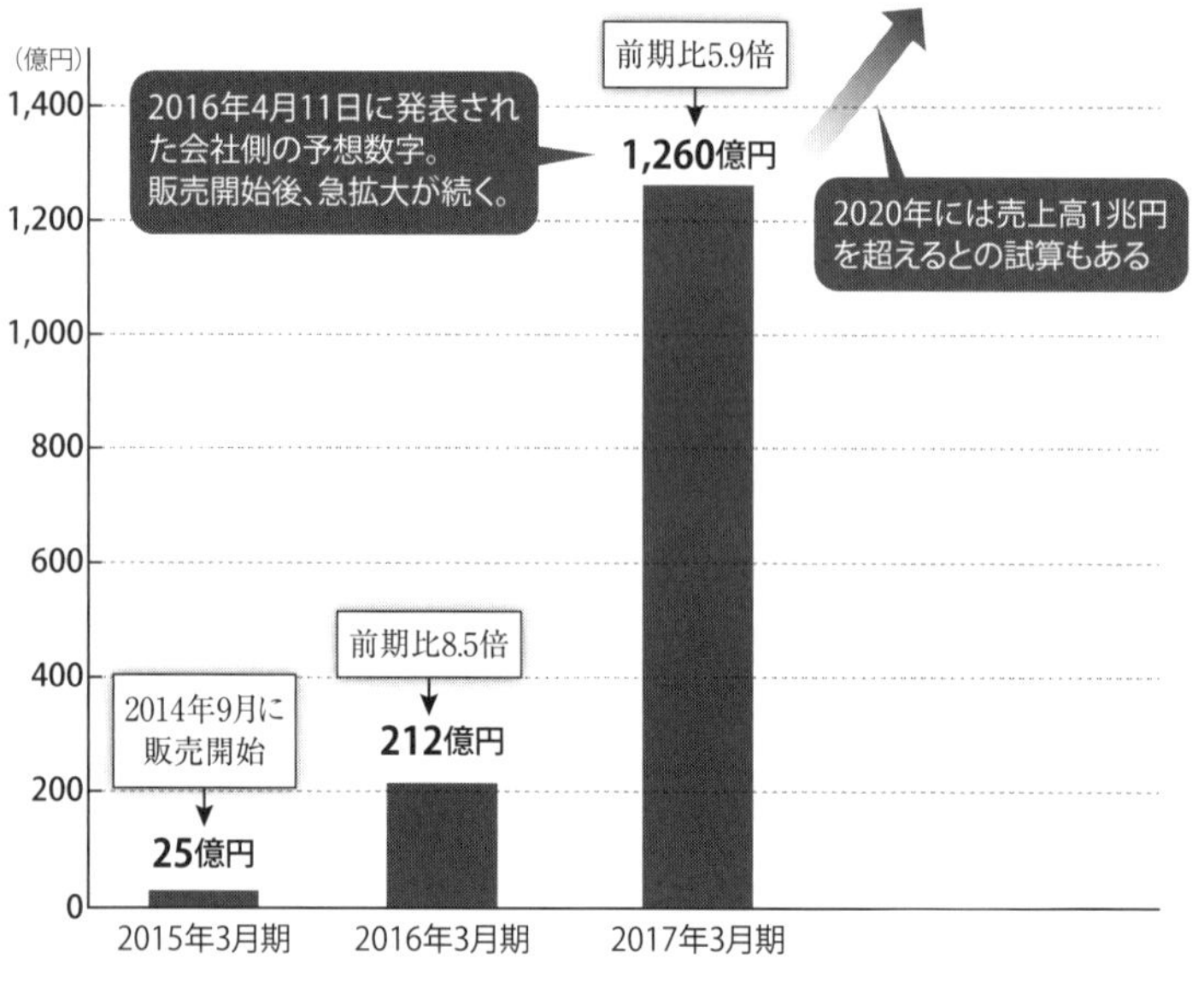

式分割を実施しました。この結果、直近（５月31日）の株価は５０００円前後となっていますが、１年前は２５００円前後で推移していました。順調な値上がりです。

つまり、１年間で倍化を果たしたことになります。今後は、効能拡大（前述したように、最終的には20種類になる公算大）に対する期待と薬価の見直しリスクの綱引きのなかで、株価は大きな上げ下げを繰り返すことが予想されます。したがって、大きく下げたところを拾う作戦が奏功するでしょう。

１単元（１００株）あたり50万円で買えるようになったことで、個人投資家も参戦しやすくなりました。ただし、高値づかみにはくれぐれも注意して欲しいと思います。

▼小野薬品工業の週足

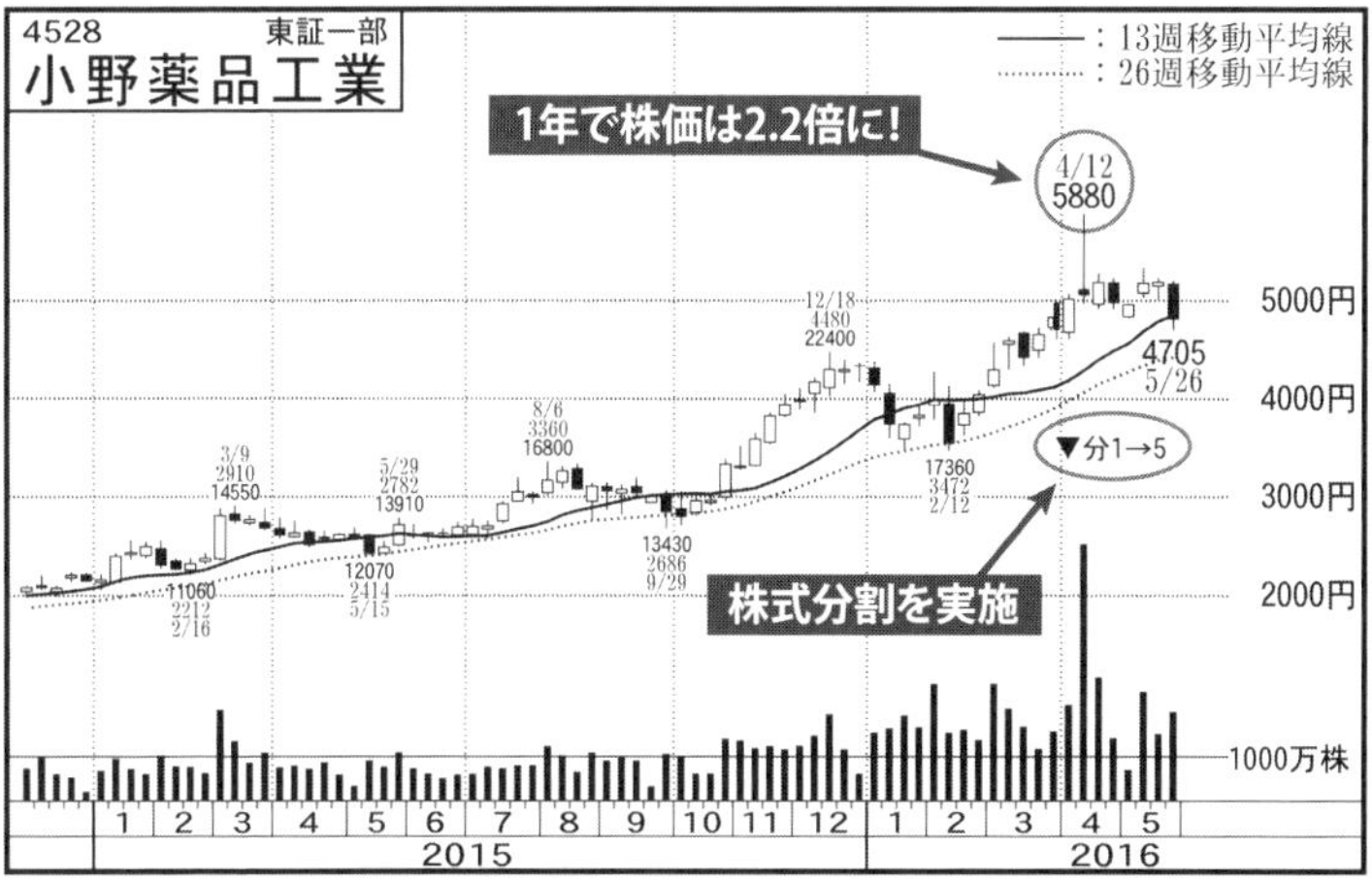

✪下値拾いに徹すれば着実に儲けられる大和ハウス工業

▼2016年3月期に特別損失を計上、財務健全化を図る

大和ハウス工業（1925）は、国内最大手の住宅総合メーカーとしてよく知られています。しかし、最近は大型マンション、商業施設、医療・介護施設といった関連事業のほか、福祉用ロボット、環境エネルギー、ホテルなど多角化を進めています。

海外展開にも積極的です。海外での売上高5000億円を目標としています。業績は2016年3月期の売上高が3兆1929億円（前期比35・6％増）、営業利益が2431億円（同34・8％増）となりました。事業環境は今のところ良好です。

ただ、**退職金債務の割引率**変更に伴い、**特別損失**849億円を計上します。このため、2016年3月期の最終利益を1540億円から1036億円に下方修正しました。前期比11・6％の減益です。しかし、これを実施したことは評価できます。

また、株主優遇にも配慮しています。これまで同社の株式を1000株以上保有していないともらえなかった株主優待券を、100株保有していれば1枚

■**退職金債務の割引率**
将来の退職給付見込額を、現在の価値に換算するときに用いる利率のこと。割引率が5％の場合、現在の1万円に対する1年後の価値は、1万円÷（1＋0・05）＝9529円になる。退職給債務を計算する際の割引率は、安全性の高い長期債券の利回りをベースに決定される。

■**特別損失**
企業の経営活動とは直接関わりのない、特別な要因で発生した損失のこと。これは臨時的、あるいは偶発的に発生した損失であり、固定資産の売却損、投資有価証券の売却損、社債償還損、火災損失、災害損失、盗難損失などの項目がある。

（1000円相当）もらえるように変更されました。小口株主を大切にするのは評価できます。

さらに、1000株保有の場合、これまで5枚しかもらえなかった株主優待券が倍の10枚（1万円相当）もらえるようになるなど、個人投資家を強く意識した制度となっています。経験則では、個人投資家が増えた企業の株価は安定的に上昇するケースが目立っています。

ちなみに、同社の株主優待券は株主優待専用のグルメギフト、同社の関連施設（ホテル、ゴルフ場など）で使うことができます。事実上の金券といえるでしょう。

▼逆張り徹底、3000円割れを拾う

2016年の株価はボックス相場が続いて

変更（拡充）された大和ハウス工業の株主優待制度

保有株数	株主優待券の贈呈枚数（変更前）	株主優待券の贈呈枚数（変更後）
100株～	なし	1枚（1,000円）
300株～	なし	3枚（3,000円）
500株～	なし	5枚（5,000円）
1,000株～	5枚（5,000円）	10枚（10,000円）
2,000株～	10枚（10,000円）	
3,000株～	15枚（15,000円）	30枚（30,000円）
4,000株～	20枚（20,000円）	
5,000株～	25枚（25,000円）	50枚（50,000円）
10,000株～	50枚（50,000円）	

（注）新しい制度は、2016年3月31日時点以降の株主名簿に記載された株主に適用される

います。1月4日に3500円でスタート↓2月3日に3654円（年初来高値）↓2月12日に2736・5円（年初来安値）↓4月25日の終値3115円という展開です。

そして、5月6日には再度2836円まで売られました。しかし、その後は一気に窓を埋め、5月25日に3302円をつけています。この間の上昇率は16％強となります。

チャートは上値を追う形ではありませんが、3000円割れの下値を丹念に拾えば利が乗るパターンを続けています。大儲けを狙わず、着実に利益を積み上げたい人にはピッタリの銘柄です。

安いところを買って、高いところを売る「大波も小波もすべて逆張り」の銘柄ではないでしょうか。

▼大和ハウス工業の週足

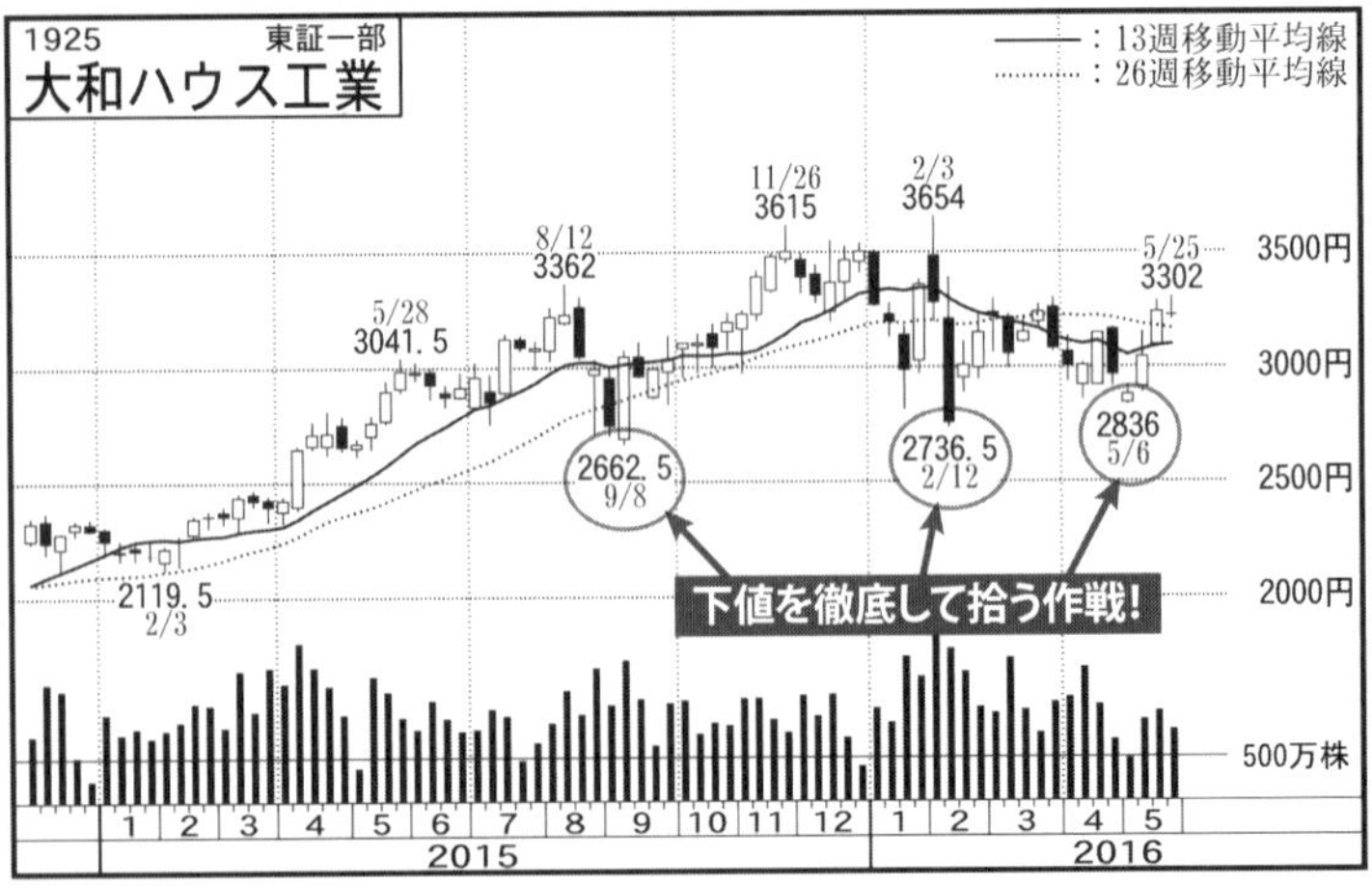

✪バイオビジネスに注力の富士フイルムホールディングス

▼2017年3月期は2ケタ増益、最高益更新を見込む

富士フイルムホールディングス（4901）は、富士フイルム、富士ゼロックス、富山化学を傘下に置く持ち株会社です。同社は事業構造の転換を図っており、ヘルスケア、高機能材料などフイルム以外の事業に注力しています。この経営姿勢は評価できます。

特にヘルスケア事業では医療ＩＴ、内視鏡など安定成長が見込めるメディカルシステム分野、新薬開発に力を入れている医薬・再生医療分野の成長が期待されています。骨の再生能力を大幅に高めることに成功するなど、新しい材料も豊富です。２０１５年には、リチウムイオン電池分野にも参入しました。**ジャパン・ティッシュ・エンジニアリング（7774）**、**メディカル・データ・ビジョン（3902）**などを傘下に持っています。

２０１6年3月期は医療ＩＴ、インスタントカメラ「**チェキ**」が収益に貢献します。売上高は2兆４９１６億円、最終利益は１２３３億円と微増収、微増益でした。しかし、最高益です。配当は5円増の65円にしました。２０１７年3月期の配当は70円とします。

■チェキ
富士フイルムが発売しているインスタント写真システムの総称である。正式名称instax（インスタックス）。日本ではユーザーの7割が女性で、かわいらしさとコンパクトさが受けている。また、チェキはデジカメと違い、撮影した写真を複製してばらまかれる恐れがないこともユーザーの安心感を呼んでいる。

続く2017年3月期は2・3％増収ながら、営業利益が前期比15・1％増の2200億円、最終利益が13・7％増の1250億円と2ケタの伸びが予想されています。

もちろん、最高益更新です。「チェキ」の好調に加え、事務機の新製品投入効果が見込まれています。

▼4200円近辺の下値を買う

また、同社は3000万株、1000億円を上限とする自社株買いも発表しました。これは発行済み株式数の5・8％に相当します。取得期間は、2016年5月2日から同年12月31日までとなっています。

このような株主優遇策は、好感されるのではないでしょうか。株価は、2016年

富士フイルムの利益推移

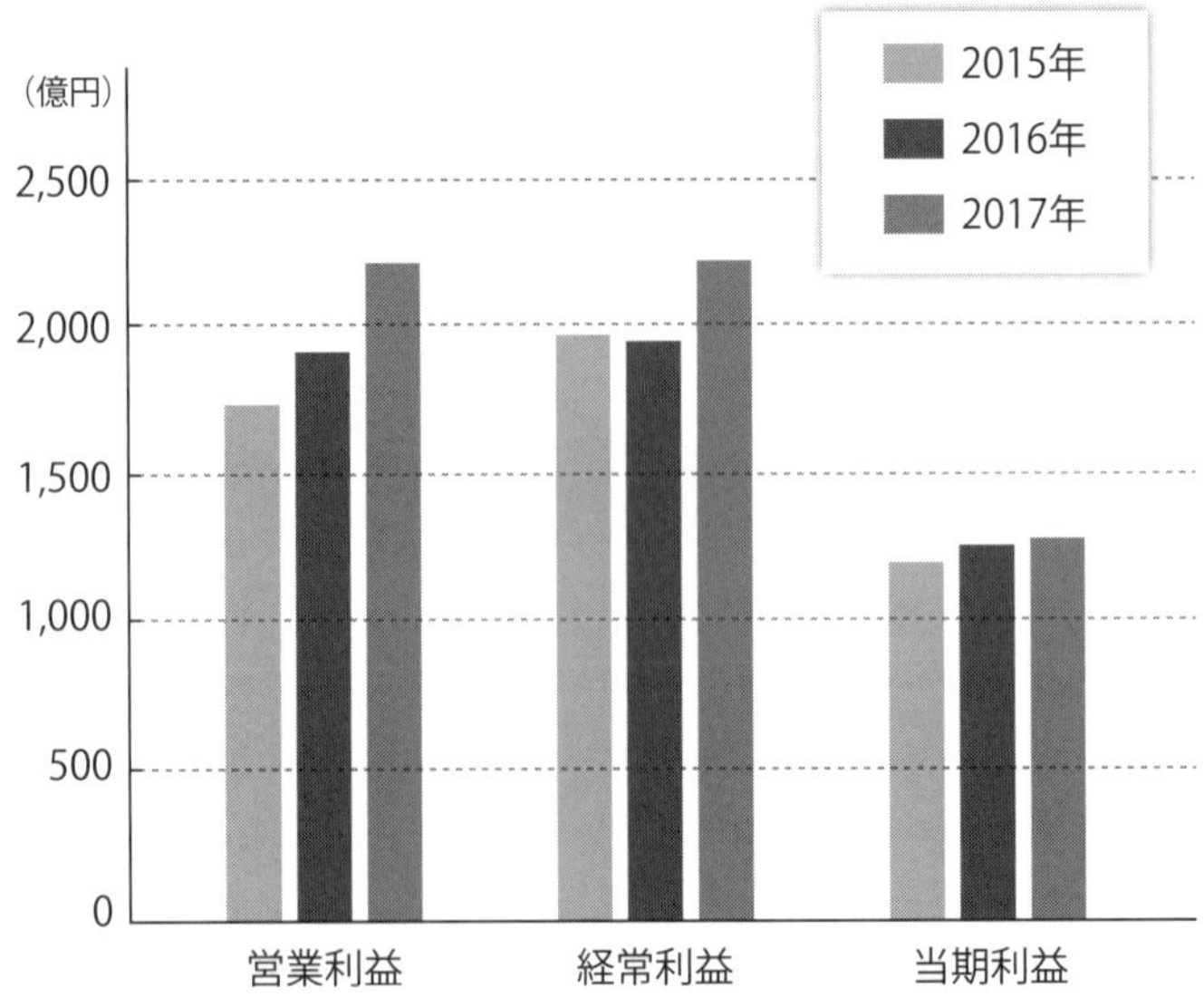

1月4日につけた5075円が年初の高値となり、2月12日には3895円まで売られました。4月28日時点で4773円まで戻していますが、これは高値に対し94％の水準です。

業績不安の少ない優良銘柄として、下げれば見直し買いが入る展開が続いています。4200円台の株価は、PBR0・8倍と解散価値以下の水準であり、ここは素直に買いを入れられるところです。

ウォーレン・バフェット氏の基本的な売買手法は優良株の安値を徹底的に買い集め、企業業績、配当成長力にかげりが出ない限り、超長期で保有して莫大な資産を築く――筆者はこのように理解しています。

その手法に学べば、この章の優良株の下値買いは投資妙味大であると確信します。

▼富士フイルムの日足

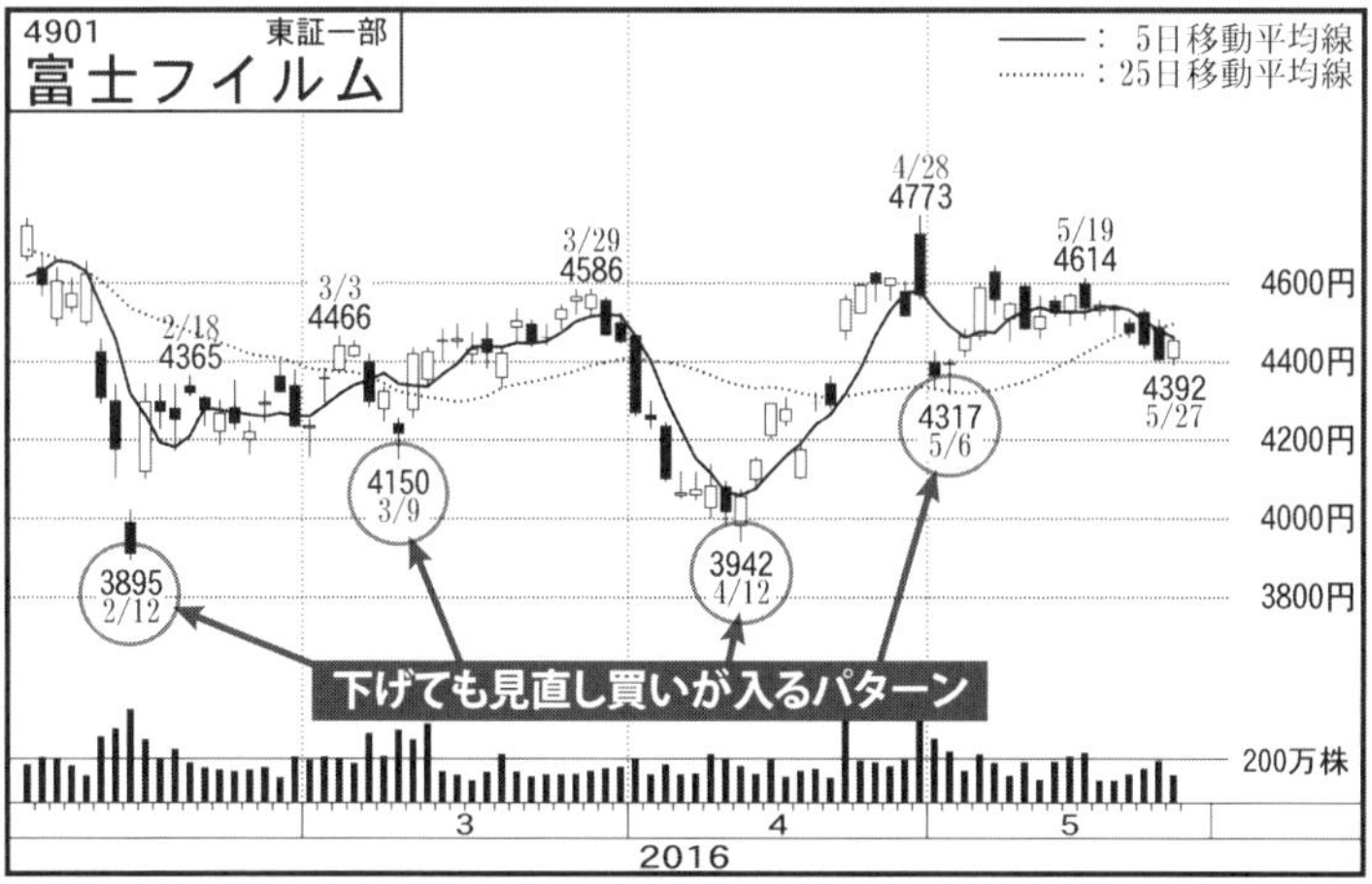

COLUMN

杉村富生のブレイクタイム……3

国策のICT教育が始まった!

文部科学省が2020年をメドに、学校教育に電子黒板、タブレット端末、パソコンを使ったデジタル教科書を採用します。このため電子書籍関連株などが値を飛ばしていますが、これは新しい技術革新のテーマです。基本的に、ICT教育といいます。ICTとは、「Information and Communication Technology」のことです。教育分野に情報通信技術を利用します。

推進している主管庁は文部科学省、総務省であり、これはまさに国策です。教育ビッグデータを活用し、学習状況の分析を随時行います。この教育モデルの構築によって、テーラーメード(各人の学習能力に対応)化された個人適用型の教育を実現できます。

オプティム(3694)はビジネス向けスマホアプリのマーケットリーダーですが、注目のICT教育に意欲的に取り組んでいます。京都大学、京都市教育委員会などが連携し、開始した「京都ICT教育モデル構築実証研究プロジェクト」に参加しています。この動きは全国の市町村に広がっていくでしょう。

ICT教育に不可欠なのは、ビッグデータの活用技術です。同社はこの分野を得意としており、同社のIoTプラットフォームサービス「Optimal Biz」は、佐賀県のすべての県立高校の学習用タブレットPCに納入されています。株価は、2016年1月21日の3,540円を安値にジリ高となっています。

作戦3

シルクワーム（かいこ）の習性に学ぶ！

第4章

〝株長者〟という夢を実現する「極楽テーマ株」作戦

1997〜2000年のITバブル再現か？マザーズ市場が9年ぶりの高値で大フィーバー！

✪イノベーション・バブルが閉塞状況を打開する

ハイフリ、ヘッジファンドなどがかく乱するマーケットとどう対峙したらいいのでしょうか——作戦1では確実に儲けを積み重ねるための「極端バリュー」作戦、作戦2では資産を長期で拡大させる「極上グロース」作戦について述べてきました。

トリプル投資作戦の3番目は、〝株長者〟という夢を実現する「極楽テーマ株」作戦です。波乱相場下にあっても短期急騰、ストップ高となる銘柄が続出しています。実際、昨年の夏以来、テーマ性を有する〝小物〟にマトを絞った投資家は抜群の成果を挙げています。

このような大化け株を、タイミングよく売買できれば、ハイフリなどに振り回されることなく大きな儲けをつかむことができます。そう、株式投資には〝ロマン〟が必要であり、株長者という夢を実現するために勇気を出してチャレン

■VR・AR
VR（Virtual Reality）とはバーチャルリアリティ＝仮想現実のこと。コンピュータなどによってつくり出された仮想空間を現実のように体験できる技術である。AR（Augmented Reality）とは、拡張現実のこと。人が知覚する実際の環境をコンピュータによって拡張する技術を意味する。

■5G
第5世代携帯電話、および第4世代携帯電話（4G）の上位に位置づけられる、次世代移動体通信システムの通称のこと。Gとは「Generation」（世代）の略。NTTドコモなどでは、2020年の実用開始を目指して5Gの研究開発に取り組んでいる。

ジし続けなければいけません。

日本は今、産業構造の転換を迫られています。いや、これは日本に限らず、中国を含め、世界的にそうではないでしょうか。世界経済は新興国を中心に急減速、先進国は高齢化社会を迎えています。

その閉塞状況を打開するのはイノベーションです。すなわち、新技術・新製品の開発が社会に刺激を与え、景気を浮上させるのです。すでに、内外の政府、企業はバイオ創薬、自動運転、VR・AR、人工知能、ロボット、フィンテック&ブロックチェーン、5Gなどの分野の育成に官民挙げて取り組んでいます。この動きは今後、加速するでしょう。

状況は1996~1998年と似ています。当時は原油価格が急落、日本の過剰融資・過剰設備（金融機関の不良債権）が問題になっていました。このとき、コンピューターの「2000年問題」があって、ITバブルが起こります。今回は「イノベーション・バブル」というか、テーマ性を有する〝小物〟が大フィーバーを演じるでしょう。いや、すでにそうなっています。

2016年4月21日、東証マザーズ指数が1230ポイントをつけ、年初来高値を更新しました。個人投資家の目はこちらに向いています。

■2000年問題
21世紀の到来が近づいた際、コンピュータが2000年（00年）を1900年と解釈し、誤作動するのではないかと騒がれた問題のこと。Y2K（ワイツーケイ）問題、ミレニアム・バグ（millennium bug）とも呼ばれた。ちなみに、Yは年（year）、Kはキロ（kilo）である。

✪新興市場の売買代金ランキング上位銘柄を狙う！

新興市場の銘柄は、売買代金ランキング上位銘柄を狙います。新興市場の銘柄であっても流動性に厚みのある銘柄は、売りたいときに成り行き注文を出せば、たいてい約定します。これは、**リスク・マネジメント**の面において、極めて大切なことです。

次ページの表は、2016年5月2日終値時点における東証マザーズ、ジャスダック市場の売買代金ランキング上位銘柄です。東証マザーズのランキング第1位は、この日も**そーせいグループ**（**4565**）で売買代金が185億円を超えています。

これは、同じ日の**日立製作所**（**6501**）の売買代金179億円強を超える金額です。高水準の売買代金は、流動性の高さを示しています。前日比率はそうせいグループのプラス0・45％に対し、日立製作所はマイナス5・5％でした。

この日、目を引いたのは電子雑誌を手がける**ブランジスタ**（**6176**）です。前日比14・34％もの大幅な値上がりです。ジャスダックでは、2016年3月に上場したばかりの**チエル**（**3933**）が前日より18・66％上昇しました。ブランジスタは2016年5月に、株価が年初始値の10倍になっています。

■リスク・マネジメント
危機管理のこと。将来起こり得るリスクを想定し、実際にリスクが発生した場合の損失を最小限に食い止めるための対応をいう。株式投資における最大のリスク・マネジメントは、ショック安に見舞われる前にキャッシュ比率をできるだけ高めておくことに尽きる。

新興市場の売買代金ランキング上位銘柄

東証マザーズ

順位	コード	銘柄	売買代金（億円）	終値（円）	前日比率（%）
1	4565	そーせいグループ	185.5	22,570	+0.45
2	4594	グリーンペプタイド	112.2	1,535	+5.86
3	6176	ブランジスタ	82.2	6,620	+14.34
4	6187	LITALICO	73.8	3,455	+3.44
5	3914	JIG-SAW	70.6	19,650	+2.34

ジャスダック

順位	コード	銘柄	売買代金（億円）	終値（円）	前日比率（%）
1	8462	フューチャーベンチャーキャピタル	48.3	2,040	+5.81
2	3933	チエル	34.7	3,180	+18.66
3	2303	ドーン	20.5	2,940	+6.52
4	4582	ジンバイオ	16.6	343	+6.52
5	3807	フィスコ	15.1	427	+6.75

指数

	売買代金（億円）	終値（ポイント）	前日比率（%）
TOPIX	262,390.2	1,299.96	▲3.03
東証マザーズ	1,305.4	1,132.49	+0.08

（注）数値はいずれも2016年5月2日終値時点のもの

強い銘柄は例外なくテーマ性を有し、かつ好業績・好需給です。いわゆる、〝**当たり屋**〟が介入しているほか、資金の回転が効いているのです。

なお、２０１６年7月19日には、マザーズ指数（ＴＯＰＩＸと同じ時価総額ベース）を対象とする先物取引がスタートします。実は、この東証マザーズ指数先物が新興株の起爆剤になる、との見方が出ています。外国人投資家はそーせいグループのような新興市場の成長株を投資対象にしたくても、流動性の薄さが障害になっていました。

マザーズ先物は、間違いなく需給面でプラスとなります。もちろん、先物と現物株の裁定取引に伴う買い需要も発生します。裁定取引とは、ある銘柄を買うと同時に別の銘柄（先物）を同金額売り建てし、その利ザヤを稼ぐ投資手法です。ヘッジファンドなどが得意としています。例えば、東証マザーズの代表的な銘柄であるそーせいグループ（＝１５０ページ以降参照）を買い、マザーズ先物を売り建てるなどという裁定取引が急増すると見られているのです。この流れを見逃してはなりません。

東証マザーズに新しい風が吹こうとしているのです。「極楽テーマ株」が、その追い風を全面に受けるのは間違いありません。

■当たり屋

世間一般的に認識されている当たり屋とは、走行中の車にわざとぶつかり、法外な示談金・賠償金を求める人（主にこれを職とするような常習的な人）である。

これに対し、投資の世界における当たり屋は、自分の思ったとおりに相場が動いて儲けた人のことをいう。努力の成果というより、ツキに恵まれた人というニュアンスがある。「当たり屋といわれた頃に曲がり出し」などといわれることもある。

東証マザーズ指数と日経平均株価の推移

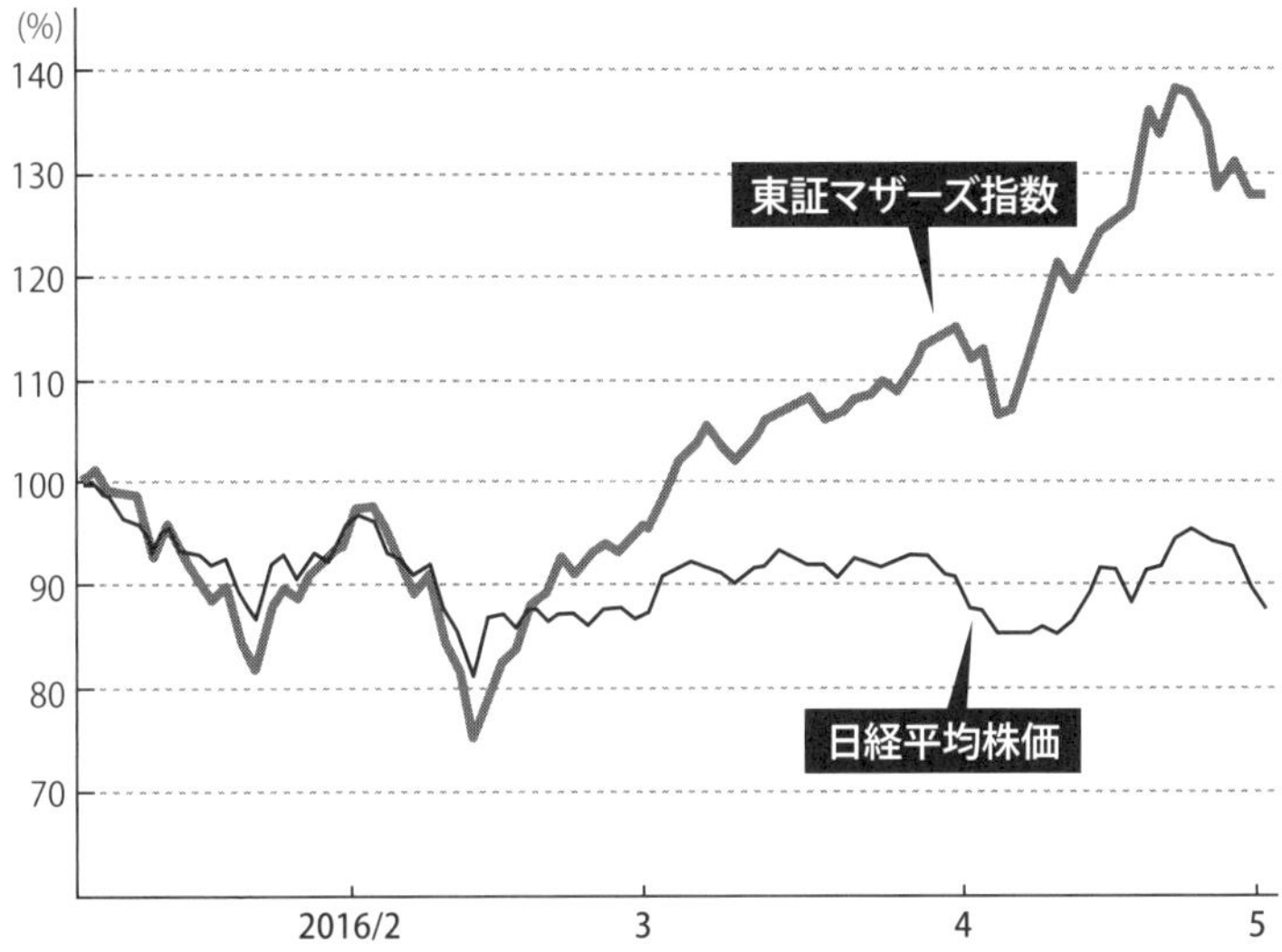

(注)2016年1月4日を100として比較

▼東証マザーズ指数の日足

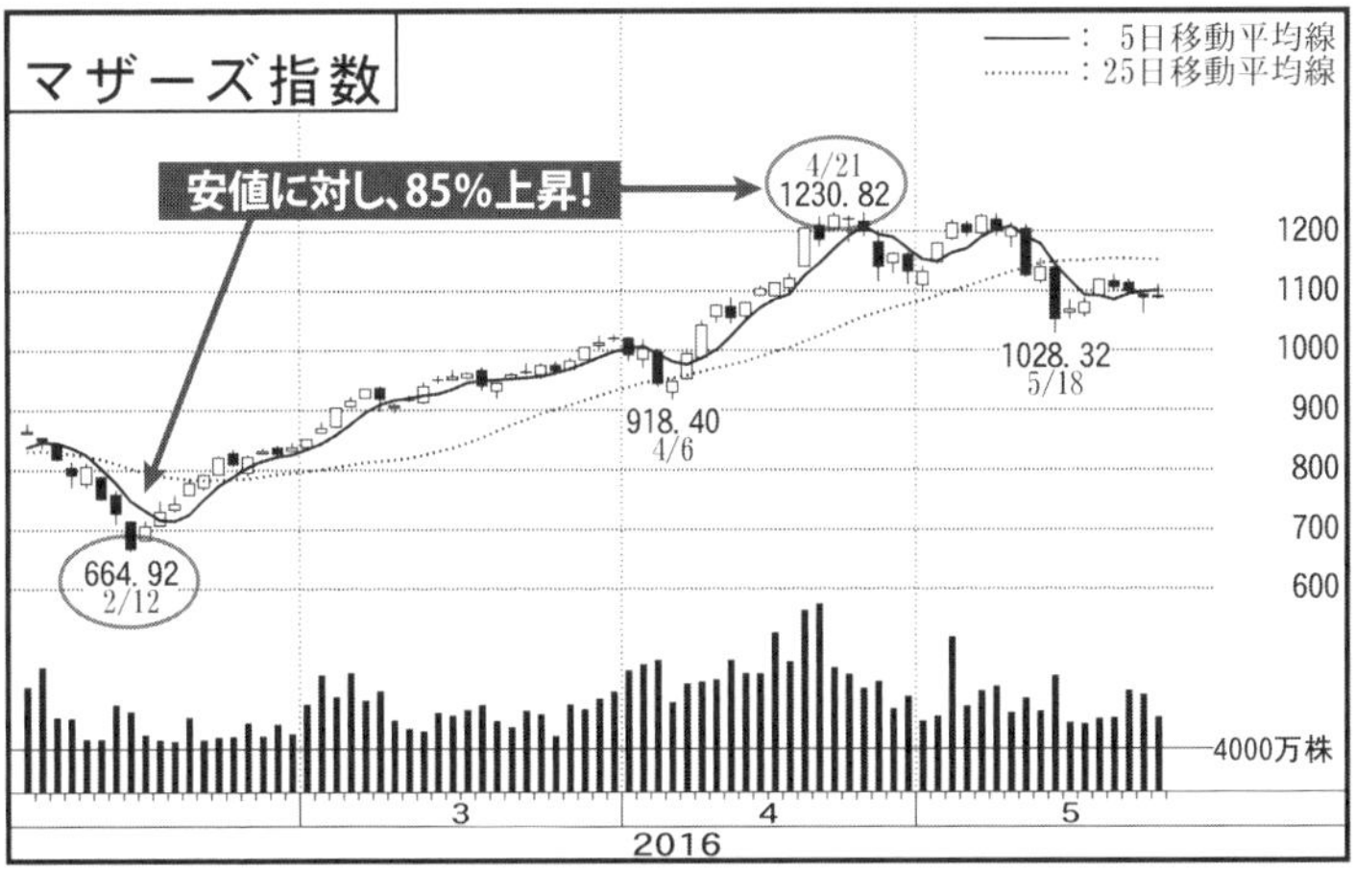

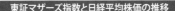

✪子育て支援最大手のＪＰホールディングスは〝旬〟の銘柄

▼業績は順調、２０１７年３月期に保育士の待遇改善費用を計上

２０１６年３月29日に成立した２０１６年度予算は、子供を持つ女性、高齢者が働きやすい「一億総活躍社会」を掲げ、保育園、介護施設の増設などに2兆５０００億円を投じます。

ＪＰホールディングス（２７４９）は東証１部の銘柄ですが、時価総額が３２０億円弱と小粒な銘柄です。同社は保育園運営など子育て支援の最大手であり、国策を追い風に保育所、学童・児童館を積極的に開設しています。２０１６年３月期に保育所を17カ所、学童クラブを12施設、児童館を2施設開設しました。２０１７年３月期は保育所を9カ所、学童クラブを6施設、児童館を3施設新規開設する計画です。今後、着実な成長が期待できるのではないでしょうか。

業績は好調です。２０１６年３月期は売上高が２０５億５２００万円と前期比15％増、最終利益が11億９５００万円と19％増となりました。配当は1円増の5円としました。業容は順調に拡大しています。

２０１７年３月期の業績は、売上高が２２３億４０００万円（前期比８・７％

■一億総活躍社会
２０１５年10月に発足した第３次安倍晋三改造内閣の目玉プラン。少子高齢化に歯止めをかけ、50年後も人口1億人を維持し、家庭・職場・地域で誰もが活躍できる社会を目指すというもの。しかし、ネーミングも含め、漠然としたイメージのプランには批判も多い。

増）と順調な伸びを予想しています。ただ、営業利益が15億6400万円（前期比14・7％減）、最終利益が10億5700万円（前期比11・5％減）と減益になる見通しです。配当は4円とします。

これは、国の政策に先駆けて保育士の待遇改善を実施するためです。また、保育士の業務負担を減らすためのシステムも導入します。会社側では、これらの費用として3億円を計上する、としています。この施策は将来的に生きてくるのではありませんか。

待機児童問題が参院選の主要テーマとして浮上、株式市場でも関連銘柄が注目度を増しています。政府が掲げた「**待機児童解消加速化プラン**」では、保育の整備目標が40万人→50万人と10万人上積みされ、市場規模の拡大が明らかとなりました。政府は「待機児童ゼロ」を公約しています。

もっとも、株価は波乱です。2016年1月4日に347円でスタート、2月12日に231円まで売られましたが、4月11日に438円の年初来高値をつけました。その後、急落しましたが、上場来高値は2013年5月に示現した788円であり、まだ上値余地はたっぷりあると考えていいのではありませんか。

■待機児童解消加速化プラン

保育所に入れない待機児童の解消に向け、安倍首相が2013年4月に発表した。保育のニーズがピークを迎える2017年度までに、40万人分の保育の受け皿を確保する、としている。その一方で安倍首相は、最長で1年半の育休期間を3年間に延長するよう経済団体に要請している。

JPホールディングスの事業内容とグループ会社

事業名	事業内容	担当会社名
子育て支援事業	・公設民営保育所等の運営 ・公私設の学童クラブ、および児童館の運営 ・保育所経営コンサルティング	株式会社日本保育サービス 株式会社四国保育サービス
給食の請負事業	・保育所向け給食の請負	株式会社ジェイキッチン
体操・英語教室等の請負事業	・体操・英語教室等の請負	株式会社ジェイキャスト
物販販売事業	・保育関連用品の企画・販売	株式会社ジェイ・プランニング
子会社指導・管理	・子会社各社への経営指導・管理	株式会社JPホールディングス

▼JPホールディングスの日足

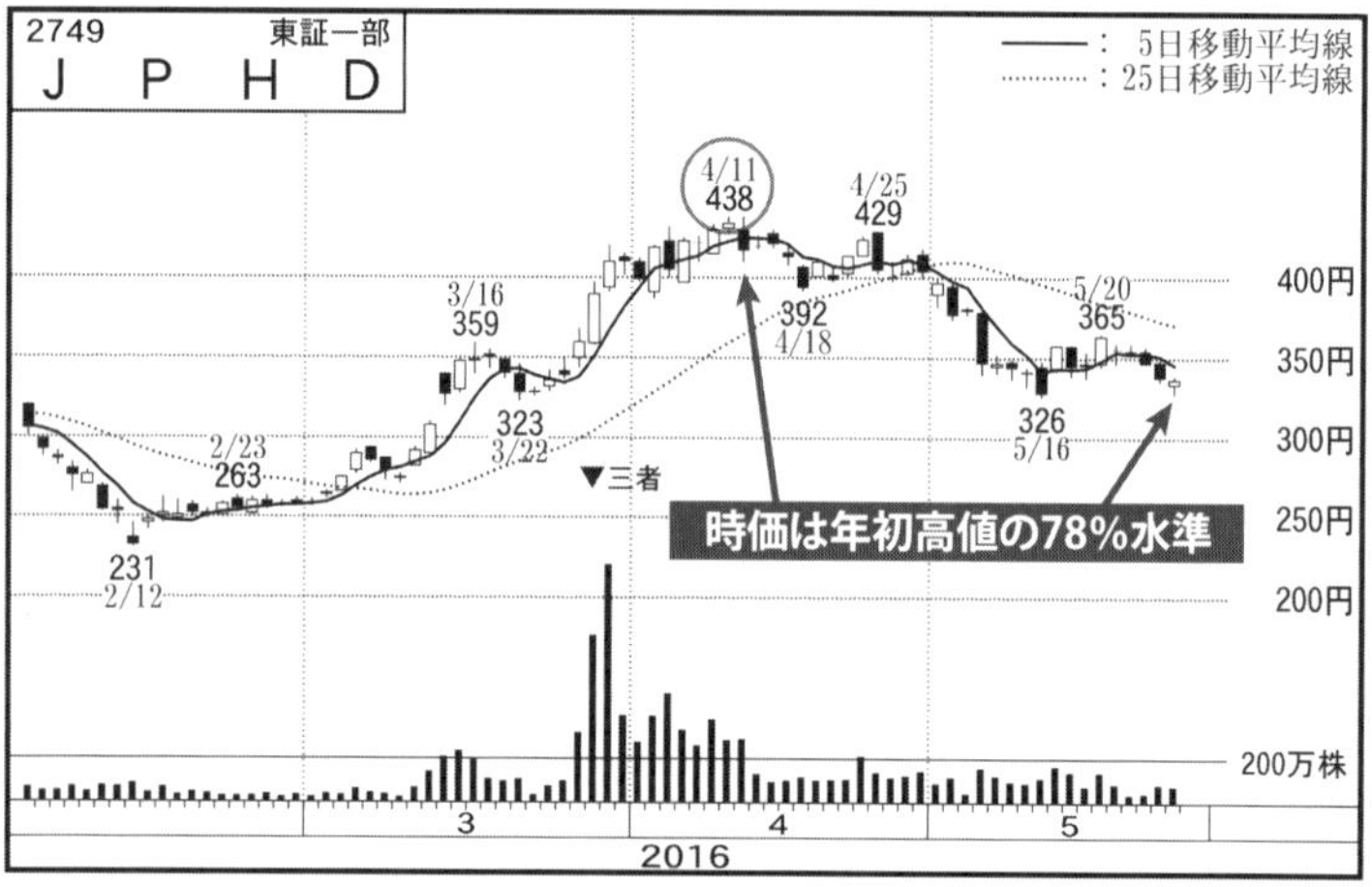

✪好材料含みのサン電子に高値更新の機運出る

▼子会社がテロリストのｉＰｈｏｎｅのロック機能を解除

サン電子（６７３６）はパチンコ関連事業、モバイル事業を２本柱とする会社です。パチンコ関連事業はパチンコ遊技基板の開発・製造など、モバイル事業はモバイル端末向けゲームソフトの開発などを行なっています。ＡＲ・ＶＲ分野での技術力の高さにも注目できます。

同社が株式市場で急脚光を浴びたのは、２０１６年３月末、イスラエルの子会社である**セレブライト社**がアメリカのＦＢＩ（連邦捜査局）に、テロリストのｉＰｈｏｎｅのロック機能を解除するノウハウを提供したと報じられたことです。

この件について会社側はノーコメントとしていましたが、４月13日にセレブライト社がインターポール（国際刑事警察機構）とパートナーシップを締結したと発表しました。いや〜、ビックリです。〝世界的な組織〟が、その技術力を評価したのです。

これはビッグニュースです。株価は２０１６年１月４日の始値６６０円に対し、３月30日には１２７０円まで上昇しましたが、この材料は折に触れて蒸し

■セレブライト社
同社はイスラエルの会社で、サン電子によって２００７年に買収された。同社のロック解除技術は、これまでにもイタリアで発生した事件の捜査で活用された実績がある。また、１００カ国以上の警察・調査機関をクライアントに、デジタル犯罪捜査事業も行なっているとも報じられている。

返されるはずです。

▼2017年3月期は大幅増益予想

業績は急浮上に転じます。2017年3月期は売上高が4・9％増の240億円、営業利益が71・6％増の7億円、最終利益が62・3％増の2億5000万円と会社側では予想しています。1株利益は11円（前期は6・9円）です。水準こそ低いものの、この変化率は魅力です。

AR・VR関連ではイスラエルに2社の拠点を持ち、情報セキュリティ（暗号解読技術）事業とともに注力しています。

2016年中に、ソニーの「プレイステーションAR」（同年10月発売予定＝47ページの用語解説参照）向けのソフトを投入する計画です。

サン電子のニュースリリース（2016年4月13日付）

子会社と国際刑事警察機構とのパートナーシップ契約締結に関するお知らせ

当社の子会社であるCellebrite Mobile Synchronization Ltd.（Chairman：山口正則、本社：イスラエル国、以下「Cellebrite 社」という。）は、国際刑事警察機構（International Criminal Police Organization、本部：フランス リヨン、以下「インターポール」という。）とパートナーシップ契約を締結いたしました。

インターポールは国際犯罪の防止を目的として、世界各国の警察で結成された世界最大の警察組織で、190 の国と地域が加盟しています。日本では頭文字をとってICPO と呼ばれることで知られています。同機構は2015 年4 月に新たなサイバー犯罪に関する研究開発・トレーニング・捜査支援活動を行う施設「The INTERPOL Global Complex for Innovation」（以下「IGCI」という。）をシンガポールに設立しました。

本提携によりCellebrite 社は 携帯端末データの抽出およびデータ解析システム「UFED シリーズ」と今日まで積みあげてきた携帯端末データ解析に関わるノウハウをIGCI に提供し、世界各国から集まる警察機関の捜査担当官に対するトレーニングの場でご利用いただきます。高度なデータ解析による犯罪捜査技術を世界に広めて、安心かつ安全な社会の実現に貢献してまいります。

現在、この分野（ゲームコンテンツ事業）の年商は5億円にすぎません。しかし、「プレイステーションVR」向けのゲームソフトだけでなく、他のVR機器向けの参入も検討しています。海外メーカー向けのソフト開発も進めています。

直近の株価は5月24日に709円の安値まで売り込まれるなど、調整しています。しかし、これは急騰の反動が出ているものでまったく心配はいりません。

上場来高値は2015年1月20日に示現した2250円であり、時価はそれの36％水準にすぎません。株価は底値ゾーンでのもみ合いを経て、いずれこうした好実態を反映する展開になるでしょう。

▼サン電子の週足

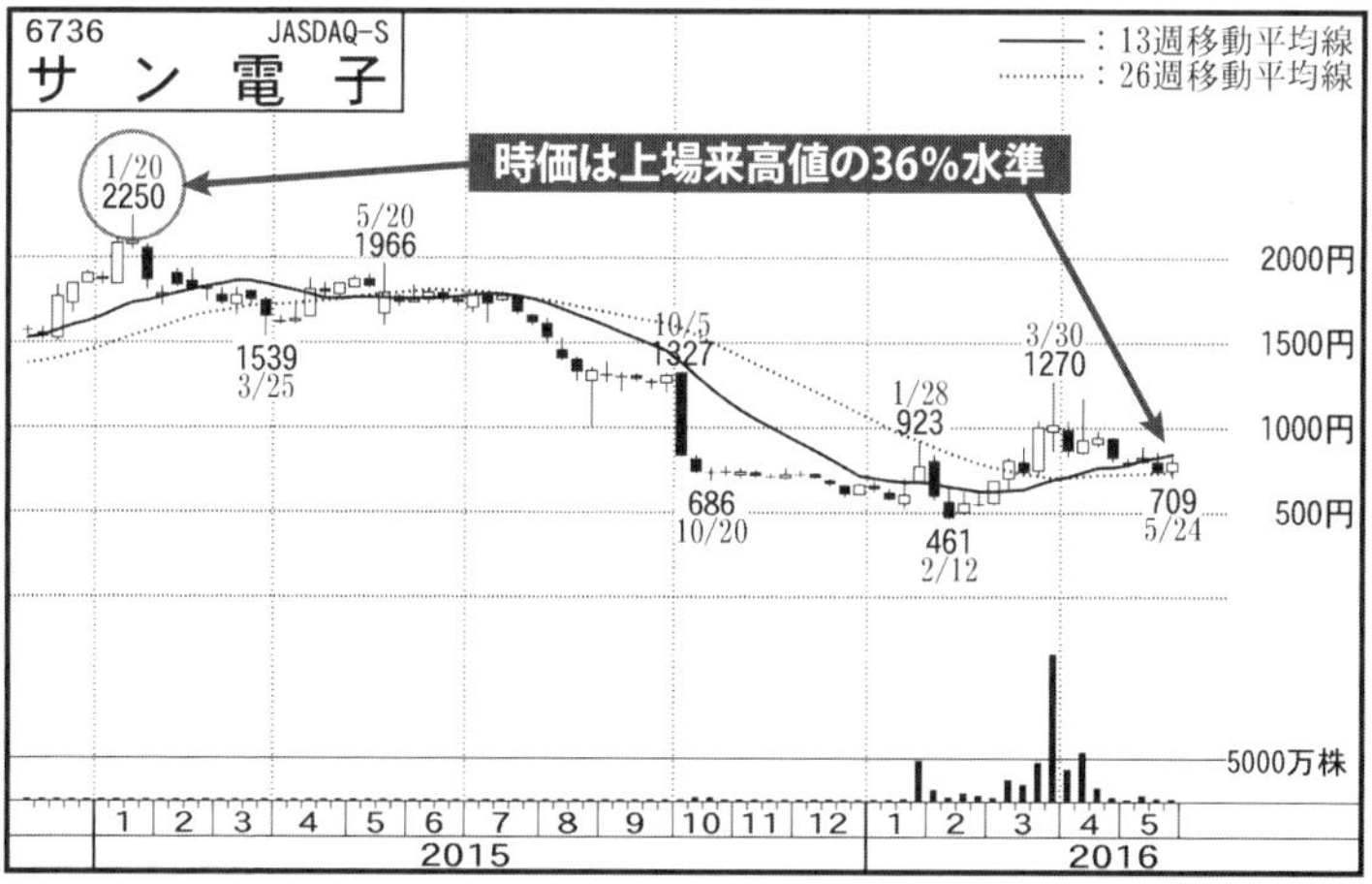

✪自動運転関連のドーンは力強い上昇波動を形成

▼官民で取り組む3次元地図情報に不可欠の技術を所有

ドーン（2303）は地理情報システムのソフトを開発しています。政府は車の自動運転の実現を目指しており、そのインフラ（3次元地図情報）づくりに官民で取り組むと報じられています。これは、まさに国策です。これにはドローンの活用が不可欠です。

そのためには、2018年までに自動運転に必要な立体道路地図をつくる必要があり、同社の持つ技術が必要とされているのです。ITS（高度道路交通システム）への対応だけでなく、このところ問題となっている防災・防犯分野の営業強化も推進中です。

防災関連では、聴覚などに障害のある人向けの緊急通報システム「NET119緊急通報システム」があります。これは、スマホ、携帯電話のインターネット接続機能を利用し、簡単な操作で素早く119番通報する（救急車を呼べる）ことができます。

また、防犯関連では警視庁犯罪抑止対策本部の委託を受け、2016年3月に防犯アプリ「Digi Police」を開発しました。同社は、興味深い

■地理情報システム
地理情報、付加情報をコンピューター上で作成→保存→利用→管理→表示→検索するシステムのこと。人工衛星、現地踏査などから得られたデータを視覚的に表示、分析することができ、土地、施設、道路といった地理情報の管理、都市計画などに利用される。

テーマを多く抱えています。要するに、切り口が多彩な銘柄です。

テーマ性だけでなく、業績面でもマーケットに評価される状況になっています。

２０１６年４月11日、会社側が発表した２０１６年５月期第３四半期累計（２０１５年６月↓２０１６年２月）の業績は、売上高が５億１４００万円（前期比38・５％増）、最終利益が６２００万円（同３１００万円の赤字）と黒字に転換したのです。

加えて、配当は前期の２・５円を７・５円に増配します（記念配２・５円を含む）。これは評価できます。

なお、同社の決算期は５月ですが、３月に売上計上される受注が多く、第４四半期に売上高が偏重する傾向があります。

ドーンのクラウドサービス

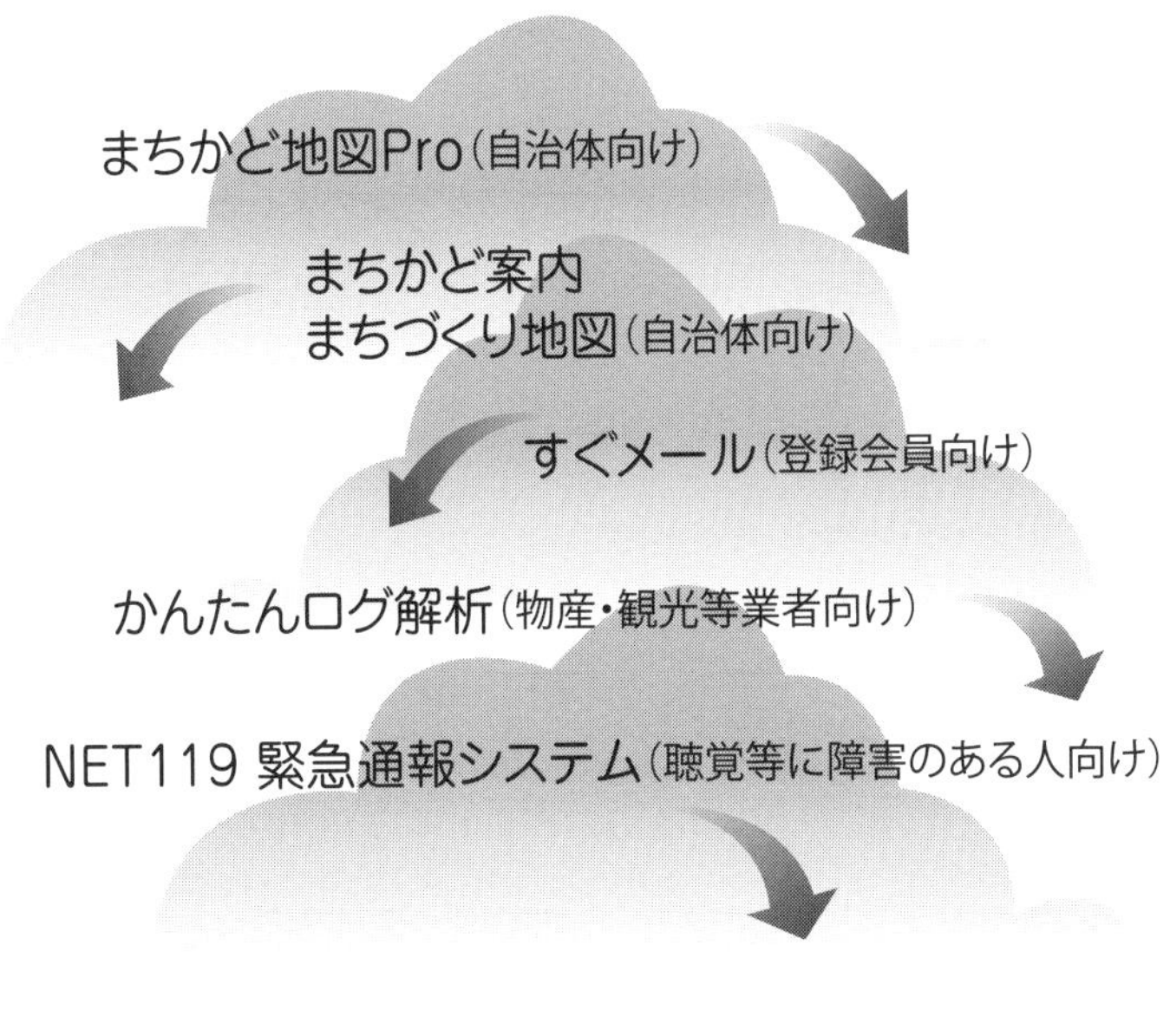

▼ドローンの本命的な存在

好業績発表を受け、株価は高値を更新しました。年初、488・5円でスタートした株価はこれを一度も割り込むことなく、1月14日には1887・5円↓3月22日には1900円↓4月25日には3630円と続伸しています。抜群に強い動きです。2016年5月10日には、1株を2株にする株式分割を発表しました。

この株主分割が好感されて翌11日、12日と連続ストップ高、4380円の高値を示現しました。それまでの上場来高値は2002年7月の3675円でしたが、これを上抜いたことで〝青空圏〟に突入しています。

上昇波動は不変であり、長期的には株式分割の権利埋めが期待できます。

▼ドーンの日足

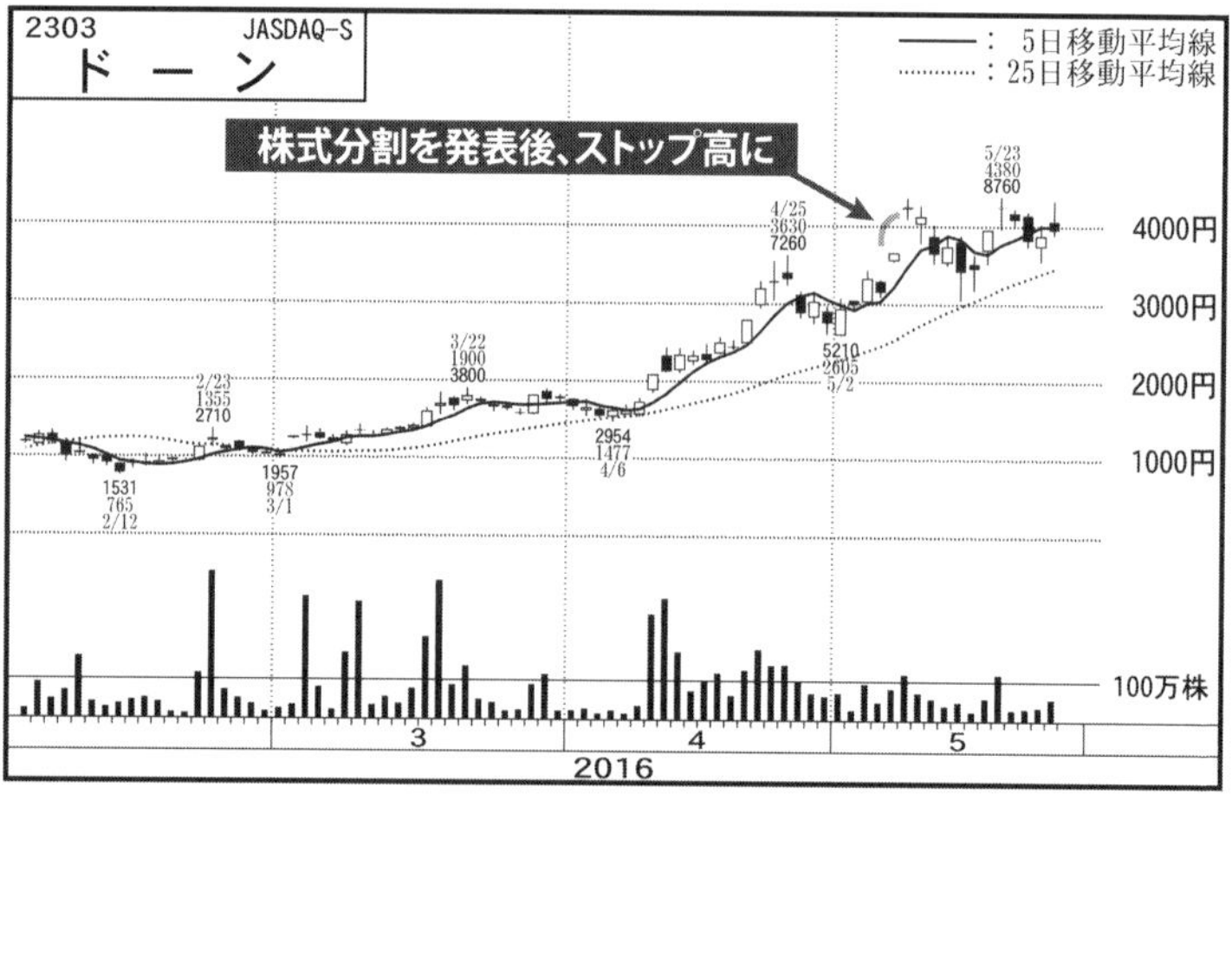

✪遠隔診療のMRTは株価、業績とも絶好調！

▼超高齢化社会の進展が遠隔診療を後押し

MRT（6034）は、インターネットを介した非常勤医師の紹介サイトを運営しています。2016年5月時点で、医師の紹介実績は81万5714件を誇ります。

同社は2000年1月に、東京大学付属病院の医師の互助組織を母体にスタートしました。東京大学の医学部を卒業した医師のうち、3人に1人は同社の会員となっています。学生時代にお世話になったところは大切にするものです。それだけに、全国に強力なネットワークを形成しています。医師のネット紹介事業が売上高の95％を占めています。

IoTプラットフォームサービスのトップ企業、オプティムと組み、国内初の遠隔診療サービス「ポケットドクター」を開発しました。すでに、全国1340カ所の医療機関の賛同を得ており、2016年4月にサービスを開始しています。

このサービスはスマホ、タブレット端末が使え、いつでもどこでも医師、医療機関と遠隔地の患者をつなげることができます。超高齢化社会が進展するな

■IoTプラットフォームサービス
IoTはあらゆるモノをインターネットでつなぐことであり、プラットフォームは、コンピューターのソフトウェアを使うために土台（基盤）として機能する部分のことをいう。IoTサービスを活用する際、必要となる多くの機能をクラウド上で提供するのが、IoTプラットフォームサービスである。

か、地理的な制約を受けない利便性が最大のメリットです。加えて、医療費の削減につながるため、今後の普及が期待されているのです。

また、ダイエットジムを手がけるライザップ、リクルートメディカルキャリアと提携するなど、意欲的に業容を拡大中です。将来、この効果が顕在化するでしょう。展開力に可能性を秘めています。

▼強気に押し目買いで臨む

もちろん、足元の業績は好調です。2016年3月期は売上高が21・5％増の10億1000万円、最終利益が47・4％増の1億4000万円となりました。

2017年3月期は、売上高が19・8％増の12億円。営業利益が、7・0％増の

東大医学部を卒業した医師の3人に1人はMRTの会員

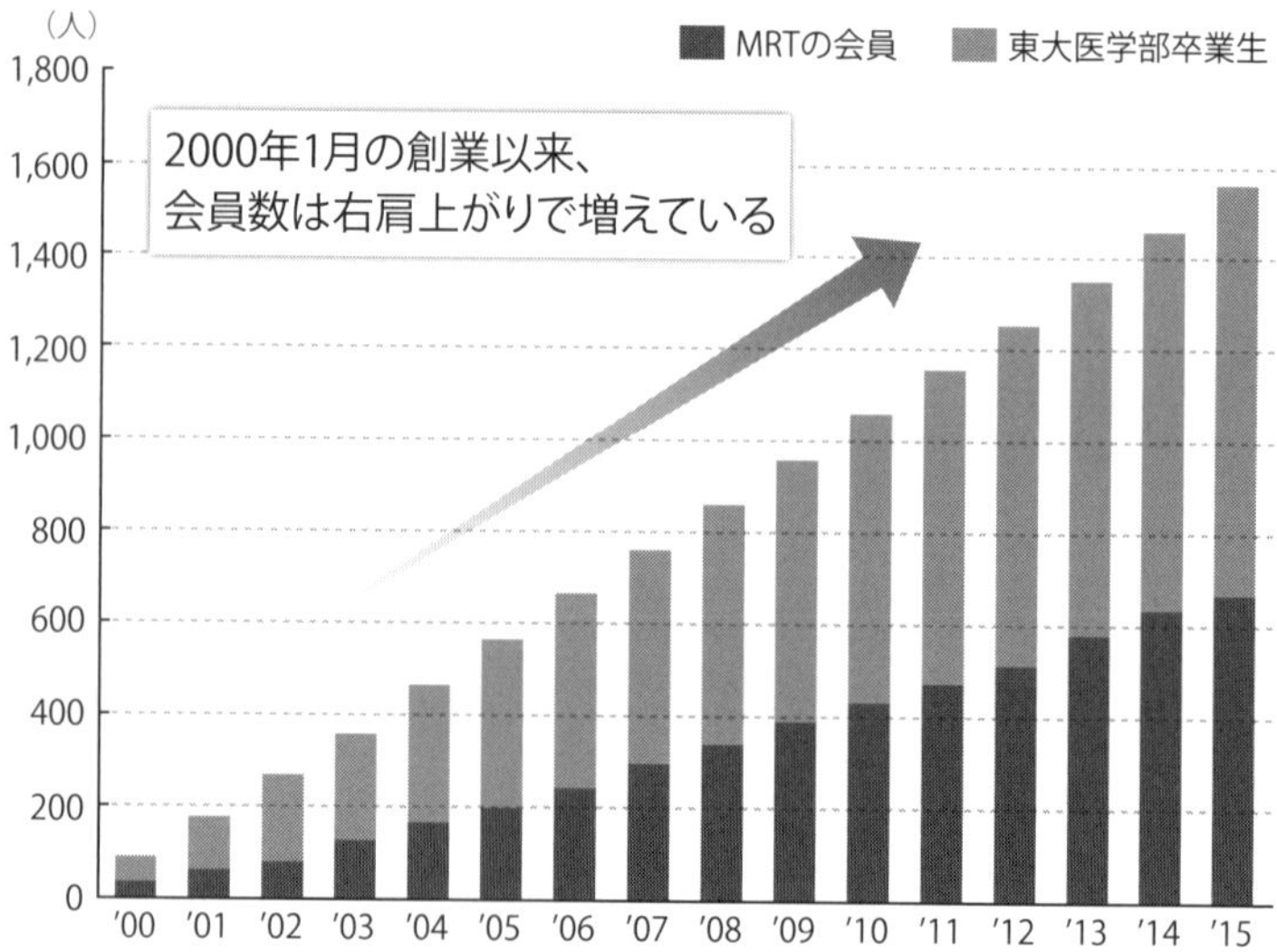

（出所）同社ホームページ

２億１３００万円を見込んでいます。ただ、最終利益は17・１％減の１億１６００万円の予想です。これは先行投資によるものです。心配はいりません。

足元の株価は調整気味ですが、大勢的に見ると、「強い」の一言です。

株価は２０１６年1月4日に７９４円でスタート、4月1日には５７８０円まで駆け上がりました。７倍以上、値上がりしたことになります。

ただ、その後、５月13日には４０００円、５月18日には３０７０円の安値をつけました。５月26日には２８０２円と、心理的なフシ目である３０００円を割り込みました。上場来高値５７８０円に対し、２分の１押し以下の水準まで下げています。しかし、ここは強気姿勢（徹底した押し目買い作戦が有効）で臨みたいところです。

▼MRTの週足

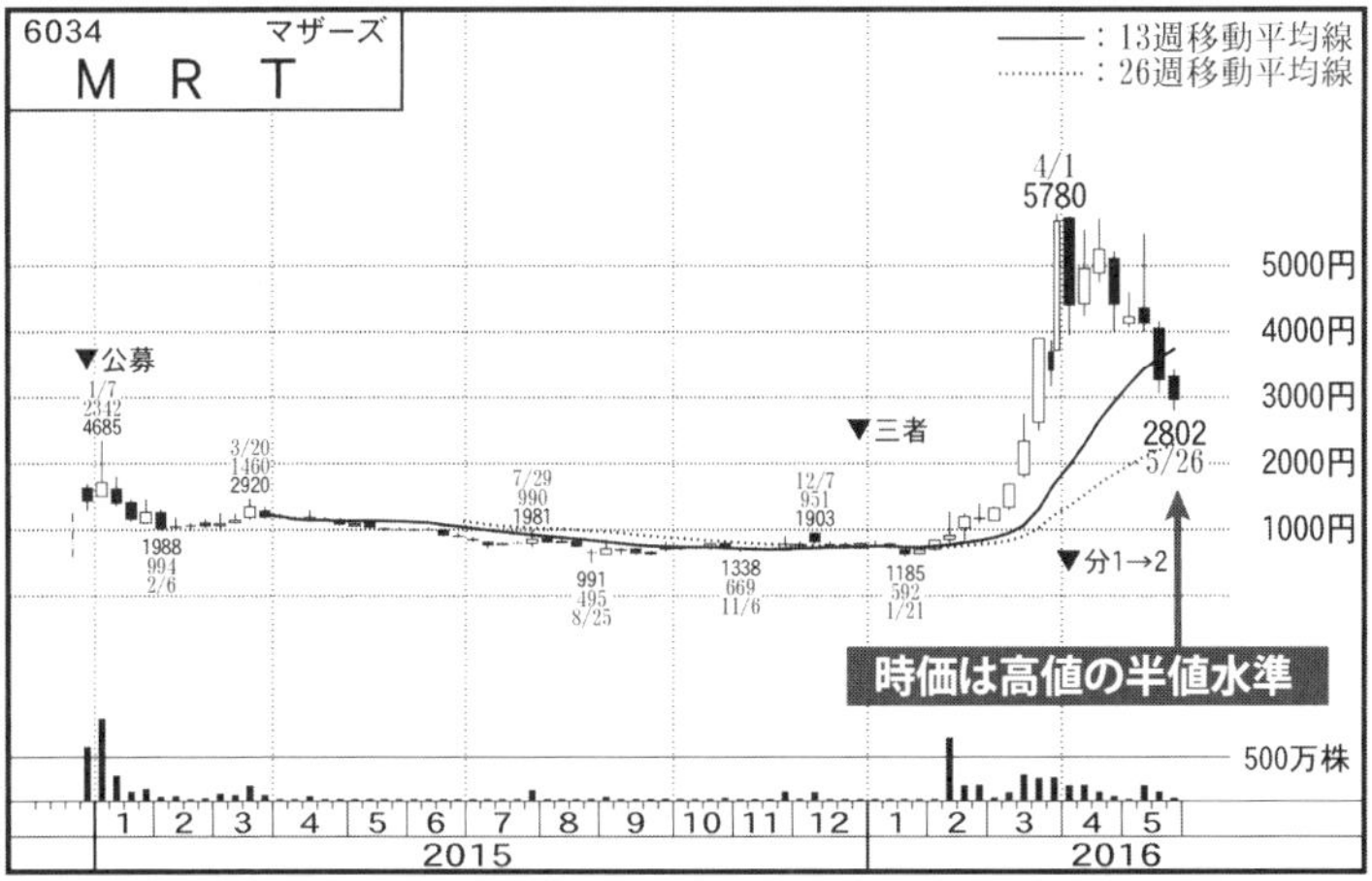

✪医療経営支援のメディカル・データ・ビジョンには追い風が吹く

▼安倍首相の官民対話をきっかけに急騰劇開始

メディカル・データ・ビジョン（3902）は、医療経営を支援するソフト会社です。経営支援システム、臨床データ活用サービスを手がけ、医療機関向けに「カルテビジョン」、健康保険組合向けに「けんぽアナライザー」を展開しています。

同社が保有する診療データベースは、2016年3月末時点で患者の数が1393万人、データ提供病院の数が242カ所になったと発表されています。前月に比べ患者の数は30万人、病院の数は4カ所増えています。電子カルテは時代の流れです。

富士フイルムグループ（富士フイルムが発行株式数の29・9％を保有）であり〝毛並み〟のよさも安心買いにつながっています。

株価急騰の背景は安倍首相が官民対話において、医療機関が保有する患者のデータを患者の同意なく集められるシステムづくりに言及したと報じられたことがきっかけです。健康診断の検査結果、手術後の経過などの情報を分析することによって不必要な検査・治療をなくし、医療費の削減を図るのが目的です。

■メディカル・データ・ビジョン
2003年8月に設立。社名には、「豊富な実証データに基づいた医療の実現」という意味がこめられている。2010年10月、富士フイルム株式会社と資本、および業務提携。2014年、東証マザーズに上場。従業員162名、岩崎博之社長。

もちろん、患者情報の厳格な管理は重要です。

このようなビッグデータの活用は、新薬の開発などにも役立てることができるとみられています。同社は大規模な診療データベースを保有しています。これがマーケットの関心を集めました。国策に沿うテーマ性を有する企業は強いのです。

▼増収増益体質が定着

業績は2014年12月期より増収増益が続いています。2015年12月期は売上高が前期比23・7％増の24億1300万円、経常利益が同12・9％増の2億8000万円、最終利益が同21・5％増の1億6400万円でした。2016年12月期は売上高が前期比24％増の30億円、経常利益が7％増の3億円、最終利益が6・1％増の1億7400万円とな

メディカル・データ・ビジョンの利益推移

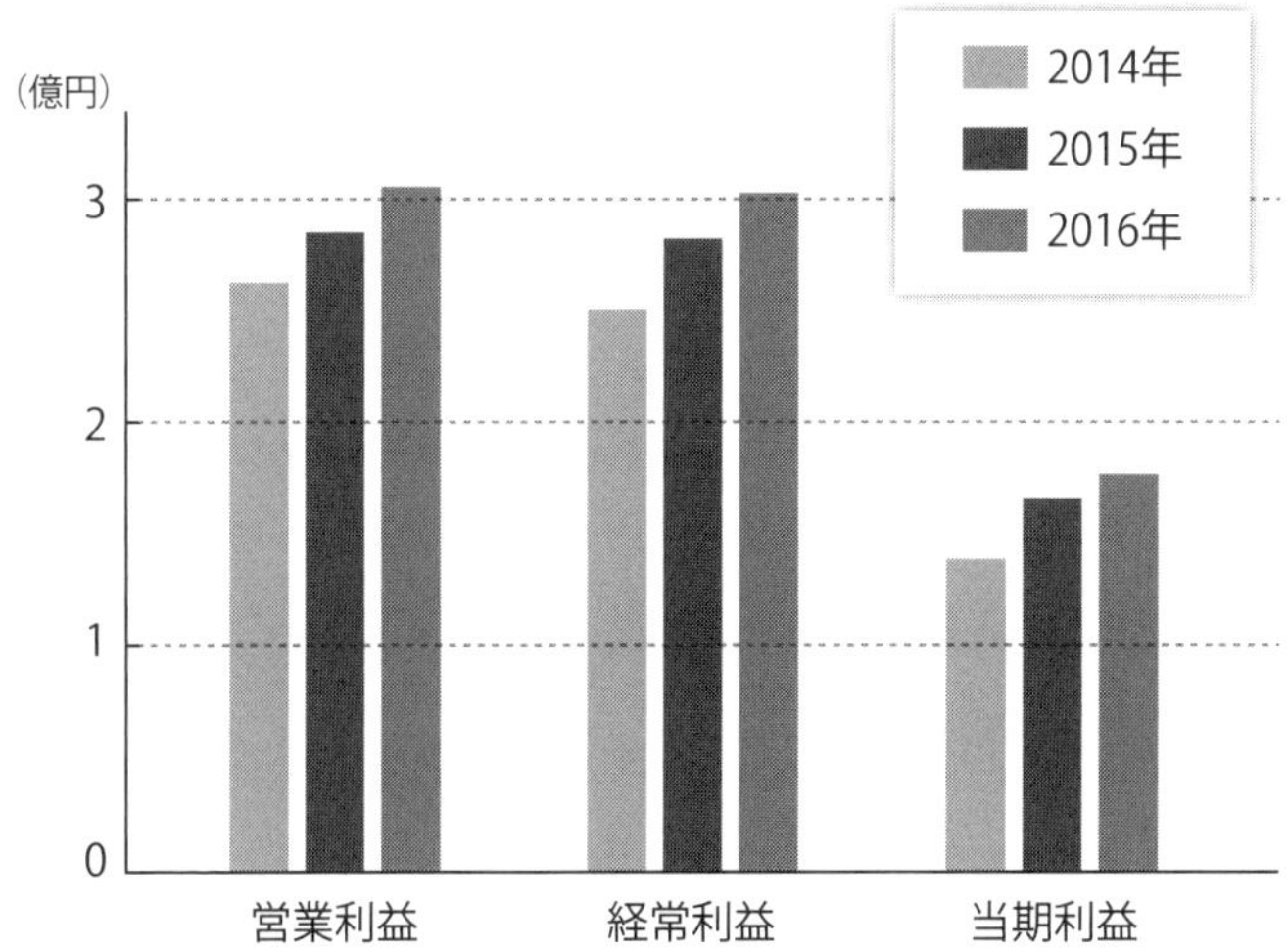

（注）同社の決算は12月期

る見込みです。

1株利益は37円の予想です。このような銘柄の場合、PERの高さは気にする必要はありません。事業内容を考えれば、今後も堅調な業績を維持できます。

株価は、2016年3月31日の終値が1638円でしたが、4月に入ると急動兆の動きとなり、ストップ高をまじえて18日には3830円まで駆け上がりました。5月2日には2561円まで反落しましたが、再度ここから切り返し、5月18日には4770円の高値まで買われています。基本的に順張りのパターンです。

利食い売りをこなしながらの上昇には勢いがあり、波動取りを狙える動きです。

▼メディカル・データ・ビジョンの日足

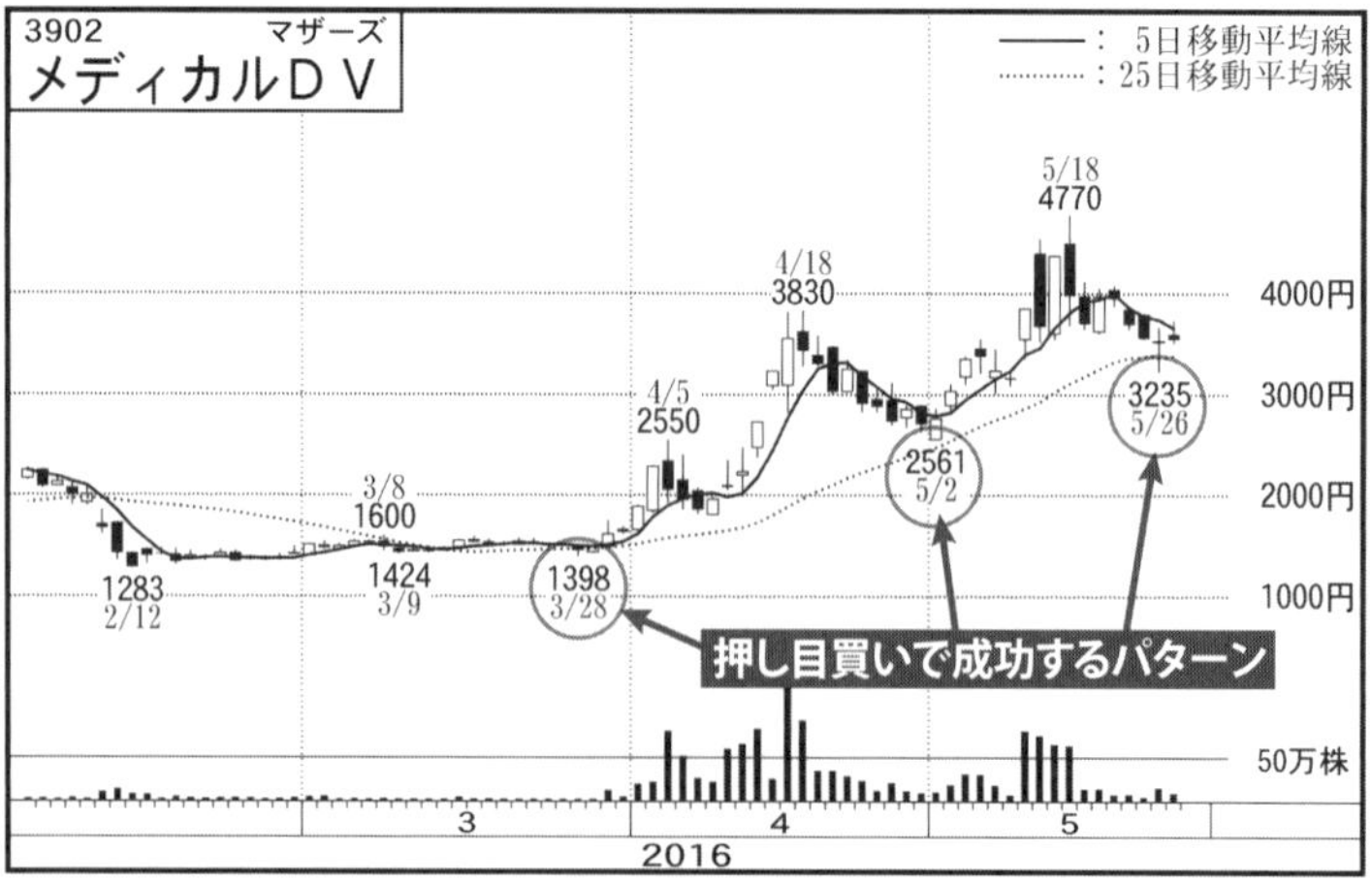

✪日本エマージェンシーアシスタンスはインバウンドの大穴株

▼「医療渡航支援企業」に認証される

日本エマージェンシーアシスタンス（６０６３）は海外渡航者、および訪日外国人に医療機関の紹介を行なっています。同社は、世界中どこでも何か困ったことが起きたとき、解決の手助け（アシスタンス）をする会社です。類似の上場企業はありません。

例えば、海外で渡航者が病気やケガをしたとき、言語、カルチャーギャップのある環境下でも安心して医療サービスを受けることができるよう、同社が医療機関の紹介、受診手配や医療通訳等のサービスを提供するのです。

また、海外で高級レストランの予約、買い物支援などを行なうライフアシスタンス（コンシェルジュ）サービスも展開しています。

このところ、訪日外国人が何かと話題となっていますが、この裏で保険に加入していない旅行者が急増し、問題を引き起こしています。無保険の場合、急病による通院や搬送時に医療費は全額負担となるため、患者が支払えない事態が発生しているのです。

観光庁の調べでは、訪日外国人の約４％が予期せぬ病気やケガに見舞われて

■日本エマージェンシーアシスタンス

２００３年１月設立、同年４月より24時間体制による医療アシスタンスサービス開始する。２０１２年６月、ジャスダックに新規上場。アメリカ、フランスなど海外の拠点は７カ所あり、世界最大のアシスタンス会社となることを目指している。従業員２５９名、吉田一正社長。

います。しかし、全体の約30％が保険に入っておらず、特に個人客は無保険が目立つといいます。高額の治療費を払えない場合、病院などが踏み倒されるケースもあります。

同社は、訪日外国人に医療機関、人間ドックを紹介するインバウンド業務（医療ツーリズム）を積極化させており、その実績と経験が評価されて2015年9月、政府の「医療渡航支援企業」に認証されました。これは、JTB系企業と同社の2社しかありません。

▼2000円近辺の押し目狙い

2016年3月末には、会員数3000万人を誇る中国の大手医療ポータルサイト「就医160」と業務提携、中国人旅行者（患者）を呼び込むための情報発信を強化しています。

日本エマージェンシーアシスタンスの事業内容

また、7カ国（アメリカ、中国、タイ、シンガポール、イギリス、フランス、バングラデシュ）に海外センターを配置、グループの要員は290名に達しています。世界各国で1万4970の医療機関と提携関係にあります。

業績は2015年12月期に最終利益が8900万円（前期は3500万円の赤字）と念願の黒字転換を果たし、2016年12月期も黒字が確実視されています。

株価は中国企業との業務提携が材料視され、2016年4月1日に1423円のストップ高となりました。その後、4月14日には3645円まで買われています。足元の株価は5月18日の1900円、同月26日の1885円と2000円割れの水準に反落していますが、ここは押し目買いのチャンスです。

▼日本エマージェンシーアシスタンスの週足

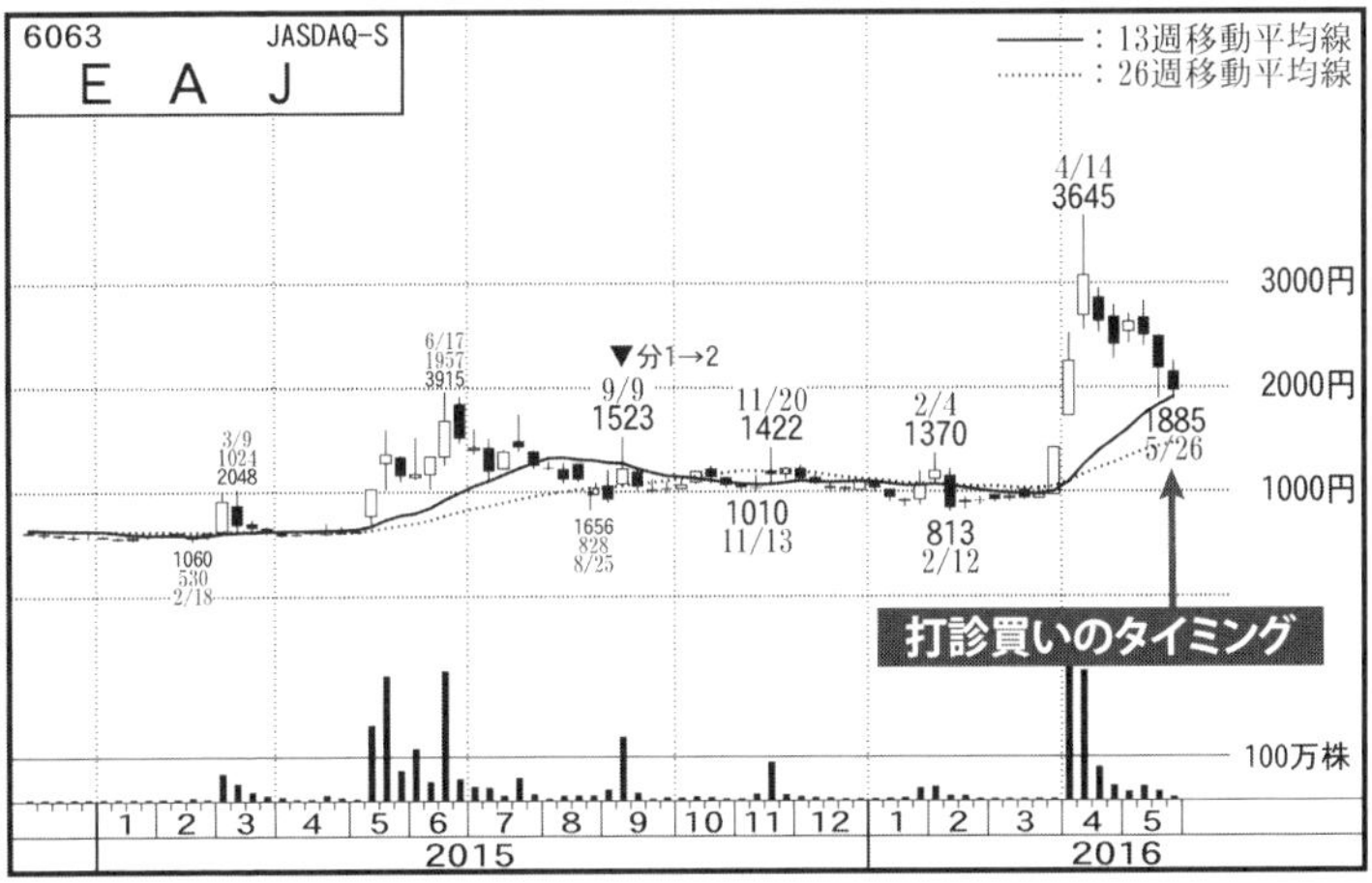

✪IoT通信のJIG-SAWは業績急拡大を背景に株価大化け

▼2016年12月期は大幅増収増益の見通し

JIG-SAW（3914）は、ネットワークの自動監視システムを手がけています。2016年5月1日、英語表記に社名変更しました（旧社名はジグソー）。同社の使命は、IoTの未来に安心を提供することです。インターネットを支えるシステムマネジメント業務は、「データコントロール」の時代に突入した、といわれています。IoTビッグデータをベースとした自動運用サービスが強みです。

また、これに先立ち、同年4月27日には、インターネットシステムの運用・制御の完全ロボット化「未来のシステム運用」を発表しています。同社の自動制御システムは、人工知能・ロボット型ソフトウェアをベースとしています。あらゆる分野に使えるのです。

IoT通信は、スマホなどと同様に4G（第4次世代の通信網）、そして5G（第5世代の通信網）に加速度的に移行していくと考えられており、2016年はその初年度です。同社はIoT通信のデータ発信元を制御・コントロールする技術を開発しており、今後、世界的に大量採用が期待される通信

■IoT通信
アメリカの調査会社によると、インターネットにつながるモノの数は2013年時点の約158億個が、2020年には約530億個まで増大すると推計されている。車や家電、産業用設備など、従来通信機能を備えていなかった分野にネットワーク接続機器が浸透していくことが期待されている。

キャリア各社の標準モジュール開発に力を注いでいます。

業績は絶好調です。２０１５年12月期の売上高は６億８８００万円、営業利益は１億５３００万円、最終利益は１億円でしたが、２０１６年12月期は売上高が42％増収の９億８０００万円、最終利益が２・３倍の２億３０００万円となる見込みです。

▼１万円割れに照準

株価は、２０１６年１月４日の始値６６５０円が同月18日に３７６５円まで急落しました（下落率43・４％）。しかし、ここを底に急騰を開始、３月16日に終値で１万１２０円と初の５ケタ台乗を果たしました。

勢いは止まらず、４月20日には２万３９２０円の高値をつけました。これは、２０１５年４

JIG-SAWの利益推移

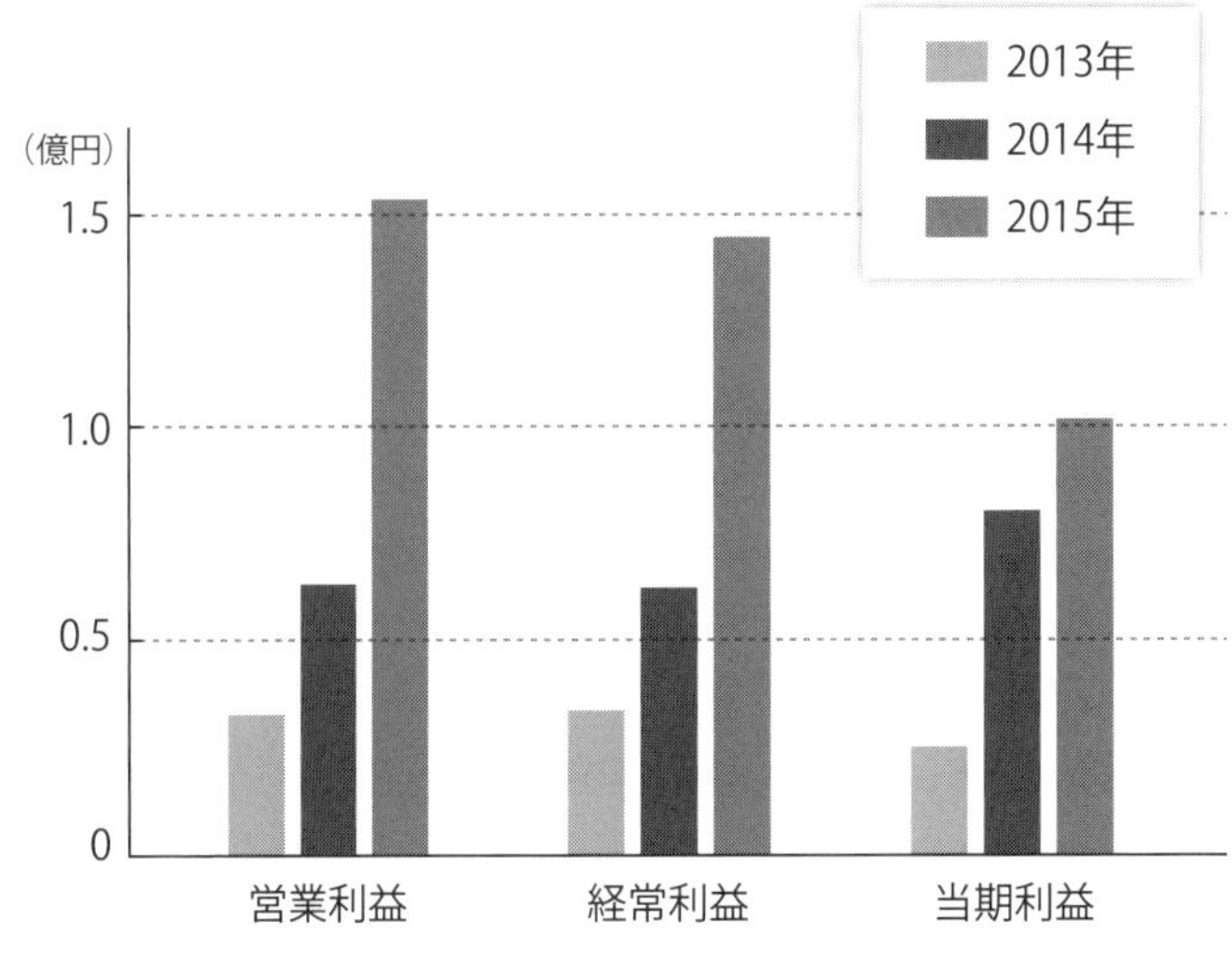

（注）同社の決算は12月期

月の上場時初値４０２０円に対し、６倍の水準です。超値がさ株になったため、株式分割が視野に入ります。これも株価支援材料となります。

　直近の値動きは、５月19日に９６２０円の安値をつけました。その後もみ合いを続けていましたが、５月26日に８４８０円まで売られています。高値２万３９２０円に対し、35％の水準です。ここは切り返し狙いで拾ってみたいところです。

　ＩｏＴ市場の拡大は世界的な流れであり、同社の次世代技術は今後もマーケットに高く評価されるのではないでしょうか。

　また、同社株は東証マザーズ市場における時価総額ランキングの上位銘柄です。マザーズ指数に大きな影響を与えるため、ファンドの組み入れ候補銘柄としても注目できます。

▼JIG-SAWの日足

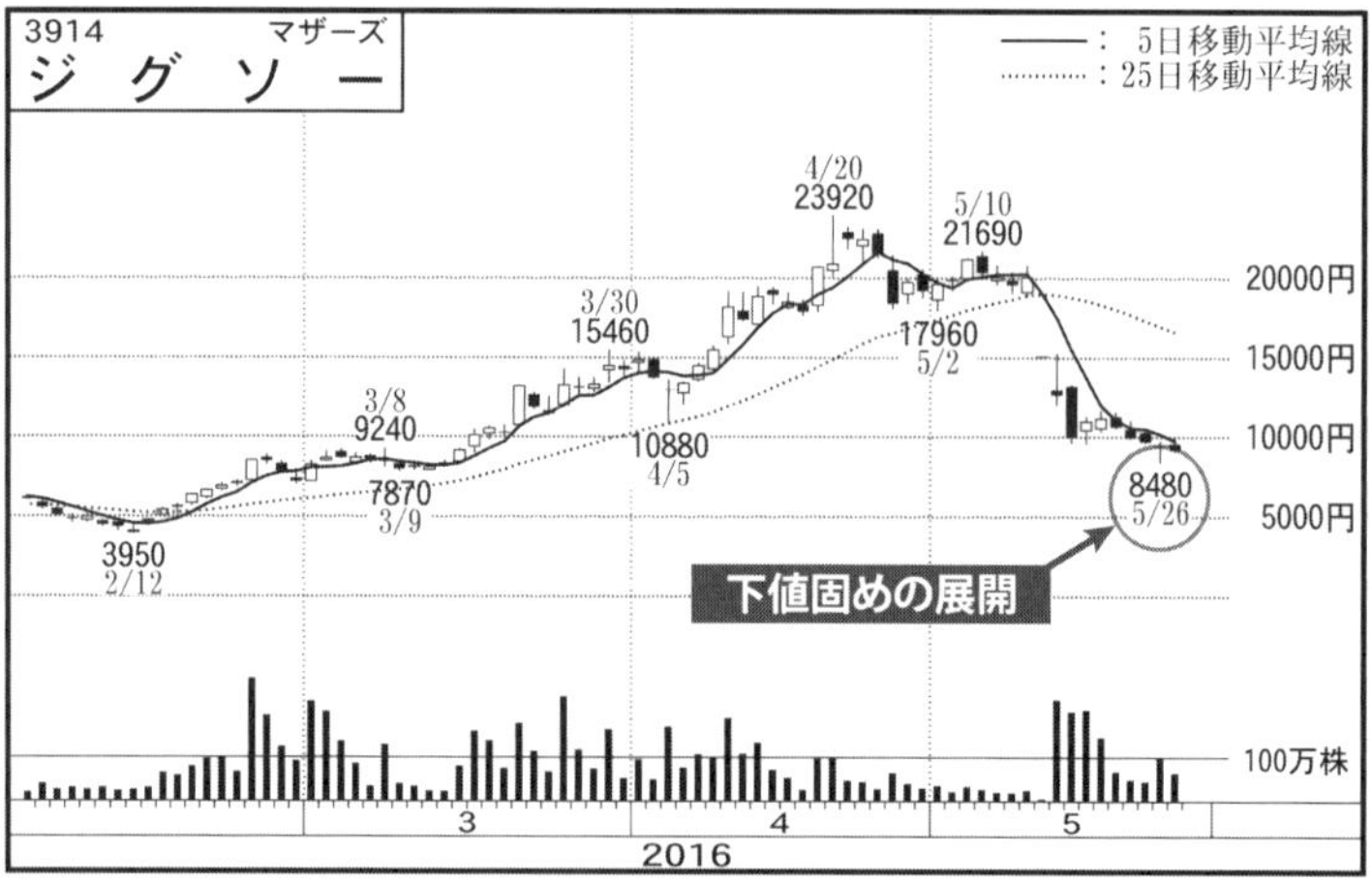

✪自動運転関連のモルフォはトヨタグループがかこい込む

▼資本・業務提携相手のデンソーが第2位の大株主に

モルフォ（3653）は、携帯電話向け画像処理のソフトウェアを開発しています。手ぶれ補正ソフトなどスマホ向けが主力で、2007年に**NTTドコモ（9437）**と資本業務提携しています。海外の携帯電話機器メーカーとの取引にも積極的です。

収益の柱は画像処理ソフトのロイヤリティ収入です。現状ではこれが全体の売上高の91％を占めています。業績は好調です。2016年10月期は売上高が20億3700万円→25億円と前期比22・7％増、経常利益が7億8500万円→9億5000万円と21％増となる見込みです。今後、増益ペースは加速しそうです。

同社は、2015年にトヨタグループの**デンソー（6902）**と資本・業務提携（新株を25万株割り当て→デンソーが第2位の株主に）しています。2016年4月の株価急騰はデンソーがドローン（小型無人飛行機）に参入すると報じられたため、同社にも注目が集まったのです。もちろん、自動運転分野の展開力にも注目できます。

■モルフォ

2004年5月、画像処理技術の研究を専門に行なってきた東京大学出身の技術者が中心となって会社設立。2007年10月、NTTドコモと業務資本提携し、2011年7月、東証マザーズに新規上場。2015年3月、ソフトウェア製品の累計ライセンス数が10億ライセンスを突破する。平賀督基社長。

政府は、非製造業向けロボットの導入金額を2020年に製造業並みにすることを目指しており、これは国策です。介護分野などではロボットスーツ、運輸・建設分野ではドローンに大きな期待が寄せられているのです。

トヨタグループが株式を取得した狙いは、モルフォの画像処理技術にあります。自動運転にはセンサーなどを駆使して集めた情報を、運転席にモニターとして映し出すことが不可欠なのです。

▼7200円以下を買い下がる

株価は、2016年2月12日に3920円の安値をつけましたが、3月14日に年初の始値5970円を終値で上抜くと、その後動きに勢いが出ました。4月14日に8800円をつけたあと、同月18日に7770円まで下押しました

モルフォの経常利益の推移

（単位：百万円）

決算期	2012/10	2013/10	2014/10	2015/10	2016/10
通期	▲472	73	329	785	
3Q	▲393	55	185	658	
2Q	▲198	50	93	477	
1Q	—	9	52	281	276

（注）1Qは第1四半期の金額、2Qは第2四半期までの累計金額、3Qは第3四半期までの累計金額。
同社の決算は10月期

が、4月22日には1万1080円まで急伸しています。

ただ、直近は利食い売りに押される展開が続いています。5月10日の1万410円→同月18日の9800円→同月26日の7180円と高値で買った人には厳しい状況です。しかし、チャートのトレンドは明らかな右肩上がりであり、押し目形成の動きにすぎません。

高値1万1080円の65％水準は7200円近辺であり、打診買いを入れてみたいところです。

トヨタグループは、自動運転に不可欠の技術を有する企業をかこい込もうとしています。例えば、**豊田通商（8015）**は、東証マザーズの**ディジタルメディアプロフェッショナル（3652）**と提携しています。

▼モルフォの週足

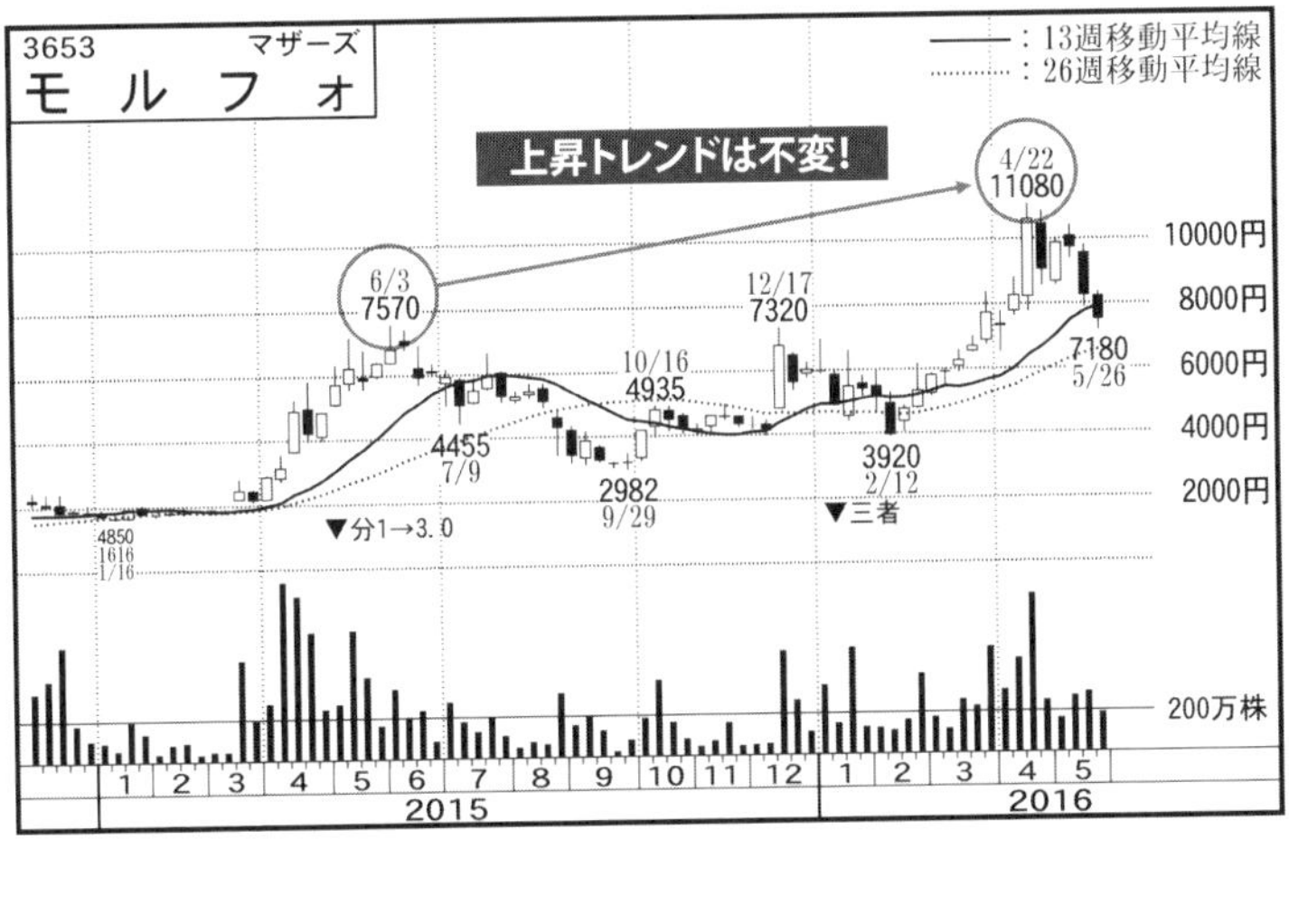

✪売買代金首位のそーせいグループの勢い止まらず

▼2017年3月期は最終利益が130億強の黒字に転換

そーせいグループ（4565）は、「創薬ベンチャーの雄」的存在として注目度を増しています。創薬ベンチャーでは、いち早く黒字化しているのも魅力です。ナノ粉砕化技術による医薬品開発に強みを持っています。2015年にイギリスのバイオ企業を約480億円で買収しました。日本では、2014年に**新日本科学（2395）**と業務提携しています。

　2016年4月には、子会社のヘプタレスが世界的な製薬大手アラガンと認知症などの新規治療薬の開発・販売で提携することを発表しています。この提携により、ヘプタレスは約137億円の契約一時金のほか、今後は売上高に応じたロイヤリティを得ることができます。その金額は最大730億円ともいわれています。

　ちなみに、ユニークな社名は長州藩主の毛利《もうり》敬親《たかちか》に由来しています。明治維新前後に、長州藩が多くの優秀な人材を輩出した背景には、敬親の存在が大きく影響したといわれています。

　敬親は家臣の進言に対して、何ごとにも「そうせい」といったことから、陰

■新日本科学
1957年、日本初となる医薬品開発の受託研究機関として鹿児島に設立された。現在では、前臨床試験受託のナンバーワン企業に成長している。2004年3月、新規上場。創薬と医療技術の向上を支援し、人類を苦痛から解放することを使命としている。従業員1295名、永田良一会長兼社長。

■COPD
慢性閉塞性肺疾患のこと。たばこの煙などの有害物質を、長時間にわたり吸入することで発症する肺の進行性慢性疾患。主な症状は咳、痰などだが、進行すると呼吸不全を起こし、命にかかわる病気となる。

では「そうせい候」とも呼ばれていました。

しかし、敬親は有為な人材を積極的に登用、のびのびと活躍させたため、幕末の動乱期においても藩は壊れることなく、長州藩が討幕の原動力になり得たといわれています。要するに、部下の力を引き出すということでしょう。

同社はこのエピソードにヒントを得て、「そーせい」と命名、1990年6月に設立されました。田村眞一社長は、「国境の壁を超え、世界に通用するバイオ医薬品企業を目指す」と宣言しており、今後のグローバルな展開が期待されます。

業績面では、足元の2016年3月期は下方修正され、最終利益が14億3200万円の赤字に転落しました。しかし、2017年3

そーせいグループの今後のビジネス戦略

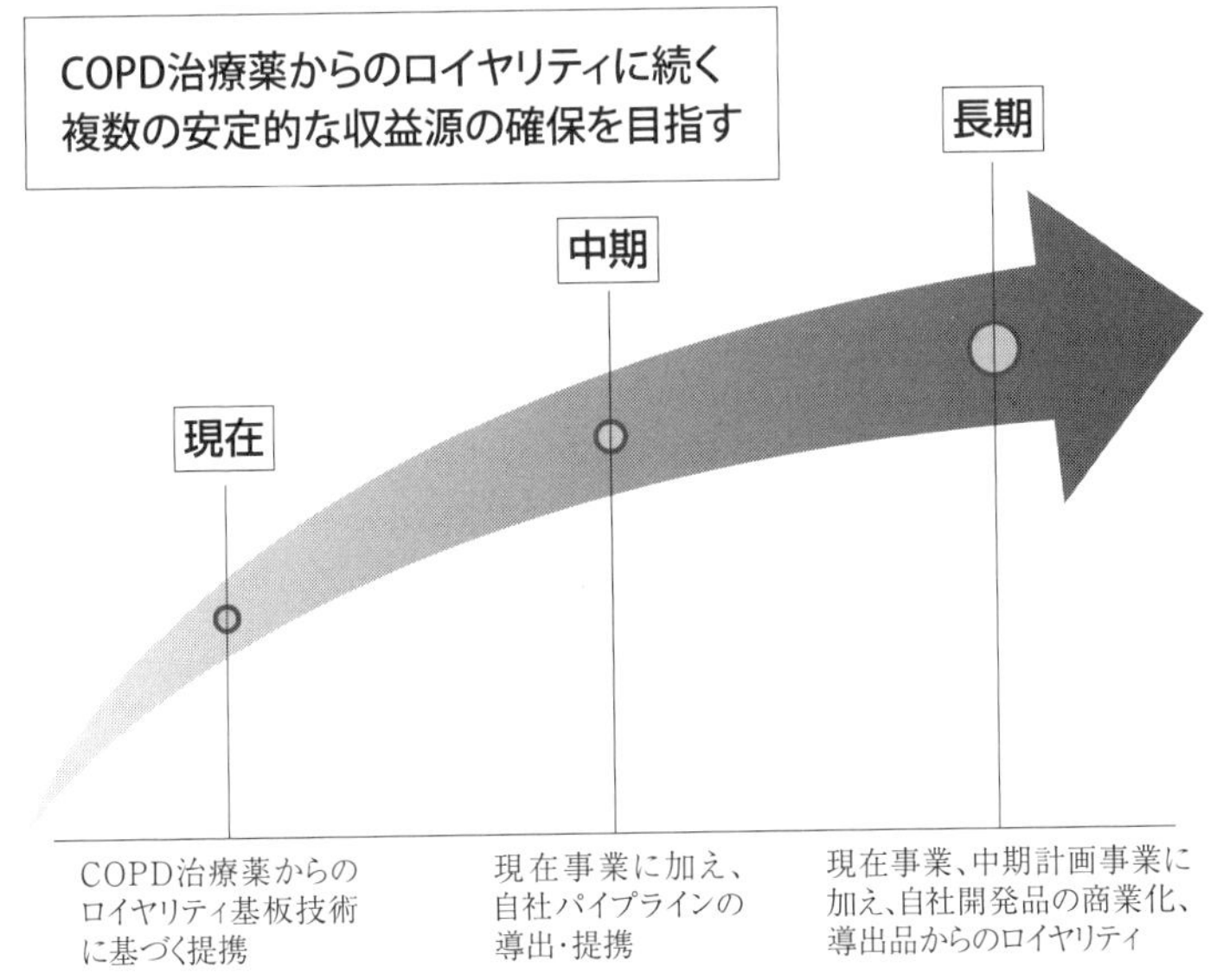

月期はアラガンとの業務提携により急拡大すると期待されています。

売上高は前期の81億5100万円が279億2500万円（前期比242・6％増）、営業利益は10億7500万円が170億9600万円（15・9倍）、最終利益は14億円強の赤字が130億6400万円の黒字に転換する見込みです。1株利益は775円になります。

▼1万8000円割れを仕込む

株価は上場来高値を更新し続けています。2016年1月4日の始値9870円が、5月9日には2万6180円まで買われました。4カ月で倍以上の値上がりです。すさまじい勢いです。

注目されるのは株価の勢いだけではありません。前にも触れましたが、売買代金が**トヨタ自動車（7203）**、**ソフトバンクグループ（9984）**などを上回る日があるのです。東証1部の時価総額トップの常連銘柄を、商いの面では新興市場の銘柄が連日のように上回るのです。これには驚かされます。

なお、筆頭株主はファイザー製薬です。発行済み株式数の3・2％を保有しています。うしろだてには文句のつけようがありません。

ファイザー製薬はアラガンと経営統合する予定でした。結局、破談になりま

■アラガン
アイルランドに本社を置く世界的な製薬会社。1950年に設立された。しわとりのヒット薬「ボトックス」、ドライアイの治療薬などに強みを持っている。アメリカの製薬大手ファイザーと経営統合することで大筋合意していたが、2016年4月、合併を撤回すると発表した。アメリカ財務省が、節税目的のM＆Aに歯止めをかける新たな規制を発表し、節税効果が見込めなくなったためと推測されている。ブレント・サンダースCEO（最高経営責任者）。

したが、そのアラガンとそーせいグループが提携したのは何か裏があるのではないか、と深読みしたくなりませんか。

直近の値動きは、5月18日に1万7660円まで売られましたが、すかさず2万円台を回復しています。超値がさ株であり資金を要しますが、1万8000円割れの水準は勝負してみたいところです。

もちろん、株式分割も視野に入ります。時価は100株でも200万円以上の資金が必要であり、株式分割をすれば個人投資家も参入しやすくなります。

株式分割は大きな株価支援材料となりますが、それがない場合は株価3万円が視野に入ってきます。

▼そーせいグループの週足

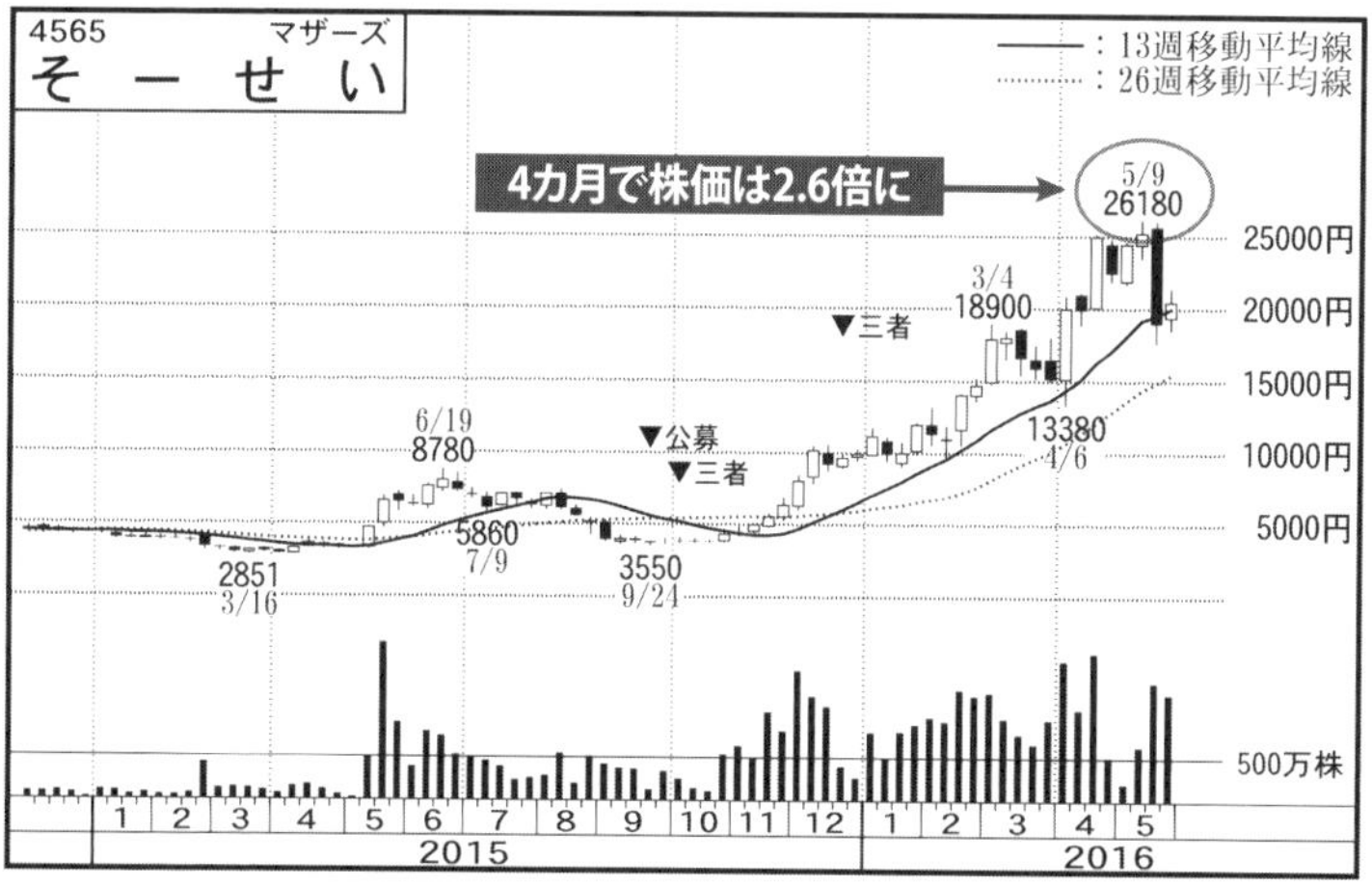

✪がんワクチンが脚光を浴びるグリーンペプタイド

▼ネット情報などを通じ、外国人の患者が急増

グリーンペプタイド（4594）は、久留米大学発の創薬ベンチャーです。がんの進行を防ぐがんペプチドワクチンの開発を行なっています。

久留米大学がんワクチンセンターでは、同社のがんペプチドワクチンを使った治療を受ける外国人が増えています。センターが開設された2013年7月当初、外国からの新規患者は3人（1年間）でしたが、翌年は16人に増え、2015年7月から2016年3月までの9カ月では48人に達したと報じられています。

外国人の患者が急増しているのは、現地のテレビ報道、患者のブログを通じて同センターの存在を知る人が増えているため、とされています。なお、外国人患者のほとんどは中国、台湾、タイから来ているとのことです。

がんペプチドワクチンは保険が適用されないため、国内の患者でも1クール（約8週間）で100万円ほど治療費がかかるようですが、延命効果を期待するがん患者の人たちが強い関心を寄せています。

臨床試験では一定の延命効果が確認されており、保険適用に向けた薬事承認

■久留米大学がんワクチンセンター
2013年7月、久留米大学医療センター敷地内に文部科学省、福岡県、久留米市の支援を得て開設された。テーラーメイドペプチドワクチン療法（がんに対する免疫力を高める治療法）の研究開発、およびがんワクチン治療を行なっている。

を得るための治験が行なわれています。薬事承認されればワクチンの信頼度が高まり、国内外に診療が広がる可能性が高まります。同社にとっては、ビッグチャンスです。

ただ、業績的にはまだ厳しいのが現状です。２０１６年３月期の最終利益は10億円弱の赤字でした。２０１７年３月期も赤字でしょう。まあ、バイオベンチャーは多くがそうですが……。

▼突っこみ買いのチャンス！

同社は２０１５年10月22日、東証マザーズに新規上場しました。初値は４１４円でした。同年12月25日に２３５円まで売られています。しかし、２０１６年に入ると出来高が急増し、つれて株価も勢いづきました。３月28日に先の高値６１５円を上抜くと一段と騰

急拡大が予想されるがん免疫治療

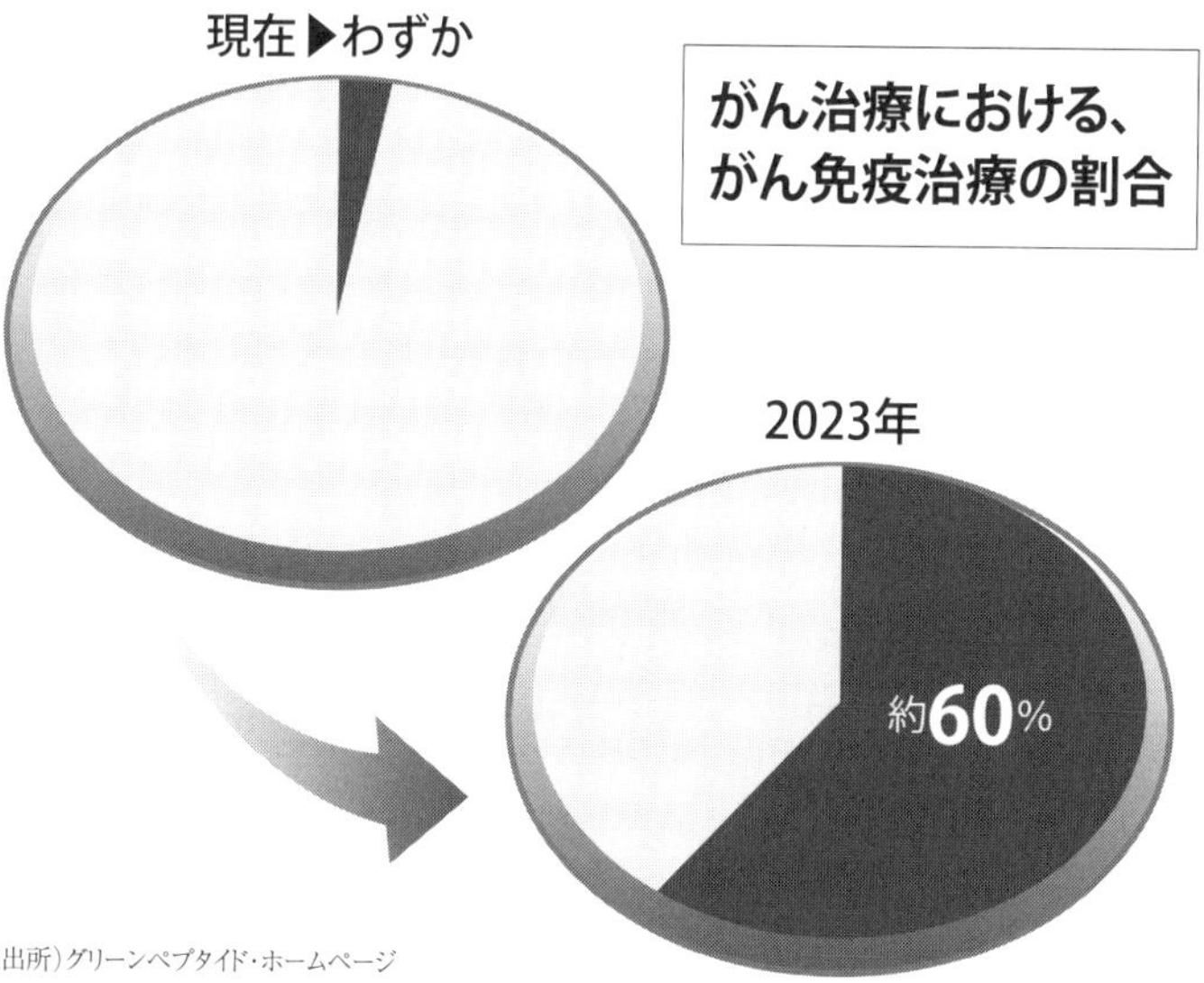

（出所）グリーンペプタイド・ホームページ

勢を強め、4月12日に4ケタ（1000円台）乗せを果たしました。4営業日後の同月18日には、1706円まで買われています。この日、日経平均株価は前日比572円安の1万6275円と急落しました。典型的な逆行高銘柄です。4月21日には2229円の高値をつけています。

その後、株価は急落しました。4月22日は2015年10月22日の上場後、6カ月が経過した日であり、投資事業組合など大株主の売却禁止措置（ロック）が解除されたためです。IPO銘柄については、この点にも注意が必要です。

直近の株価は、5月25日に755円まで売られており、同社株は100株なら8万円以下で買えます。

▼グリーンペプタイドの日足

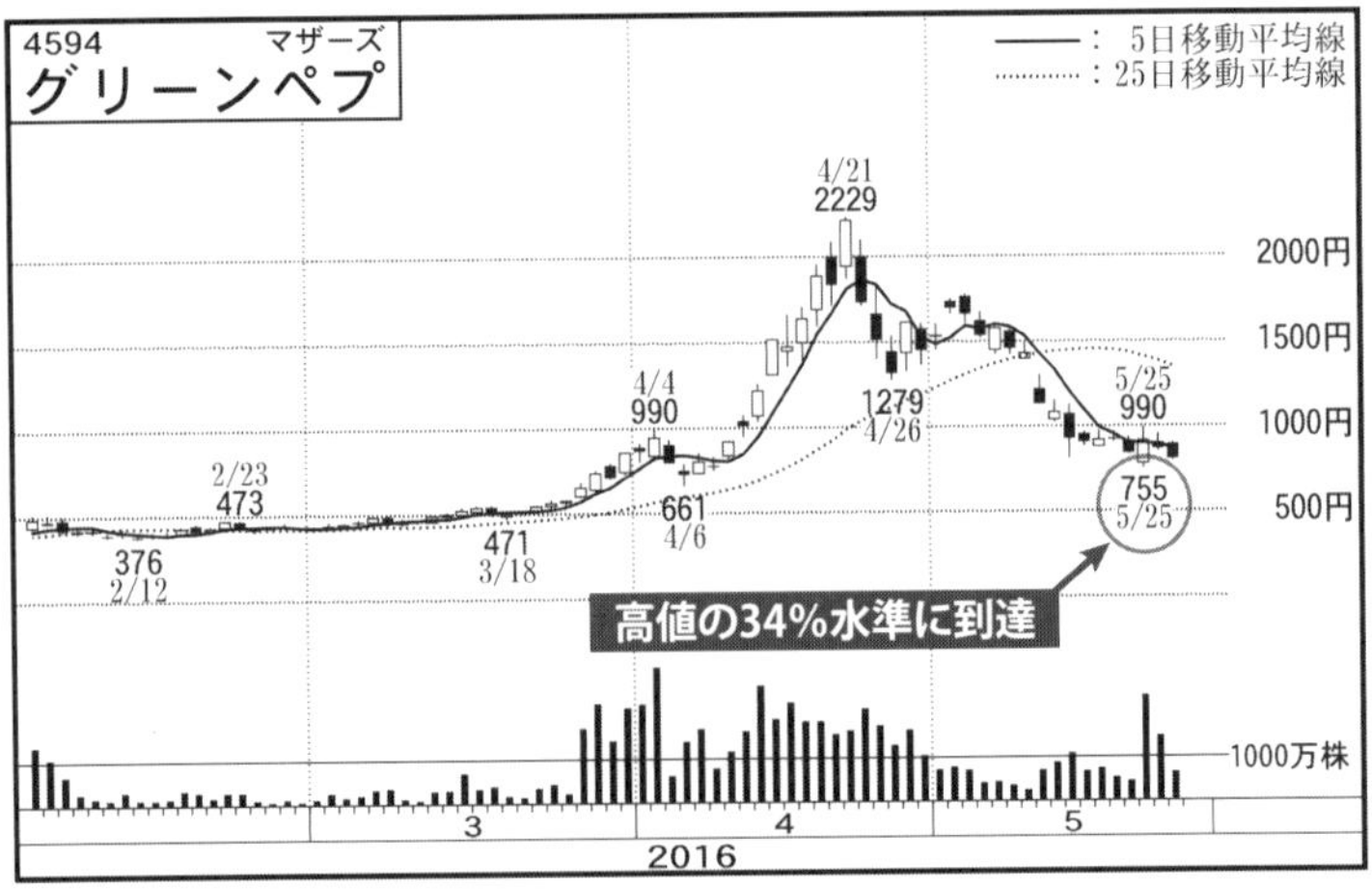

✪鎌倉新書はネット葬儀の時代を先取りする「終活」企業

▼各分野の堅調ぶりが光るニューフェース

鎌倉新書（6184）は、2015年12月7日に新規上場したばかりのニューフェースです。事業は葬儀、お墓、仏壇のポータルサイトを運営し、それに関連する出版物も刊行しています。しかし、単なる出版社ではありません。

具体的には、葬祭会社の情報検索サイト「いい葬儀」、霊園・墓地、お墓選びのサイト「いいお墓」、仏壇・仏具、仏壇店選びのサイト「いい仏壇」がメインです。このほか、ヤフーと共同で運用する生前準備情報サイト「Yahoo！エンディング」があります。

これらのサイトを通して顧客に情報を提供、成約のあった取引先から成功報酬を受け取ります。これが**ライフエンディングサービス事業**であり、売上高の91％を占めています。そう、実体はインターネット企業です。

また、月刊「仏事」をはじめとする出版物の販売がライフエンディング関連書籍事業であり、こちらの売上高構成比は9％です。

足元の業績は好調です。2016年1月期の売上高は前期比25％増の11億4700万円、最終利益は同12・5倍の1億2500万円となりました。

■**ライフエンディングサービス事業**

ライフエンディングとは、人生の最終章に向けて準備をする活動のこと。その活動を支援するのが、ライフエンディングサービス事業である。主なものに、介護関連事業、終末期医療、葬儀・供養関連事業などがあり、これらの事業の相互連携を目指すことが大きな課題となっている。

大幅増収増益です。

２０１７年１月期は売上高が前期比15％増の13億１５００万円、最終利益が同52％増の１億９０００万円を見込んでいます。１株利益は95円（前期は70円）の予想です。収益は順調に拡大しています。

▼３５００円近辺は好買い場

少子高齢化社会が進展するなか、ライフエンディングに対する関心が高まっているようです。「終活」ブームが、それを物語っているといえます。誰でも、いずれは「老い」を迎えるのです。

また、経済産業省によると葬儀市場は１兆５０００億円、仏壇市場は１６３９億円ですが、ネットで葬儀を決める比率は１．３％にすぎないとの調査報道もあります。

鎌倉新書の利益推移

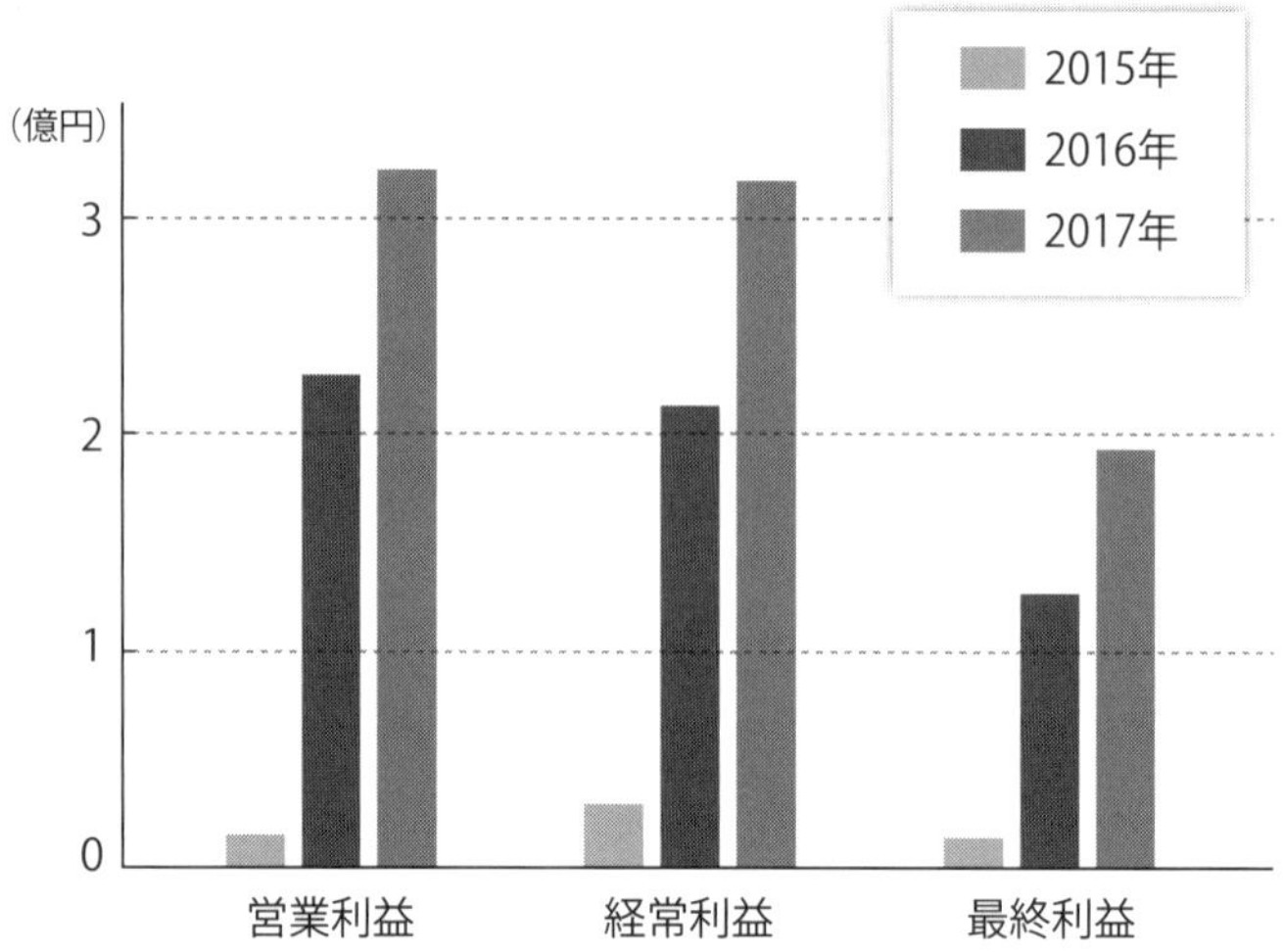

（注）同社の決算は1月期

この点を考えても、同社の業績拡大余地はまだまだ残されているといえるでしょう。

株価は、上場時に２８０６円の初値をつけたあと４０１０円まで買われましたが、それ以降は続落。２０１６年２月12日の１２８０円で、ようやく底打ちしました。

しかし、ここを底に様相一変、３月30日の４２３５円↓４月５日の３０４０円と押し目を入れながら、４月12日の４３００円↓同月25日には、５０７０円と上場来高値をつけています。

直近は東証マザーズ市場全体の調整を受け、５月18日に３７００円↓同月27日に３３５０円と押していますが、同社のニッチ性と将来性は評価できます。３５００円近辺はひとまず買ってみたい水準です。

▼鎌倉新書の日足

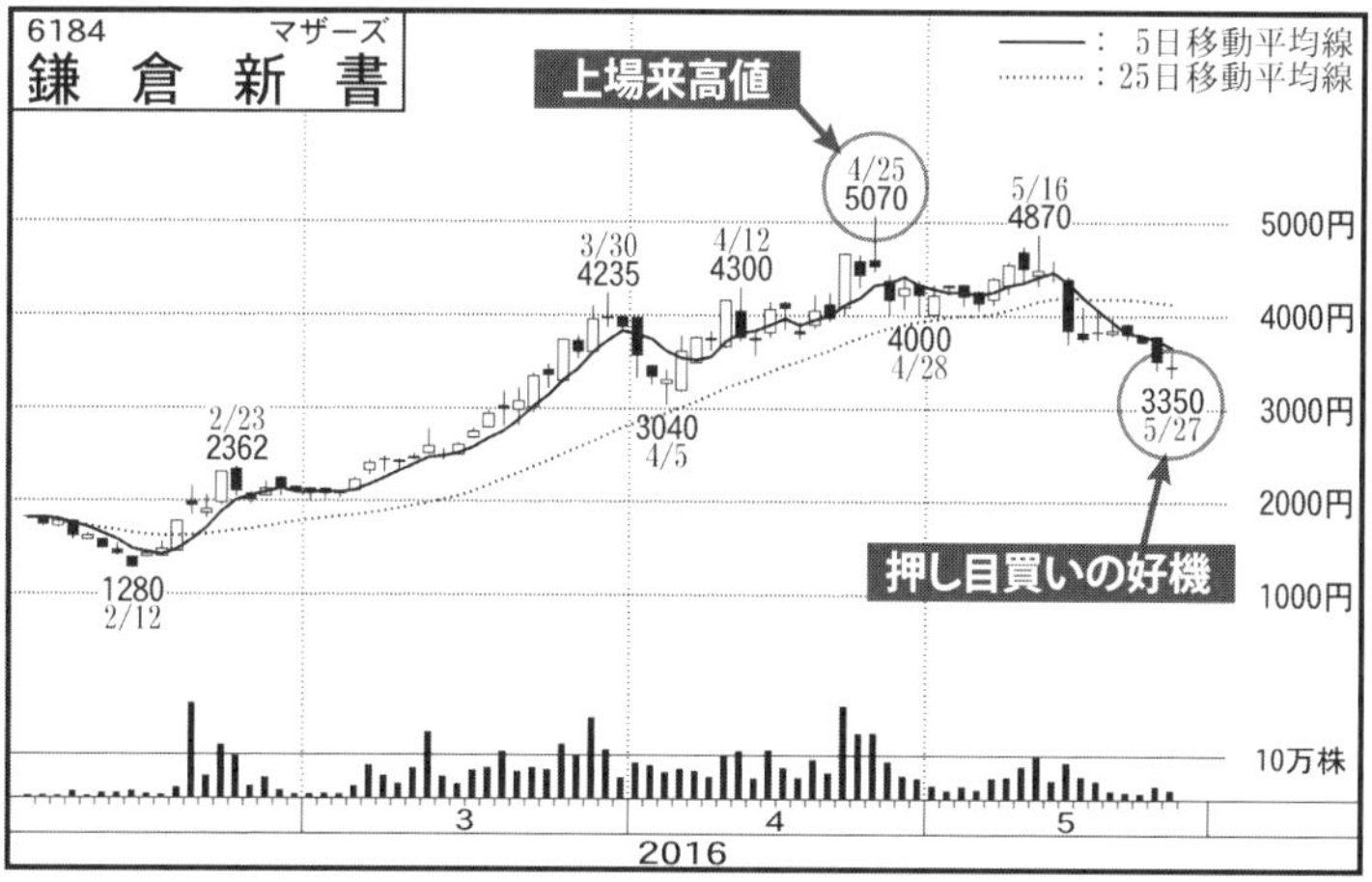

COLUMN

杉村富生のブレイクタイム……4

子会社株式の含み益に恩恵を受ける会社

古来、「嵐のときは動くな！」といいます。まして、ひたすら値動きを追いかける短期・順張りの場合、「下げの途中で買うな！」「落ちる短剣はつかむな！」が基本（セオリー）です。2016年5月16日はストップ高が34銘柄、ストップ安も20銘柄ありました。いや〜、荒っぽい。目先筋ばかりの相場はこうなります。

しかし、技術革新をテコとするイノベーション・バブルは始まったばかりです。同年5月半ば以降、広範囲の銘柄で追い証が発生、信用取引で買っていた個人投資家の多くは総投げを余儀なくされました。しかし、"小物"の相場はこれからが本番だと思います。

目先張りの人たちは決断（見切り）が速いのが特徴です。したがって、調整は短期間に終了します。それと新興市場のフィーバーは思いがけない大きな"含み益"を親会社にもたらします。電子雑誌出版のブランジスタ（6176）は2016年5月16日に15,850円の高値をつけました。時価総額は2,000億円を超えます。

同社の大株主はネクシーズグループ（4346）です。発行済み株式数の51.4%（705万株）を保有しています。この分の時価総額は、高値時点では1,117億円になります。株価は乱高下のあと、5月25日に1,850円まで下がりました。業績は急浮上に転じます。ここはあえて、嵐のときに飛び出そうではありませんか。

第5章

波乱相場に欠かせないチャートの見極め方

テクニカル分析を加味すれば鬼に金棒「チャートは投資家の杖！」である

✪チャートの要諦はトレンド（流れ）を読むことに尽きる

第2～4章では、注目すべき銘柄についてファンダメンタルズを中心に分析してきました。この章では、波乱相場を勝ち抜くチャートの見極め方について考えていきたいと思います。

株式投資で成功するためには、ファンダメンタルズ・アプローチのほかに、テクニカル・アプローチ、**ジャッジメンタル・アプローチ**をバランスよく活用することが重要です。企業業績、財務諸表などを投資判断の基本とするやり方を、ファンダメンタルズ・アプローチと呼びます。これに対し、株価チャートなどの指標を投資判断に活用するやり方がテクニカル・アプローチです。もちろん、1つだけの尺度（アプローチ）を徹底的に研究、それを信頼して儲けられることもあります。

例えば、業績を上方修正した銘柄を発表直後に成り行きで買い、1週間持続

用語解説

■ジャッジメンタル・アプローチ
世相、企業の動向、周囲の出来事などを参考に相場動向を予測する手法。何気ないニュース、新聞のベタ記事、知人が勧める企業の裏話、タクシーの運転手さんや小料理屋のママなどとの会話に重要な投資のヒントが隠れている場合がある。詳細については、拙著『あなたも株長者になれる39の秘訣』（ビジネス社）の第4章「〝杉村流〟お金になる情報の集め方と使い方」参照。

していただけで2割以上の利が乗った、などという話は珍しくありません。いや、新興市場の〝小物〟なら、一気にストップ高となるケースも頻繁に見受けられます。

ファンダメンタルズ・アプローチ1本槍の投資家のなかには、「チャートなどまったく必要ない」と言い切る人もいます。しかし、株価の方向、水準を無視したファンダメンタルズ・アプローチだけでは成功率が下がります。

やはり、テクニカル・アプローチ、ジャッジメンタル・アプローチを併用するほうがうまくいく確率が上がります。逆にいえば、そうすることで大きな失敗を避けることができるのです。

「チャートは投資家の杖！」という相場格言は、それをよく言い表しています。

投資判断には3つの手法がある

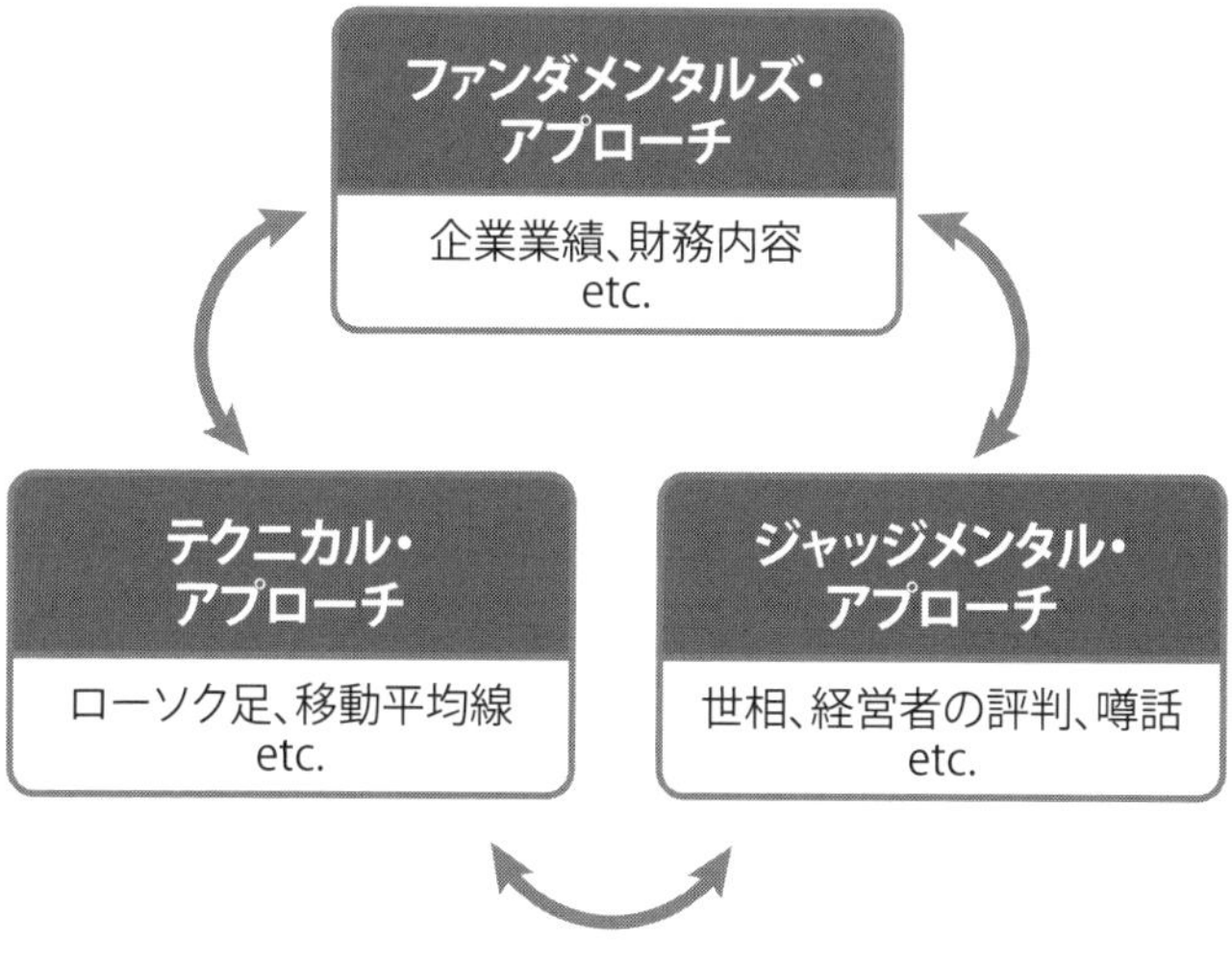

改めていうまでもありませんが、チャート分析で最も重要なことは「トレンドを読む」ことです。すなわち、株価の方向性は上に向かっているのか、下に向かっているのか、流れを読まなくてはいけません。

順張り投資で成功した（儲かった）人は、その銘柄の流れ（トレンド）に沿って売買した人であり、反対に失敗した（損をした）人は、流れに背いて売買した人です。

✪移動平均線の組み合わせで転換点をつかむ

相場の大きな流れをつかむためにはローソク足より、移動平均線をよく見ることが大切です。通常、日足チャートでは5日移動平均線、**25日移動平均線**、75日移動平均線が主に使われます。週足では、13週移動平均線、26週移動平均線、月足では3カ月移動平均線、12カ月移動平均線などがよく使われます。

移動平均線はローソク足のように高値、安値、陽線、陰線などが分からない半面、動きがなめらかなため相場の流れをつかみやすくなるのです。

移動平均線の考え方は、アメリカのチャーチストであるジョセフ・グランビルが考案しました。移動平均線は、グランビルの8法則をもとにした組み合わ

■25日移動平均線
直近の25日間の終値を合計し、それを25で割ったものが第1日目の平均値となる。あとは順次、同じように計算された平均値の連続する線が25日移動平均線となる。
株価がこの線の上に位置しているかどうかで相場の強弱を判断することも多く、「中心線」と呼ばれることもある。

せによる判定法が、信頼性の高さで多くの投資家に支持されています。

相場の転換点をつかむためには、短期線（日足では5日移動平均線）と中期線（同25日移動平均線）、長期線（同75日移動平均線）などを組み合わせて使うケースが一般的です。

移動平均線の組み合わせによる相場の判定法としては、拙著『株長者が絶対にハズさない「売り」「買い」サインはこれだ！』（ビジネス社）でも紹介しましたが、以下のようなセオリーがあります。

①短期線が下から上へと中・長期線を上回ってきた↓最初の買いチャンス（ゴールデンクロス）

②上から株価、短期線、中・長期線の順でそろって上昇中↓安心感のある強気相場

移動平均線の組み合わせによる相場判定

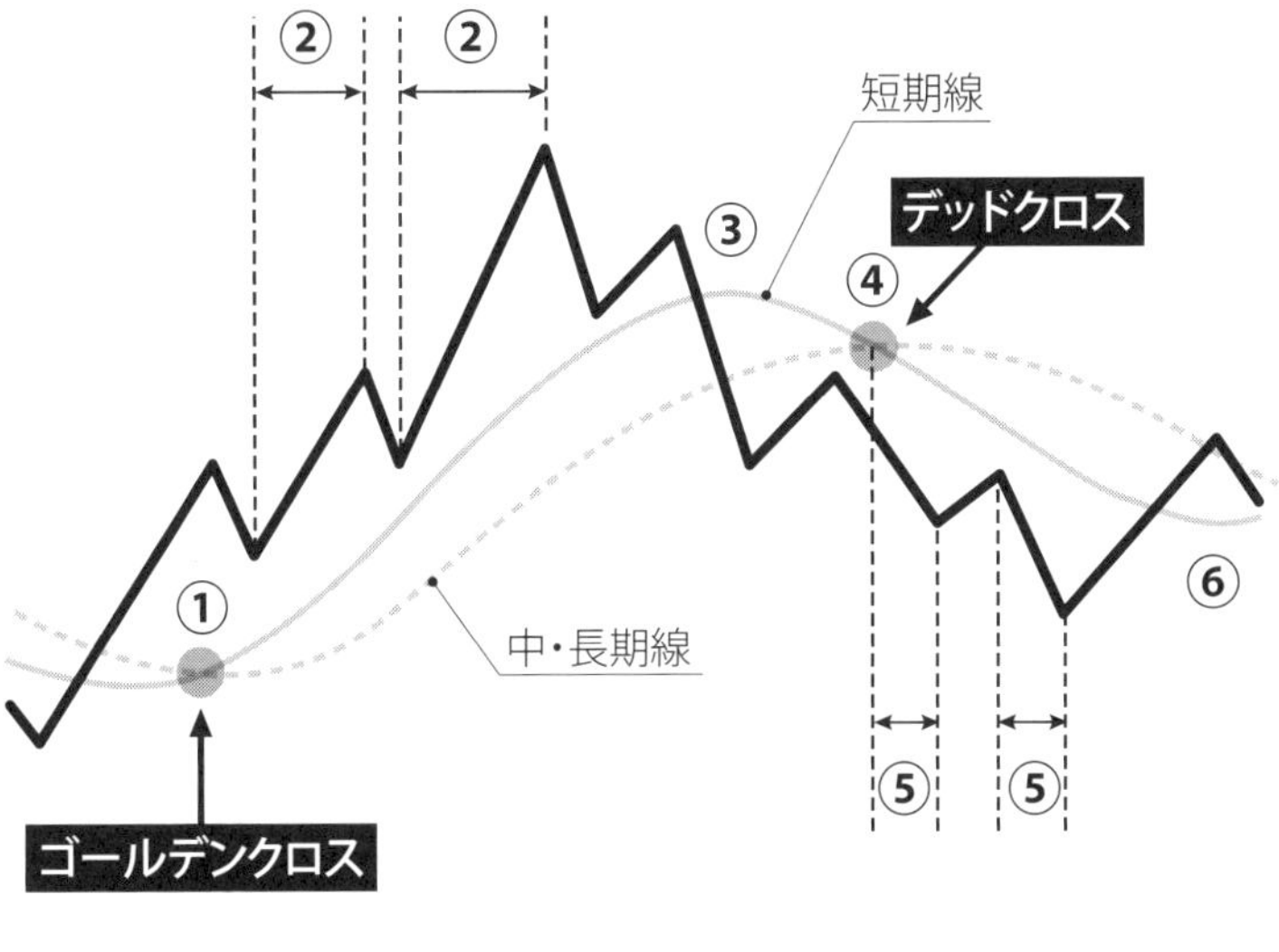

③長期間の株価上昇のあと、短期線が頭打ちになってきた↓天井圏の兆し
④短期線、中・長期線が入り乱れてクロスしてきた↓天井圏の兆し（デッドクロス）
⑤上から中・長期線、短期線、株価の順でそろって下降中↓典型的な弱気相場
⑥長期間の株価下落のあと、短期線が底入れしてきた↓下値買いのチャンス
①の局面がゴールデンクロスであり、④の局面がデッドクロスです。

✪日経レバレッジ上場投信のゴールデンクロスに注目

今の相場で大きな存在感を示している銘柄に、日経レバレッジ上場投信（1570＝通称「日経レバ」）があります。ほぼ連日、全市場のなかで売買代金トップの座に君臨しています。これは、日経平均株価に対し、ほぼ2倍の値動きをするETF（上場投信）です。

2016年5月12日の終値は日経レバが1万1210円（前日比＋0・9％）、日経平均株価が1万6646円（同＋0・41％）でした。ちなみに、日経レバは1口（株）単位で取引することができますので、価格が1万2000円の場合、1万2000円あれば取引できる（売買コスト除く）。

■ETF
ETFとはExchange Traded Fundの略で、取引所に上場されている投資信託のこと。日経平均株価、TOPIX（東証株価指数）だけでなく、海外の株式指数、金や原油といった商品価格に連動するさまざまな商品が誕生している。

日経レバは、ヘッジファンドなどの短期筋、機関投資家も積極的に売買しており、もちろん、その売買代金が示すとおり、個人投資家にも高い人気があります。

ただ、値動きが日経平均株価の2倍という性格に加え、先物などと組み合わせて短期売買に利用される日経レバが、相場のかく乱要因となっているのも確かなようです。「このところの想定外の上げ下げは、日経レバによって引き起こされている」と断言するマーケット関係者がいるほどです。

それはともかく、波乱相場を勝ち抜くためには、この日経レバの動向を注視していなければいけません。

次ページのチャートは、日経レバの週足です。２０１４年7月18日の週に13週移動平均線が26週移動平均線を上抜いたあと、適度な押し目を入れながら上昇し続けました。２０１５年6月24日には、1万８８３０円の高値をつけています。

しかし、その後はこの高値に接近することはあっても上抜くことができず、下げに転じます。２０１５年8月21日の週に大陰線を形成、次週は窓あけ（下窓）**トンボ**と呼ばれる珍しい足となりました。次の週もまた大陰線が出現して

■トンボ

上ヒゲがない（ほとんどない）ローソク足のこと。呼び名は、「T」の形が昆虫のトンボに似ていることに由来している（左図参照）。トンボが高値圏に出ると高値を買い上る勢いが衰えてきたことを暗示し、底値圏に出ると買いの勢力が勢いを増してきたことを暗示する。逆の形がトウバ（塔婆）である。

います。

　結局、日経レバは9月29日に1万２０６０円で目先の底を打ち、反転します。しかし、冷静になってよく見ると9月11日の週の足は陽線ですが、13週移動平均線が26週移動平均線を下回っていたのです。

　２０１４年7月18日の週のゴールデンクロス以来、10カ月ぶりにデッドクロスしたことになります。つまり、トレンド転換、「潮目が変わった」のです。

　日経レバは、11月27日に1万６７８０円まで戻しました。株式市場では年末相場を目の前に反騰機運が高まりを見せ、先高期待が膨らんでいました。しかし、この移動平均線の組み合わせは、その後の下降トレンドを示唆していたことになります。

▼ゴールデンクロス後の日経レバレッジ上場投信（週足）

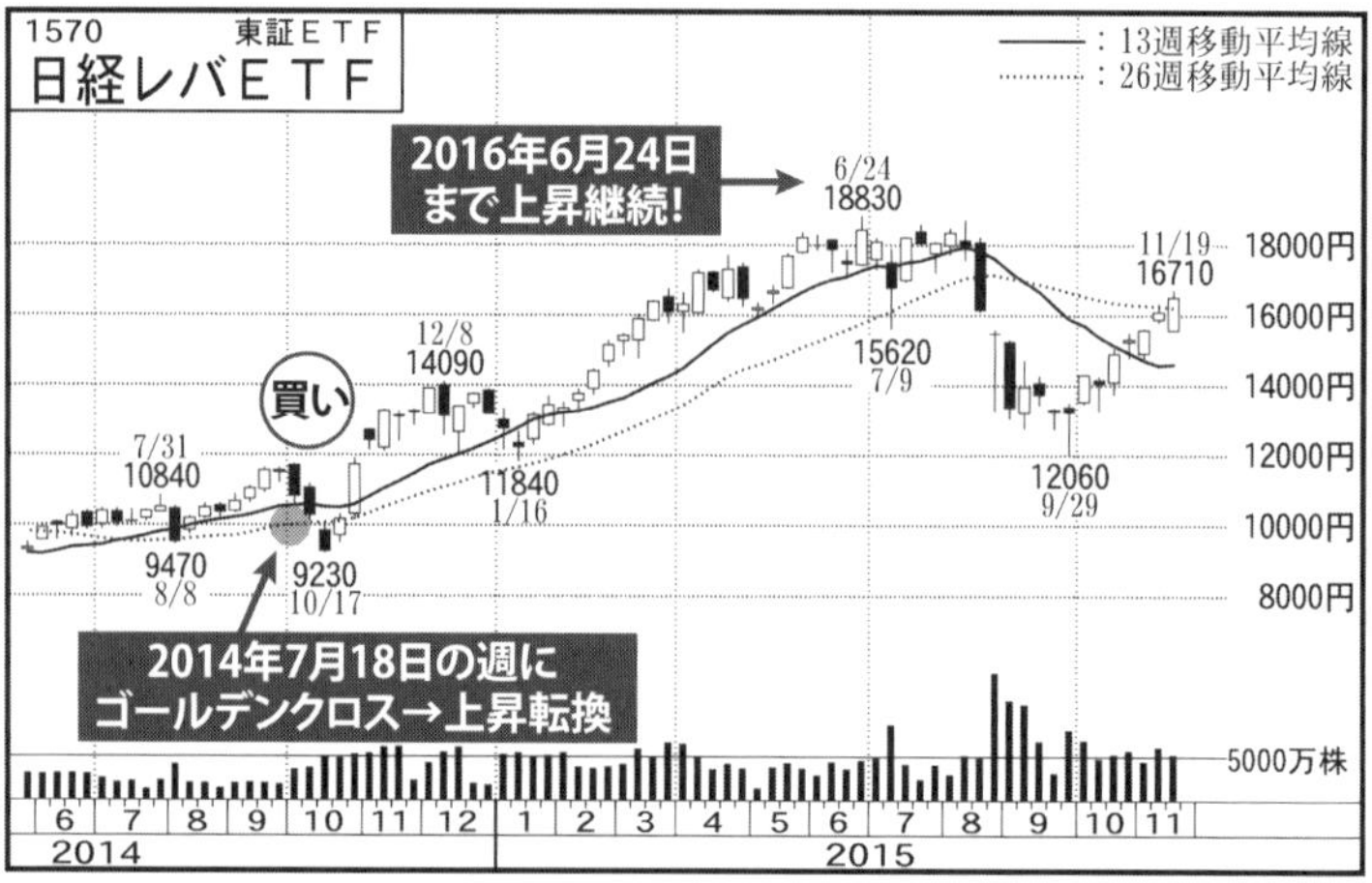

よく、チャート分析は後講釈の代物で、実際の役には立たないなどと主張する人がいます。しかし、「相場は結果がすべて」であることをこのチャートは証明しています。もちろん、２０１６年2月12日の週の大陰線が下げの最終局面だったように、ダマシが多いことも事実ですが……。

それはともかく、これから日経レバの潮目が変わるためには13週線と26週線のゴールデンクロスが必要となります。日柄的に、先のデッドクロスの10カ後は２０１６年7月8日（金）あたりとなります。

翌々日の10日（日）は参院選が予定されている日です。この日に選挙が行なわれれば、選挙結果とともに週明け11日（月）以後、日経レバがどのような値動きをするのか、楽しみです。

▼デッドクロス後の日経レバレッジ上場投信（週足）

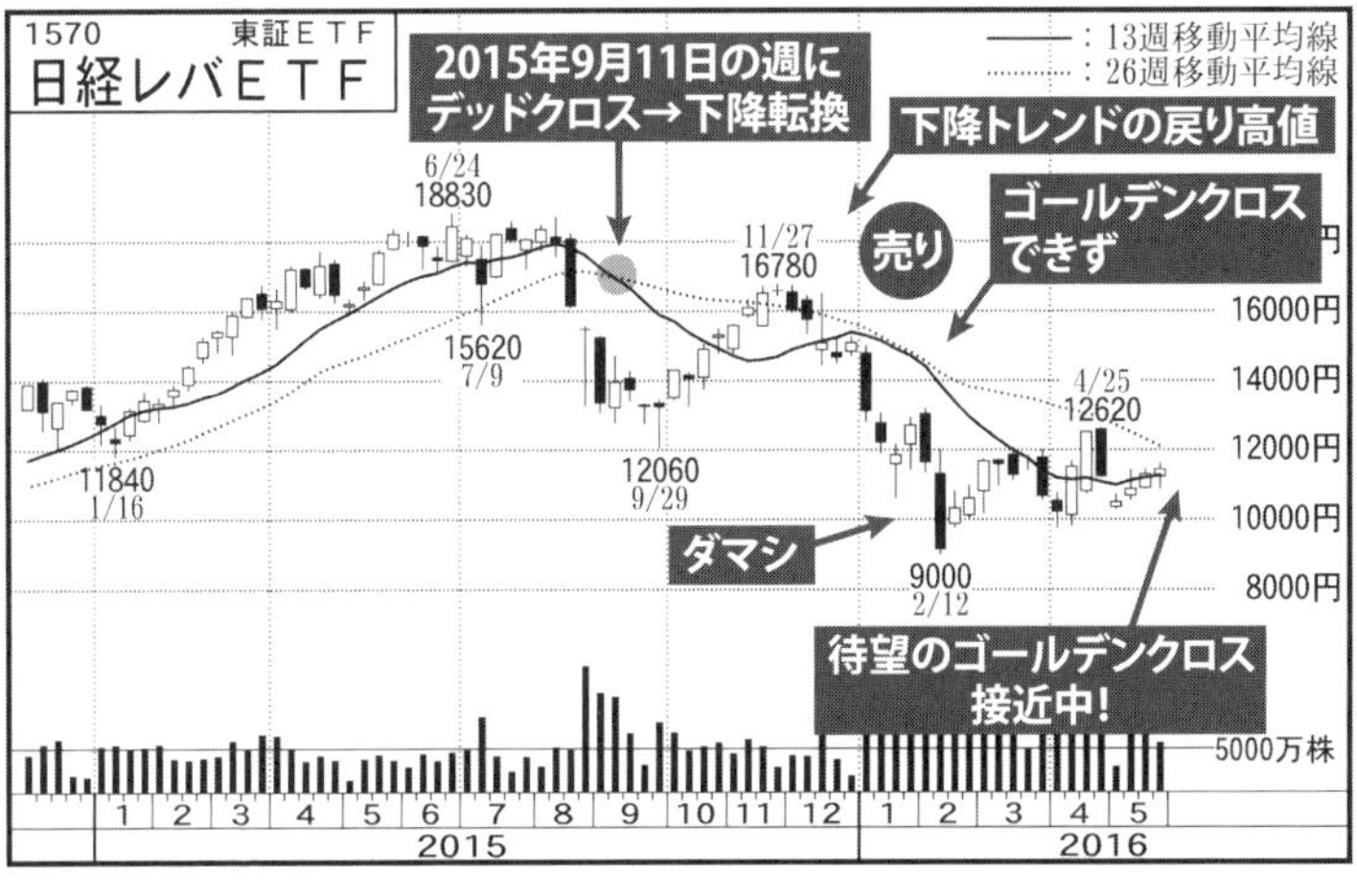

ローソク足が示唆する相場の転換点
これだけチェックすれば波乱相場に勝てる！

✪安値圏の十字線で買い、高値圏の十字線で売る

移動平均線の次は、ローソク足に注目してみたいと思います。チャートの効用はたくさんありますが、最も役に立つのは転換点を示唆してくれることです。特に、昨今のように上げ下げが繰り返される相場では、短期的な転換点をつかんで売買することが重要になります。

左ページのローソク足は「**十字線**」です。十字線は投資家の気迷い気分を表したローソク足です。この足は買いたい人が減り、売りたい人が増えたことを表し、株価が上昇を続けたあとに出ると上値が重くなります。

この場合、単純に売りのサインと断定することはできませんが、買い方にとっては警戒信号であり、すべて手仕舞いするか、買いポジションを減らすなどの慎重さが求められます。

逆に、株価が下げ続け、安値圏で十字線が出現すると買いパターンに転換す

■十字線
始値と終値が同値だったときのローソク足で、正式には「寄り引け同時線」という。これは買いたい人と売りたい人の勢力が拮抗した状態を表し、相場転換のサインとなることが多い。

る可能性が高まります。下げ続けてきた銘柄がこの状態になると、売りたい人が減り、買いたい人が増えてきたことを表します。新たな買い手の出現です。ただ、小さい十字線が出現した局面では出来高が増加しません。下げが続いたあと小さい十字線が出た場合、買いパターンとしては弱くても下値が固まりつつあると判断することができます。

つまり、売り方有利の流れが変わったことを表しているのです。

次ページのチャートは第2章で取り上げた**双日（2768）**の日足です。2016年1月21日の218円を起点に上昇し、2月1日に264円の高値をつけました。この間の上昇率は21・1%に達しますが、2月1日のローソク足は十字線です（始値、終値ともに260円）。

上昇が続いたあとの十字線と下降が続いたあとの十字線

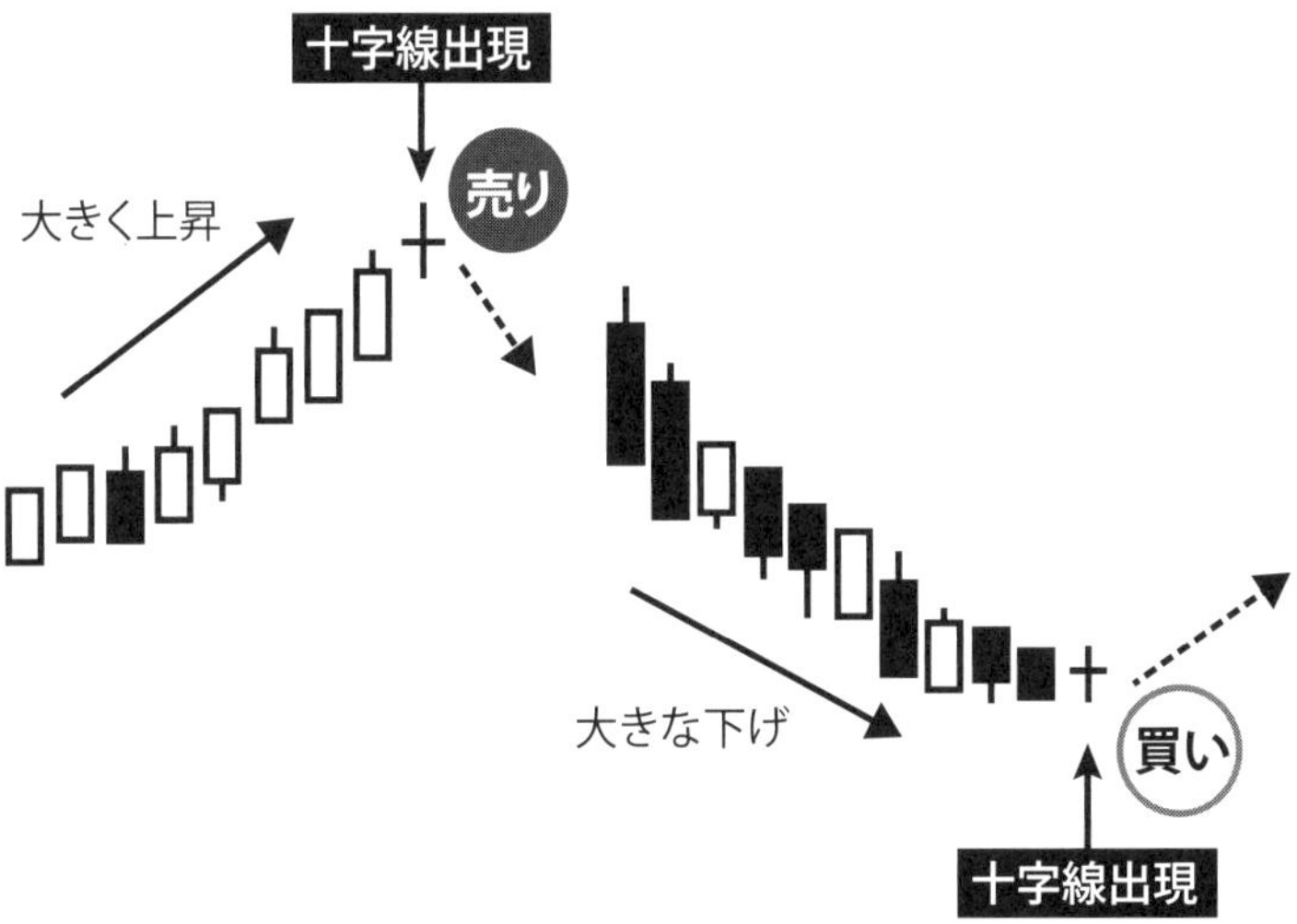

翌日、上ヒゲ陰線が出て下げトレンドに転換しました。2月12日には192円の安値をつけています。

一方、3月8日の249円を高値に株価は下げ続けましたが、4月6日に十字線が出現（始値、終値ともに210円）しています。その2日後に大陽線が出て、上昇に転じました。株価は正直です。

その後、4月25日には再度高値圏で十字線が出現（始値、終値ともに236円）し、反落に転じています。

日経平均株価の日足も見ても、2016年4月6日、7日と小さな十字線が連続して出現し、そのあと急上昇に転じています（41、または185ページのチャート参照）。

▼双日の日足に出現した十字線

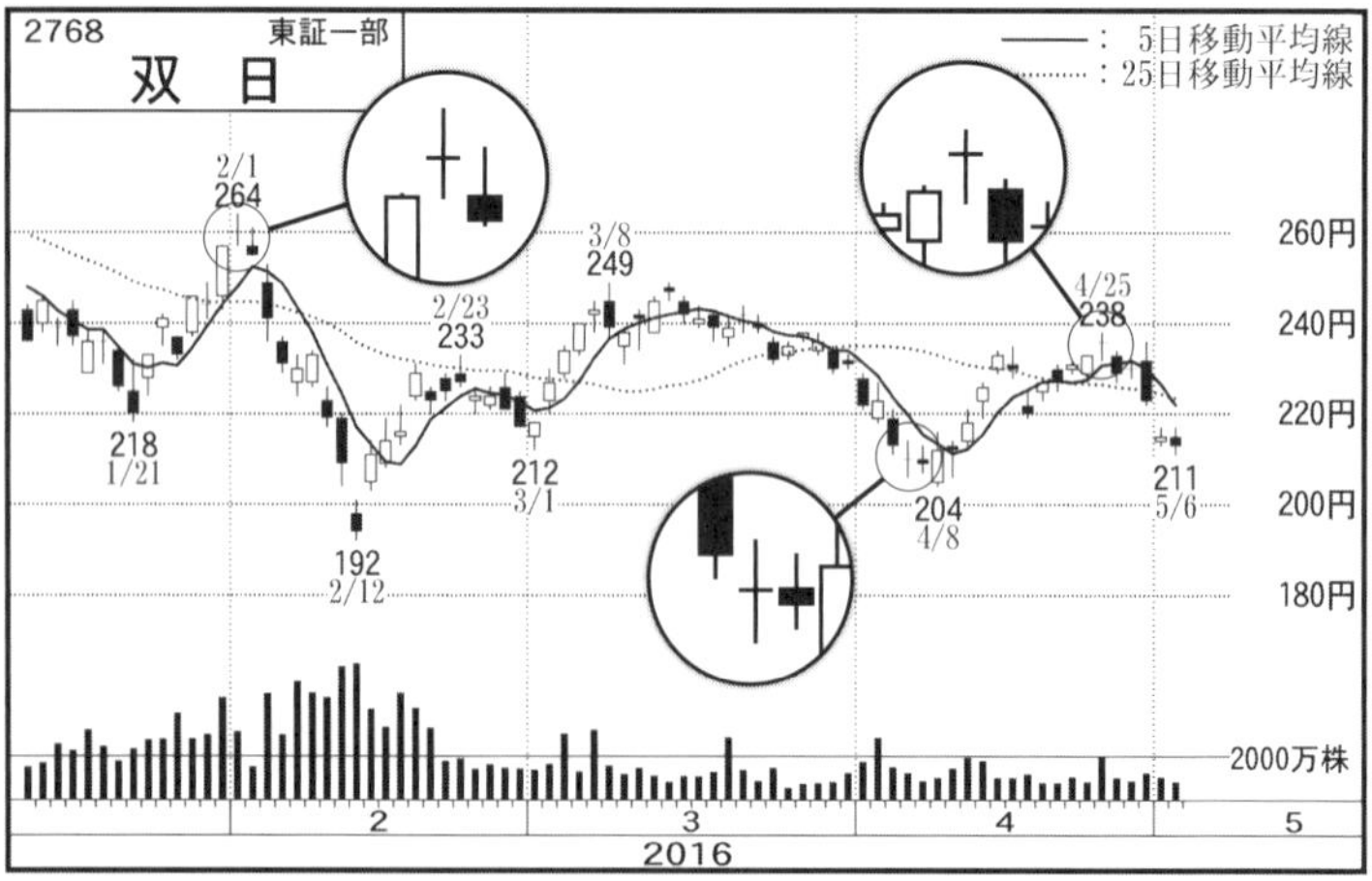

✪安値圏の毛抜き底で買い、高値圏の毛抜き天井で売る

前項の十字線のように、ローソク足は1本の足でも相場の転換点を判断することが可能ですが、2本あるいは2本以上のローソク足を組み合わせると、その確度がより高くなります。**ローソク足の組み合わせ**は20以上あるといわれており、それぞれに熱烈な信奉者がいるようです。

そのなかでも、「毛抜き底」「毛抜き天井」は非常に分かりやすく、ダマシが比較的少ない組み合わせとして知られています。大きな成果を実現させるために、ぜひ参考にしてください。

日足の場合は毎日、持ち株などを大引け後にチェックする必要がありますが、週足の場合は毎週末、月足の場合は毎月末にチャートを見るだけで済みます。それほど負担にはならないと思います。もちろん、インターネットでの検索が便利です。

毛抜き底は、安値圏において連続した2本のローソク足の安値がそろったパターンです。毛抜き底は、下げがしばらく続き、相場が動兆し始める局面でたびたび出現します。下げのあと安値圏で出現する点は、十字線と共通しており、1本目の足が十字線である場合、より信頼性が増します。

▒ローソク足の組み合わせ
江戸時代、米相場で莫大な富を築いた本間宗久が編み出した「酒田五法」がベースとなっている。酒田五法は現在でも通用する相場必勝法であり、本間宗久はテクニカル分析の始祖と呼ばれている。

毛抜き天井は、毛抜き底と真逆の形をしています。すなわち、高値圏において2本のローソク足の高値がそろったパターンです。2本の足の高値がそろったということは、前の足の高値より上の高値をつけることができなかったことを表しています。これは、その高値よりも上には強い売りの勢力があることを意味し、高値の限界を示唆するサインとなります。単純な話、売り株数と買い株数のチェックをするとよく分かります。

全国保証（7164）の日足チャートを見ると、①の部分2016年2月23日と24日の足が毛抜き底となっています。

2月23日の足は陰線で安値は3155円、24日の足は陽線で安値は3150円となっています。24日のほうが5円安くなっていますが、

信頼度の高い毛抜き底と毛抜き天井

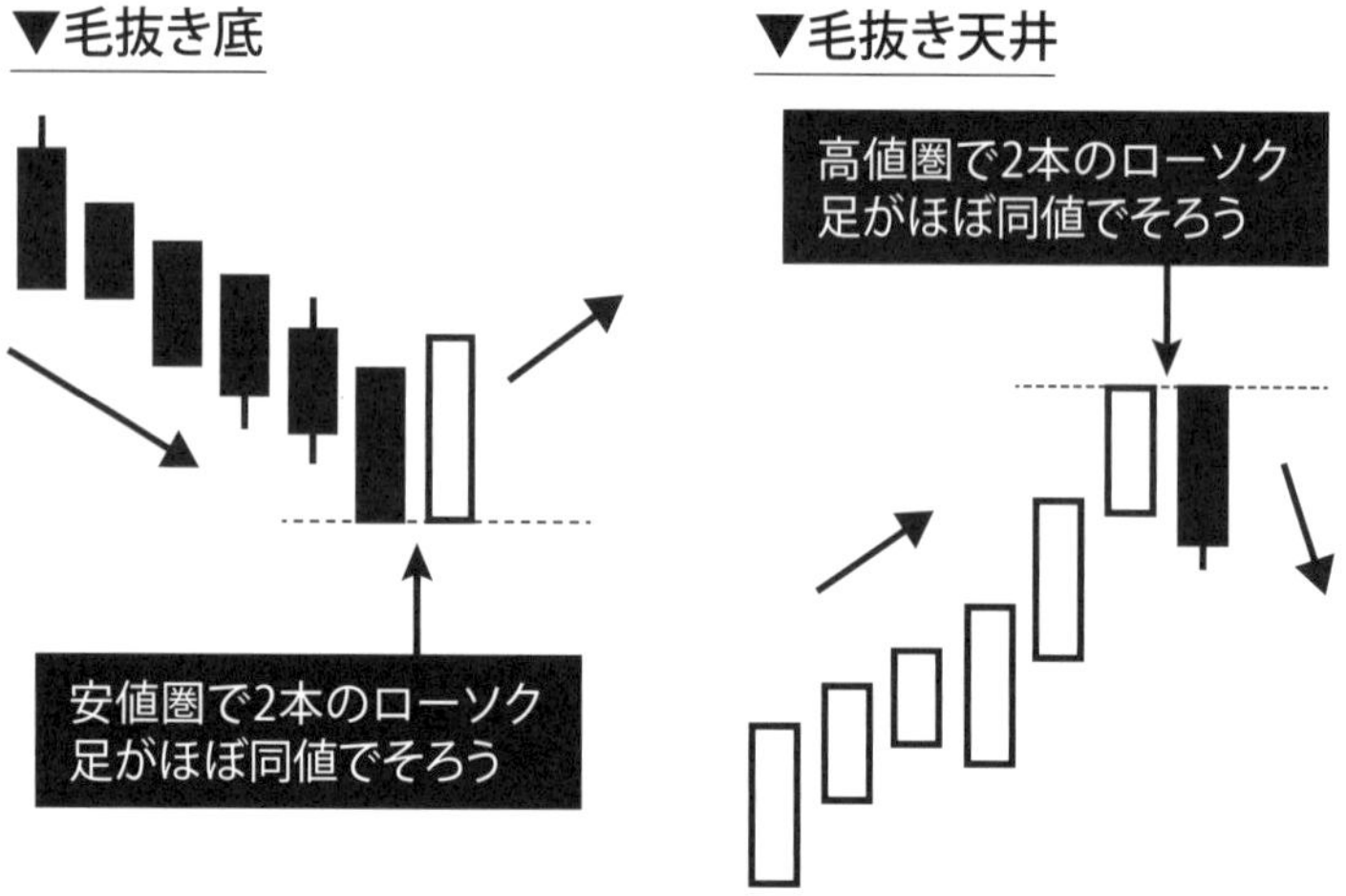

▼毛抜き底
安値圏で2本のローソク足がほぼ同値でそろう
▼毛抜き天井
高値圏で2本のローソク足がほぼ同値でそろう

３０００円台の株価を考えればほぼ同値と見ることができます。

毛抜き底出現後、株価は３月７日に３７２５円まで上昇しました。２月25日（毛抜き底出現翌日）の始値に対し、上昇率は15％です。

②の３月９日（安値３４５５円）と10日（安値３４６５円）も10円違いますが、おおむね毛抜き底と判断できます。こちらは、毛抜き底出現後、３月30日に３９８０円まで値上がりしました。

一方、毛抜き天井は③の部分の３月30日（高値３９８０円）と31日（３９７５円）、④の４月22日（高値４１９５円）と翌営業日である25日（高値４１９５円）に出現しています。

ご覧のとおり、両方とも株価はその後下げに転じています。

▼全国保証の日足に出現した毛抜き底と毛抜き天井

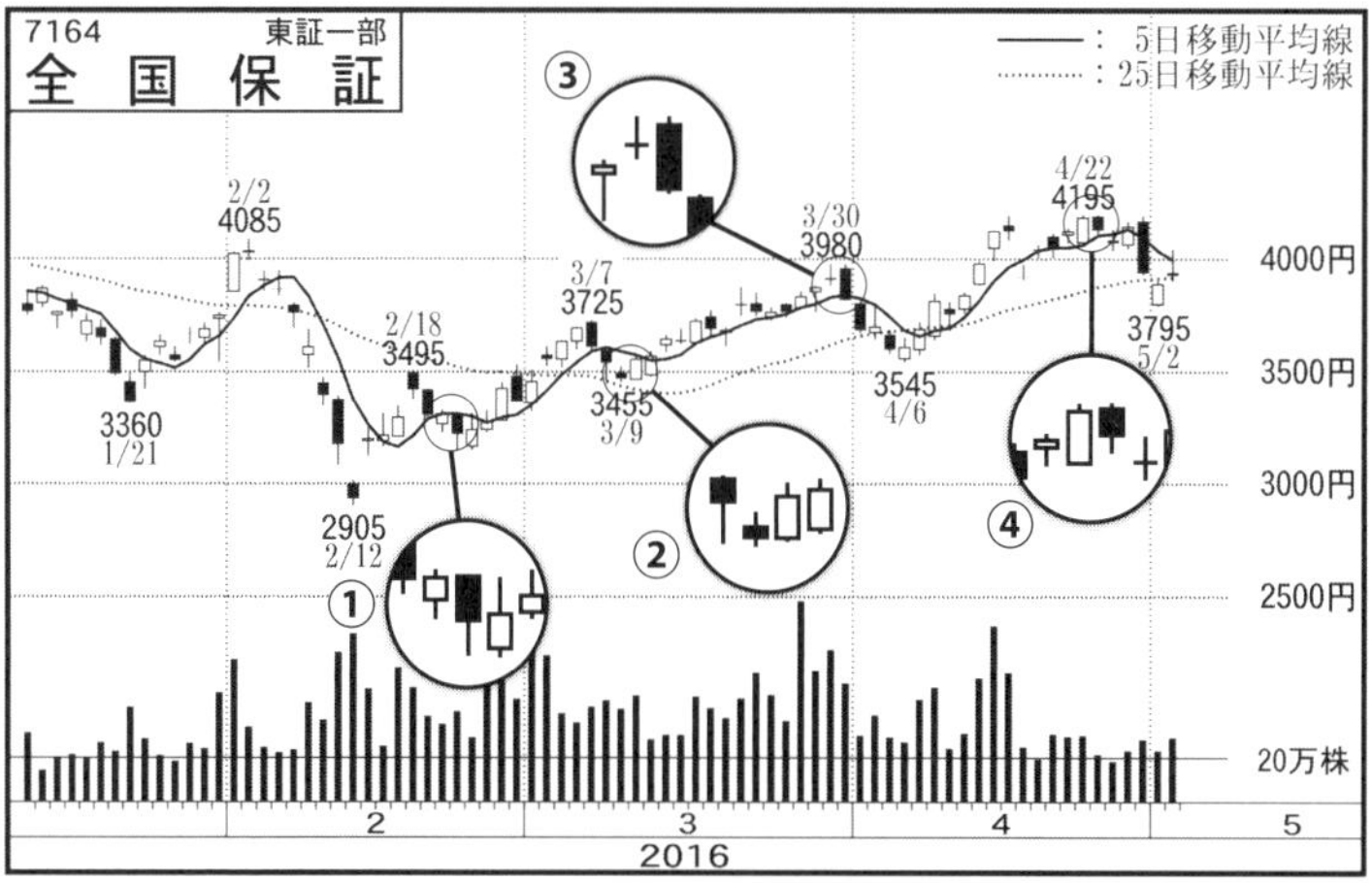

✪上窓の出現で買い、下窓の出現で売る

もう1つ、ローソク足の組み合わせでチェックしておきたいのが、「窓」といわれる形です。これは、株価が前の足の終値に対し、大きくかい離して始まるパターンです。日足であれば前日、週足であれば前週の足の終値に接することなく、大きく離れた位置から寄り付いて始まります。

株価が前の足に対し大きく**ギャップアップ**して始まるケースを「上窓」、反対に大きく**ギャップダウン**して始まるケースを「下窓」といいます。

上窓は好材料が出現して買い物が殺到した結果できたパターン（窓あけ急騰）であり、下窓は悪材料が出て売り物が殺到した結果できたパターン（窓開け急落）です。

このようなケースはサプライズ的な出来事に対して、買い、あるいは売りの成り行き注文が急増するために起こります。例えば、決算発表が近づくと事前の業績予想をベースに株価は形成されていきます。そして、実際に発表された数字が想定の範囲内であれば、どのような好業績であっても「材料織り込み済み」となり、窓をあけて寄り付くことはありません。決算の数字が悪かった場合でも同じです。窓が大きければ大きいほど、投資家が冷静さを失い、パニッ

■ギャップアップ
前の足の終値に対し、次の足の始値が高い位置で寄り付くことをいう。大きく窓をあけて寄り付くと、「ギャップアップして始まった」などとコメントされる。前日のNYダウが大きく上昇したときなどによく起きる現象である。

■ギャップダウン
前の足の終値に対し、次の足の始値が低い位置で寄り付くことをいう。あえてオーバーナイト・リスク（前日の大引けから翌日の寄り付きまでの間に発生する損失リスク）に挑み、ギャップアップ、ギャップダウンを狙って仕掛ける投資手法もある。

ク的な心理状態に陥ったことを表します。株価は窓をあけた方向に動きます。

２０１６年４月20日に燃費不正問題が発覚した**三菱自動車（７２１１）**は、その日の終値７３３円が翌21日には５８３円（ストップ安）、22日も80円安で寄り付きました。２日連続で大きな下窓があいたことになります。

しかし、その後、**日産自動車（７２０１）**が傘下に入れるとのニュースが飛び出し、株価は反発に転じています。

富士フイルムホールディングス（４９０１）の日足を見ると、大小さまざまな上窓、下窓があいているのが分かります。①２０１６年２月８日の終値４６２４円→翌９日の始値４４２７円（１９７円安＝下窓）、②４月20日の終値４２８９円→翌21日の始値４４８０円（１９１

窓あけは分かりやすく投資妙味大

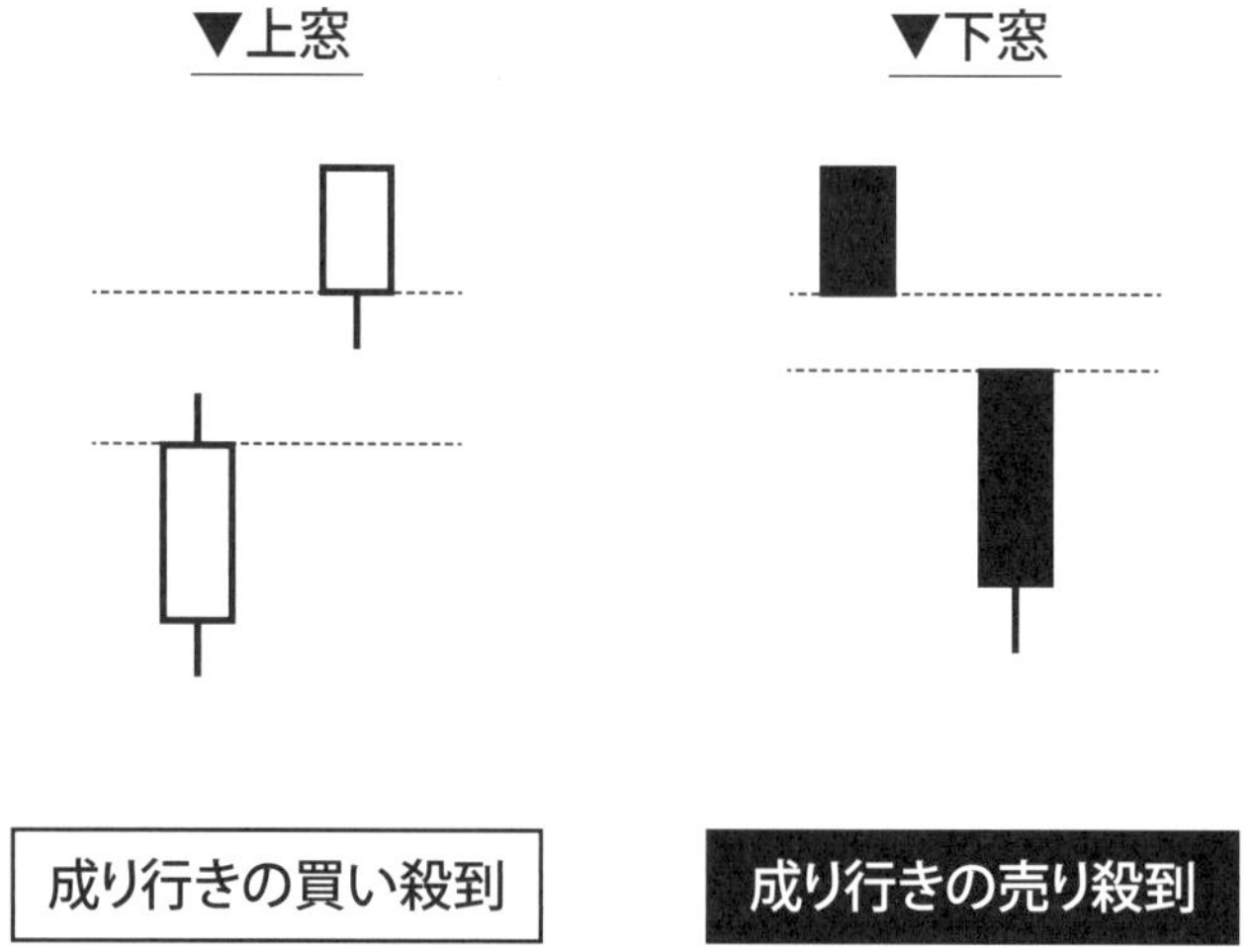

円高＝上窓）などが特に目につきます。多くの場合、窓あけ直後はそのまま上昇、あるいは下落基調となっていますが、窓あけで生じた空間を埋めに行くケース（窓埋め）も見られます。

富士フイルムホールディングスの日足の例では、２０１６年２月11日↓翌12日に形成した下窓を、同月15日に早々と埋めています。しかも、この日は大陽線が立ちました。このようなときは相場が転換したことを示すものであり、すかさず買いを入れなければいけません。

これは投資家の心理状態が冷静さを取り戻したことを示しています。また、窓埋めはそれまでのトレンドが反転したことを示唆する意味合いもあります。

窓あけ銘柄は目先的に株価が大きく動く場合が多く対処次第で、収益チャンスが拡大します。

▼富士フイルムの日足に出現した上窓と下窓

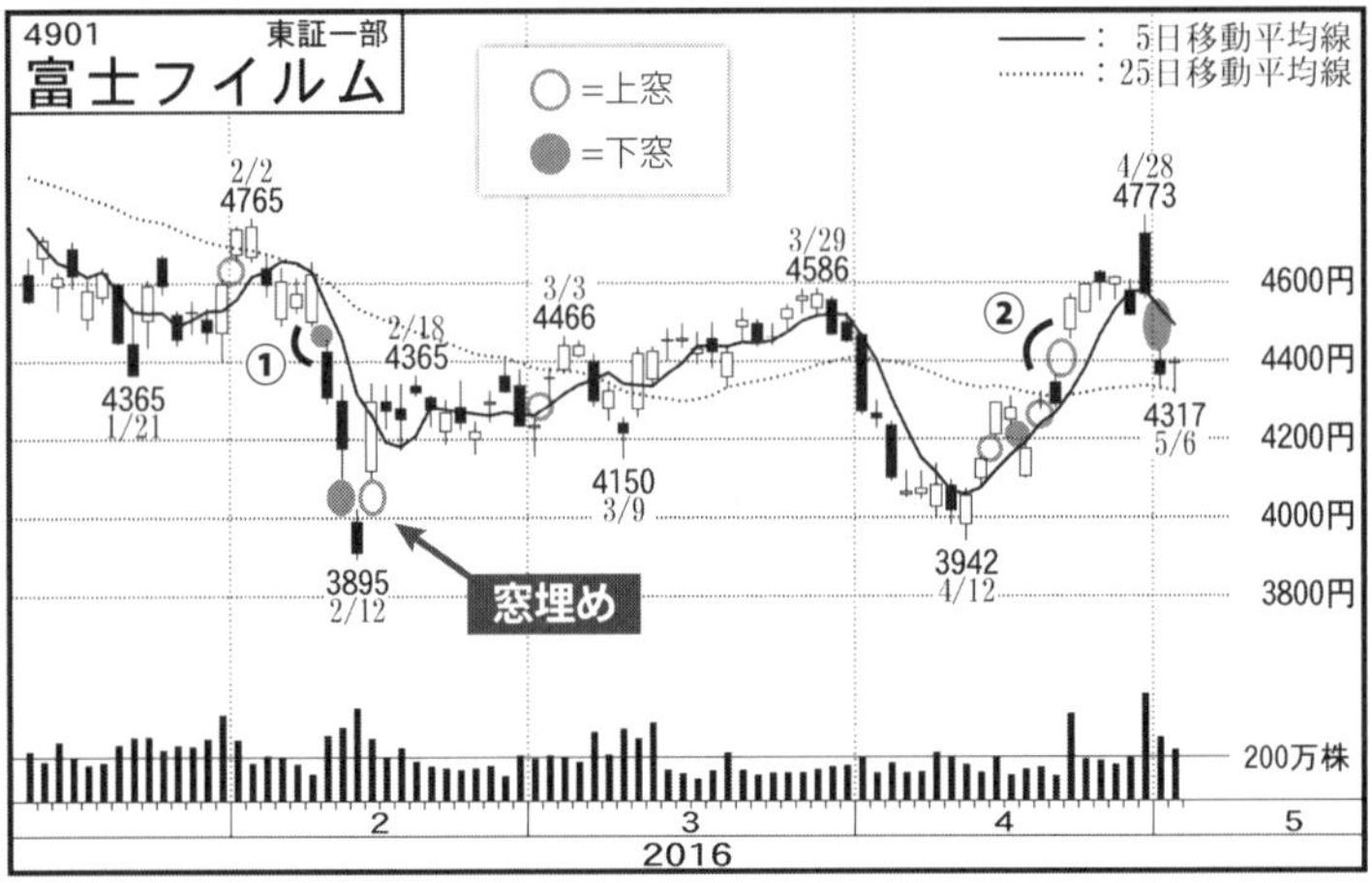

第6章

マイナス金利時代の資産運用と株式投資

日銀の本気度を読み違えるな！もう、株式投資しかないじゃないか

マイナス金利時代の資産運用は、どうしたらいいのでしょうか。この章では資産運用に悩む方々とともに、今後のあり方などについて考えてみたいと思います。

✪波乱相場に拍車をかけたサプライズ政策

２０１６年１月29日、日銀は**金融政策決定会合**でマイナス金利政策の導入を決めました（実施は２月16日）。日銀が０・１％のマイナス金利という〝異例の政策〟に踏み切ったのは、機関投資家の外貨資産シフト（外貨建ての金融資産を購入すること）を促すと同時に、企業が投資を積極化させ、消費者が消費を増やすことを狙ったためです。

日銀の黒田東彦総裁はこのマイナス金利政策の導入について、「金融市場の不安定さが国内に波及するリスクを防ぐため」とし、物価を２％上昇させる政府目標の達成に向け、「必要であれば追加的な金融緩和措置を講じる」と述べ

用語解説

金融政策決定会合

日銀の最高意思決定機関である政策委員会の会合のうち、金融政策の運営に関する事項を審議・決定する会合。年８回、２日間開催され、その内容は相場に大きな影響を与える。２０１６年４月27～28日の会合では、期待されていた金融緩和が見送られたため、失望売りを誘う結果となった。だが、６月～７月には実施する公算が大きい。

ています。

　マイナス金利政策導入の背景には、資源価格の下落、中国リスクなどによるマーケットの混乱を受け世界経済の先行きに懸念が広がり、物価上昇の基調が崩れかねないと判断したためです。

　通常、お金を銀行に預けると金利をもらえますが、マイナス金利は、お金を預けると逆に金利を取られることになります。

　なお、今回のマイナス金利政策は、日銀が市中の銀行から預かる当座預金につけている金利を初めてマイナスにするものです。企業、個人が銀行に預ける預金は対象となりません。

　マイナス金利政策は市場金利が低下することを意味します。このため、企業向けの融資、

住宅ローンの金利押し下げ効果が期待できます。実際、メガバンクは住宅ローンの引き下げを発表しました。国債の金利も大きく下がっています。

ただ、マイナス金利が適用されるのは、日銀の当座預金全体の一部（約4％）にすぎません。大手調査機関の調べによると、マイナス金利は23兆円に適用され、このうちの43％に相当する10兆円が信託銀行、39％に相当する9兆円がゆうちょ銀行となっています。都市銀行は0・6兆円と全体の3％にすぎませんが、新たに日銀の当座預金に預ける資金についてはゼロ金利、ないしはマイナス金利が適用されます。

日経平均株価と日銀の当座預金残高

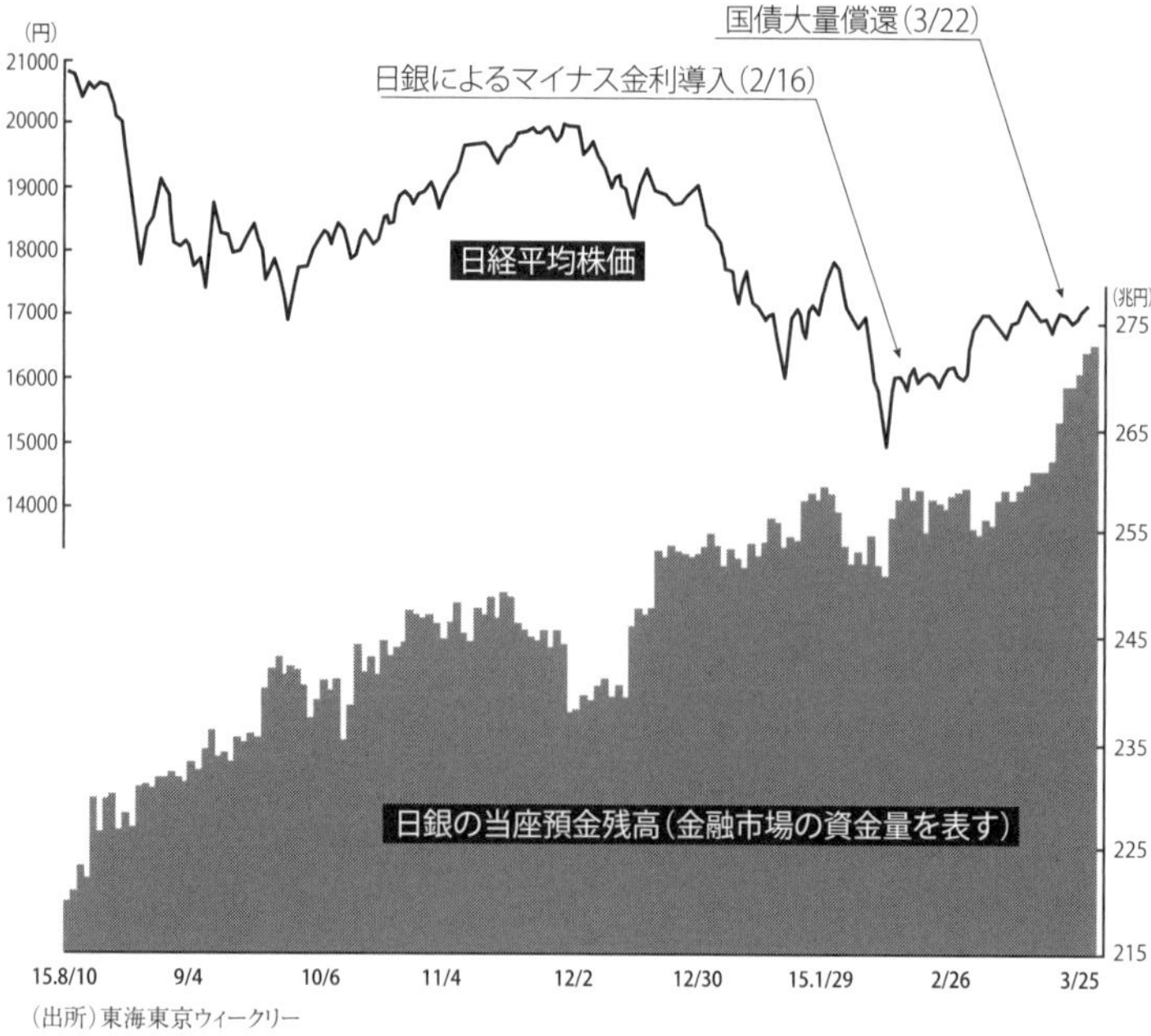

（出所）東海東京ウィークリー

1月29日の午後、株式市場に日銀のサプライズ的なマイナス金利政策の導入が伝わると、マーケットには驚きが広がり、日経平均株価は乱高下しました。マイナス金利を、マーケットが消化しきれていなかったのでしょう。

その日の後場寄り後、高く始まった日経平均株価は、その後の銀行株の急落を受けて下げ、13時すぎに1万6767円とこの日の安値をつけたのです。しかし、そこから不動産株などの買いが続き、終値は前日比477円高の1万7518円で引けました。とりあえず、好感したのです。

しかし、ここまではよかったのですが、その後は日銀の目論見どおり円安・株高にはつながりませんでした。一転して波乱含みの展開になったのです。

日経平均株価は、マイナス金利政策導入発表の翌営業日（2月1日）に前日比387円高の1万7905円まで値上がりましたが、その後は下げに転じ、2月12日には1万4865円まで急落しました。2月1日の高値に対し、17%下落したことになります。

ドル・円相場は1月29日の121円49銭をピークに、5月2日には107円割れまで一気に円高となりました。これは、多くの**輸出企業の想定為替レート**（3月末時点1ドル＝117円46銭）を大幅に上回る円高水準です。

■輸出企業の想定為替レート

輸出入を行なう企業が事前に決めておく為替レートのこと。事業計画、業績見通しはこのレートが前提となる。対象期間中に想定為替レートより円安になれば為替差益が発生（収益押し上げ要因）し、円高になれば為替差損が発生（収益押し下げ要因）する。

ちなみに、トヨタ自動車の2017年3月期の想定為替レートは1ドル＝105円で、営業利益が前期比9350億円の収益押し上げ要因となる。

金利が低くなれば企業の投資は増えそうなものですが、これは景気回復が期待される状況下でのことです。企業は逆風が吹くなかでの投資、賃上げには慎重にならざるを得ません。

この間の下げは、マイナス金利が逆に、投資家の不安心理を増幅させたことに加え、外部環境の悪化がありました。株式市場にとっては、銀行株が想定以上に売られたことも大きな痛手となったようです。

日銀の当座預金に対する金利は、従来の0・1％がマイナスになります。もちろん、金利の低下によって、銀行にとっては貸し出しの利ザヤが縮小することになります。

マイナス金利によって、「銀行の利益が圧迫されることは避けられない」（メガバンク幹部）といわれていますが、特に地方の銀行にとって大きな打撃です。

マイナス金利が適用された2月16日以降、日本の機関投資家は日本株、および外国債券を大幅に買い越しています。外国人投資家は2015年12月以降、円買い＋日本株売りポジションを強めていました。しかし、今後いつ円売り＋日本株買いの投資姿勢に変化するか分かりません。

2016年3月22日には、**国債の大量償還**がありました。この結果、10兆円

■日銀の当座預金

日本銀行が取引先の金融機関等から受け入れている当座預金のこと。

「日銀当座預金」、「日銀当預」などと呼ばれることもある。日本銀行当座預金には、①金融機関が他の金融機関や日本銀行、あるいは国と取引を行なう場合の決済手段、②金融機関が個人や企業に支払う現金通貨の支払準備、③準備預金制度の対象となっている金融機関の準備預金という3つの役割がある。

▼マイナス金利導入発表以降の日経平均株価(日足)

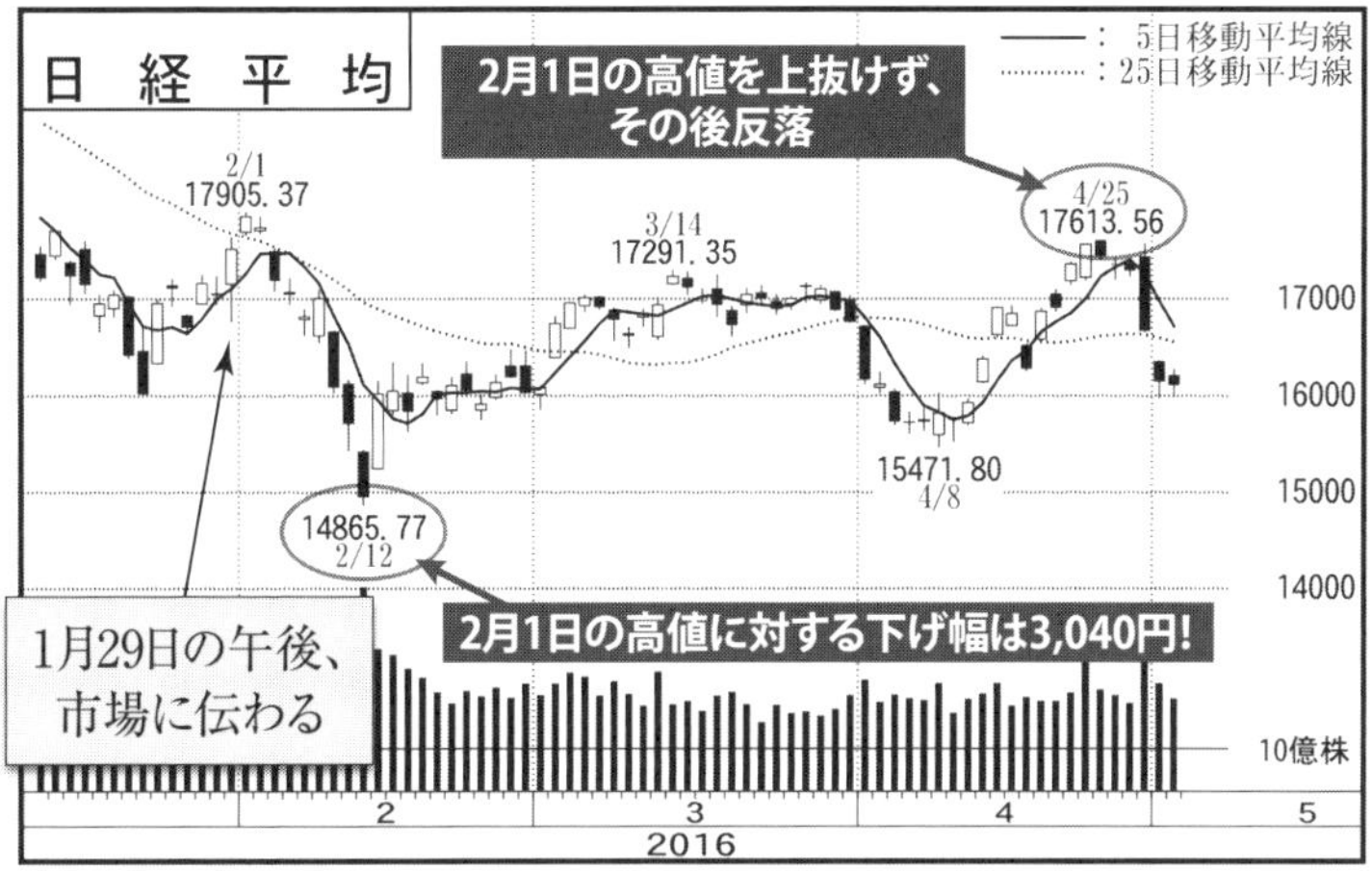

▼マイナス金利導入発表以降のドル／円相場(日足)

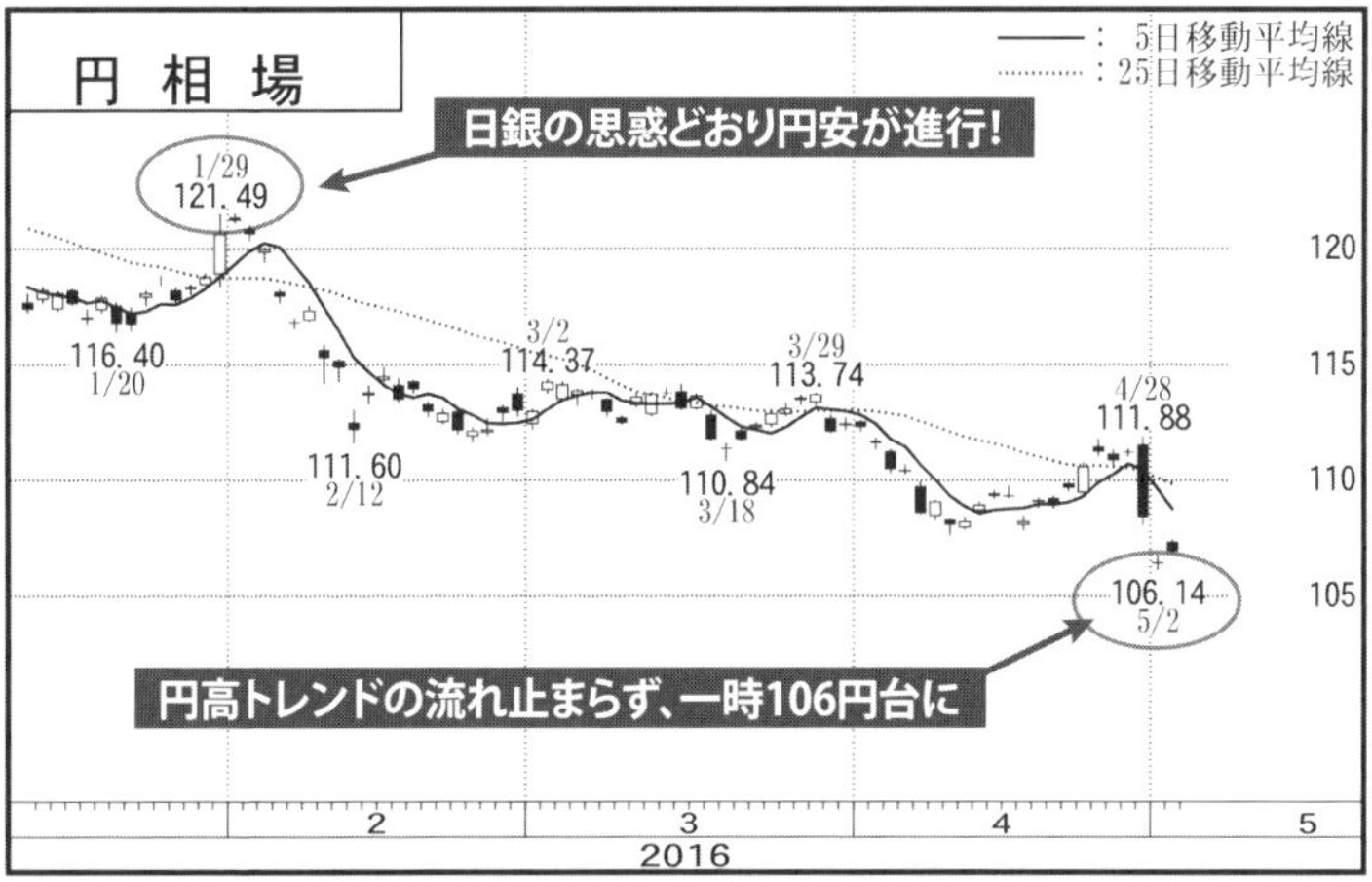

分の余剰資金が日銀の当座預金に積み上がったのです。この資金の大部分はゼロ金利、ないしはマイナス金利が適用されていると考えられます。

ゼロ金利、マイナス金利の資金をいくら預けていても運用成績が上がるわけがありません。残された運用先として機関投資家の余剰資金が外債、配当利回りの高い日本株に向かう可能性が高まっていることは間違いないでしょう。これは今後の大きな注目点です。

✪日銀は現行0・1%のマイナス幅を拡大する可能性もある

ウォール街では「Ｆｅｄ（連邦銀行）に逆らうな！」といいます。中央銀行とまともに戦って勝てるはずがありません。かつての投機筋の英国ポンド売り崩し、アジア通貨危機は市場の〝ゆがみ〟をついたものです。

通常は国策に背を向けたほうが負けます。日銀のマイナス金利導入政策は評判が悪く、専門家、マスコミの評価は散々です。そもそも、経済評論家、エコノミストはつい最近まで「マイナス金利はあり得ない」としていました。

前述したとおり、マーケットではその直後に大幅な株安、円高が進行、「効果はまったくないじゃないか」と罵倒《ばとう》されています。

■**国債の大量償還**
黒田日銀総裁による異次元の金融緩和により、日銀が購入してきた国債が大量に償還（払い戻し）期限を迎えつつあること。償還が増えれば新たに国債を買い入れる必要が出てくるため、マーケットが期待する追加的な金融緩和の妨げになる可能性がある。

しかし、日銀は本気です。これを読み違えると、大きな判断ミスを犯すことになるでしょう。現在、マイナス金利政策を採用しているのは3カ国・1地域（ユーロ加盟国）です。スウェーデンはマイナス0・50％、スイスは同0・75％、デンマークは同0・65％、ECBは同0・4％となっています。

ECBは当初、マイナス0・1％でした。つまり、0・3％マイナス幅を拡大したことになります。この流れでいくと、日銀も現行0・1％のマイナス幅をECBと同じ0・4％まで拡大できます。

長期的に見れば、マイナス金利政策は株式市場にプラス効果をもたらします。生活面でも、住宅ローン金利が低下するなどメリットが出ています。

先述したように、デンマークの住宅ローン金利（変動型）はマイナス（0・0017％）となっています。お金を借りると利息がもらえるのです。また、すでにヨーロッパでは企業、富裕層の大口預金のみならず、小口の預金に対してもマイナス金利が出現しています。

そもそも、銀行が中央銀行に当座預金を置いているは決済のためであり、企業の当座預金も決済が目的でしょう。これを引き出し、持って帰る？　決済はそのつど現金をトラックで運ぶ？　それは現実的に不可能な話です。

■ECB
欧州中央銀行。ユーロ圏17カ国の金融政策を担う中央銀行として、その政策は世界の金融市場、株式市場に大きな影響を与えている。1998年6月1日に設立され、本店はドイツのフランクフルトにある。現在の総裁（第3代）は、前イタリア銀行総裁のマリオ・ドラギ氏で、任期は2019年11月1日までとされている。

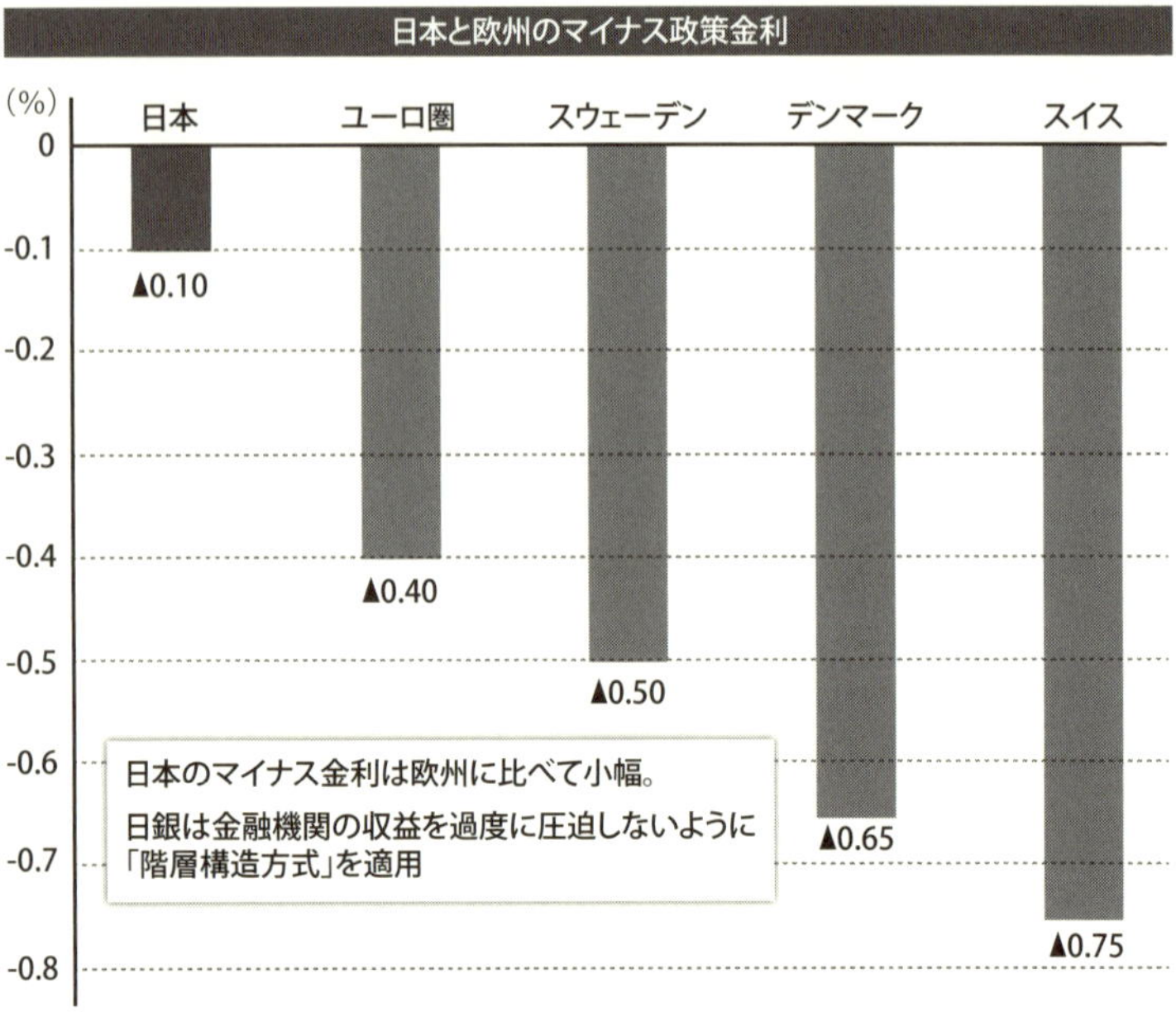

（出所）ブルームバーグ、日銀

▼10年国債（日足）

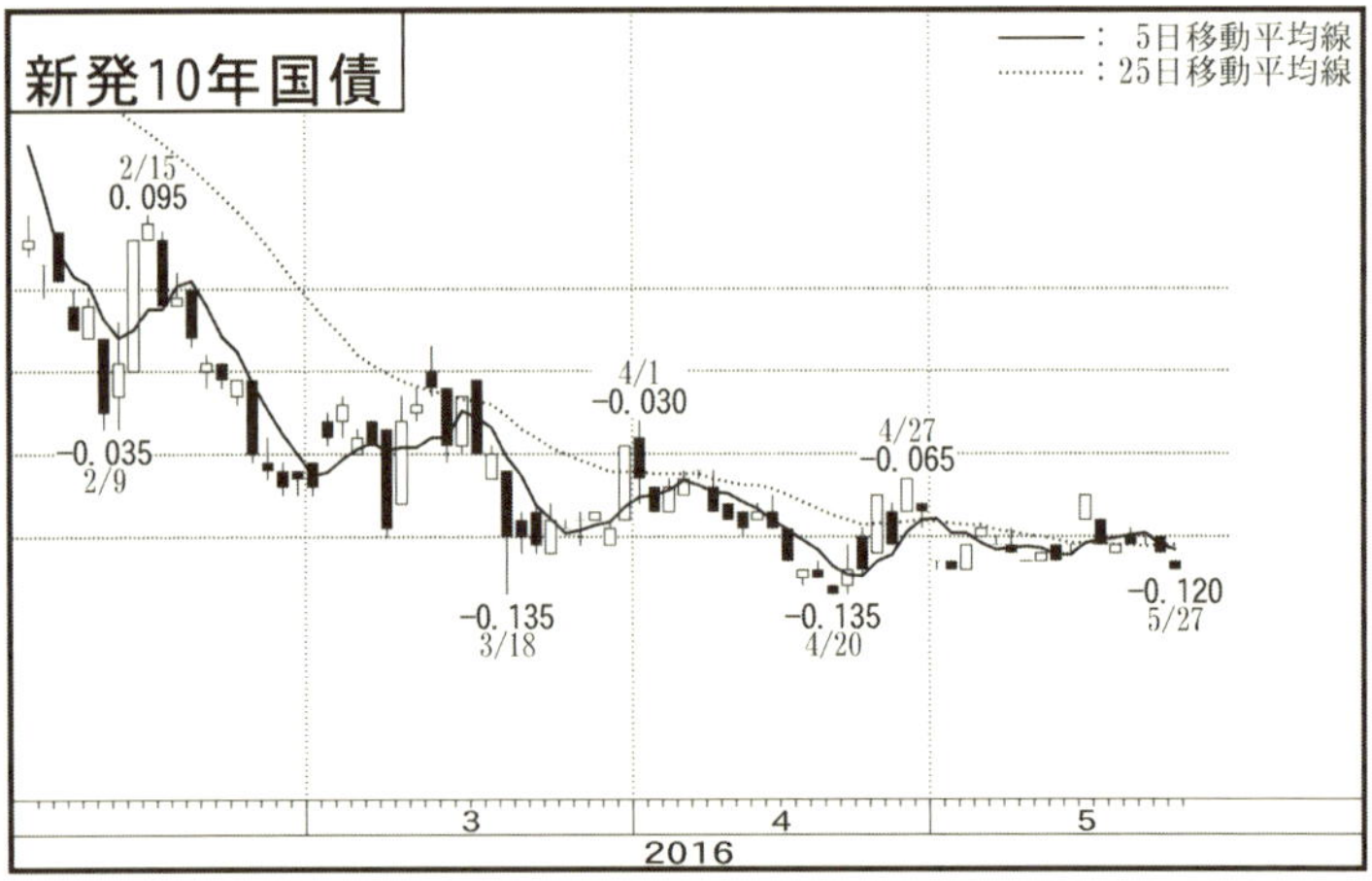

大企業では、取引先との間で年間、何千億円、何兆円規模の決済を必要としています。マイナス金利を嫌い、銀行の当座預金で決済しなければ、そのつど現金で決済することになります。例えば、自動車メーカーが部品会社に、何十億円もの現金をトラックで運ぶことは可能でしょうか。

あり得ない話です。これは運搬上の問題だけではありません。安全性、信頼性に欠けます。結果的に、日銀はＥＣＢ並みのマイナス金利政策を断行することが可能なのです。

✪〝異常〟は必ず修正される！　これが経済原則！

相場の転機は一瞬に訪れます。２０１６年2月12日がまさに、そうだったのではないでしょうか。

前日、11日の海外市場では円相場が1ドル＝１１０円99銭まで急騰、マスコミは「円高・株安が止まらず」とし、ある有力週刊誌は「為替は1ドル１００円突破があり得る」と騒ぎ立てました。このような局面で投資家の不安をあおる雑誌は売れます。

一方、投資指標の**リスクプレミアム**は6・79％と史上最高値を更新しました。

■リスクプレミアム
株式投資など、リスクのある投資に対して求められる期待収益率のこと。例えば、日経平均株価の年間上昇率が5％で国債の利回りが1％の場合、リスクプレミアムは差し引き4％となる（5％－1％）。

この水準は「来期（2016年度）の企業業績の35％減益を織り込んだことを意味する」（三菱UFJモルガン・スタンレー証券）そうです。

4割減益？　外部環境の大幅な悪化がない限り、まったくあり得ない話です。現在、企業の収益力は「失われた25年」の苦境時代に敢行したリストラ、事業再編などによって、著しく強化されています。損益分岐点は劇的に低下しています。

それなのに、2月12日の日経平均株価は760円安の1万4952円（ザラバ安値は1万4865円）と、大きく売り込まれました。この水準のPERは12・97倍、PBRは0・99倍（1倍割れ↓この日は東証1部上場の57％の銘柄がPBR1倍台割れ、19％の銘柄が0・5倍割れ）でした。東証1部の加重平均利回りは2・35％になったのです。

別表は、過去のPBR1倍割れ局面（リーマン・ショック直後）と現在の株式指標を比較したものです。時価総額は約252兆円が約507兆円に増え、予想PERは26・7倍が13・0倍に低下しています。

しかし、PBRは0・99倍が1・14倍になっているだけです。ROE（株主資本利益率）も0・81％が7・47％と大きく伸び、雇用市場では有効求人倍率

■PER

Price Earnings Ratio（ピー・イー・アール）の略称で、株価収益率のこと。株価と企業の収益力を比較することで株式の投資価値を判断する際に利用される。時価総額÷純利益、もしくは、株価÷一株利益（EPS）で算出される。

■PBR

Price Book-value Ratio（プライス・ブック・バリュー・レシオ）の略称で、株価純資産倍率のこと。PBRは、市場が評価した企業の値段（時価総額）が、会計上の解散価値である純資産（株主資本）の何倍にあたるかを表す指標。

過去のPBR1倍割れ局面と現在の比較

		2009年3月	2016年3月
株式市場	日経平均株価	8109.53 （月末）	17000.98 （3/23）
	TOPIX	773.66 （月末）	1364.20 （3/23）
	時価総額（東証1部）	約252兆円 （月末）	約507兆円 （3/23）
	売買代金（東証1部）	約1.4兆円/日 （月平均）	約2.3兆円/日 （月平均）
	出来高（東証1部）	約21.4億株/日 （月平均）	約22.5億株/日 （月平均）
PER（TOPIX）	予想PER	26.7倍 （月末）	13.0倍 （3/23）
PBR（TOPIX）	実績PBR	0.99倍 （月末）	1.14倍 （3/23）
ROE（東証1部）	予想ROE	0.81% （月末）	7.47% （3/23）
配当利回り	予想配当利回り	2.64% （月末）	2.08% （3/23）
外国人持ち株比率	外国人持ち株比率	23.5%（2008年度末）	31.7%（2014年度末）
為替	円/ドル	98.96円/ドル （月末）	112.38円/ドル （3/23）
長期金利	10年国債利回り	1.340% （月末）	▲0.105% （3/23）
	5年国債利回り	0.780% （月末）	▲0.235% （3/23）
原油価格	WTI原油先物	49.66ドル/バレル（月末）	39.79ドル/バレル（3/23）
雇用市場	有効求人倍率	0.52倍 （3月）	1.28倍 （1月）
	失業率	5.1% （3月）	3.2% （1月）
時価総額トップ5（東証1部/月末）	1位	トヨタ自動車 10.76兆円	トヨタ自動車 20.38兆円
	2位	NTTドコモ 5.88兆円	NTTドコモ 10.63兆円
	3位	NTT 5.87兆円	NTT 10.45兆円
	4位	三菱UFJ 5.54兆円	JT 9.15兆円
	5位	ホンダ 4.25兆円	KDDI 8.37兆円

（出所）ダイワ投資情報ウィークリー

が0・52倍が1・28倍と著しく改善しているのです。

ちなみに、2016年3月30日にアイルランドは償還が「2116年」の「100年債」（1世紀債）を発行しました。この表面利率が年利2・35％だったのです。いつでも売れる株式と「100年債」、どちらが有利か、明白ではありませんか。

だからこそ株式投資だ、と筆者は主張しています。**三菱UFJフィナンシャル・グループ（8306）**は2月12日に431・9円の安値まで売り込まれました。2015年6月1日の高値（936・8円）に対し、下落率は53・9％です。この水準に対する配当利回りは4・2％になります。

一方、**みずほフィナンシャルグループ（8411）**は2月12日に149・3円の安値まで売り込まれました。この水準の配当利回りは5・0％に達します。このような株価水準が、いかに〝異常値〟であったかはその後の株価の戻りを見ても明らかです。

2016年も三菱UFJフィナンシャル・グループは1000億円の**自社株買い**を発表しています。上場企業全体では自社株買い、増配が急増しています。これが投資価値を向上させます。

■自社株買い
過去に発行した株式を自社の資金を使って直接買い戻すこと。自社株を買い入れて消却すると、1株利益を計算する際の発行済株式数が減少するため、1株当たりの価値が上昇する。1株利益が増加すればPERが低下し、株価の上昇要因となる。また、自社株を買うと純資産が減少するため、ROE（株主資本利益率）も改善する。

COLUMN

杉村富生のブレイクタイム…… 5

株式投資ブームを先取りする富裕層のいら立ち

利があればいずこより来るカネのヘビ、われもわれもと買いの行列！――兜町（株式市場）のことわざです。さらに、他人の不幸は蜜の味といいます。逆に、他人の幸せは我が身の不幸となります。「隣のダンナ、株で大損したらしいわよ」。こんな話は盛り上がります。晩酌がうまい。夫婦円満のきっかけになります。

しかし、知り合いが株で儲かったとなると、話は別です。「あんたもやったら……」とか、「お前こそヒマなんだから株の勉強をしたらどうだ」などと夫婦関係はギクシャクします。ただ、こんな動機の株式投資では失敗するのが目に見えています。ちなみに、相場格言は「他人の商いをうらやむな！」と教えています。また、先人は「けなり商いは厳禁」と。「けなり」とは、ねたみのことです。

そう、他人を気にせず自分の主義主張、行動（相場道）を貫け、ということです。株式市場は2015年の夏以来、厳しい展開が続いています。

しかし、明らかに流れは変わりつつあります。この潮流の変化を見逃してはいけません。富裕層は異常な低金利にいら立ちを募らせています。早晩、1980年代のような猛烈な株式投資ブームが訪れるでしょう。

アートスパークホールディングス（3663）は、自動運転の本命的な存在のZMPに出資しています。株価は商いを伴って堅調です。

個人金融資産1741兆円のうち、902兆円の現金・預金が動き始める！

✪100万円を1年間預けてもたった8円の利息では……

日本の家計の金融資産は1741兆円（2015年12月末）に膨らんでいます。このうち、51・8％の902兆円が現金・預金です。まさに、「趣味は貯金」の国民性が如実に表れています。

超低金利時代だというのに、これはどうしたことでしょうか。この背景には、①老後の不安（年金はあてにできない）の存在に加え、②資産の7割が不動産のため換金性に乏しく、万一の急な備えの資金がいる、③金融資産の6割を所有する高齢者がリスクを嫌う、④投資教育の不備――などを指摘できます。

しかし、現状はそんなことをいっている場合ではありません。マイナス金利の余波を受け、2016年3月末現在、メガバンク、ゆうちょ銀行の普通預金金利は0・001％になっています。これは100万円を預け、1年間の利息は10円、税引き後の手取りは何と8円ということです。バカバカしいにもほど

用語解説

■家計の金融資産
各世帯の家計（個人）が持つ金融資産のこと。現金、預貯金をはじめ投資信託、株式、国債、社債など有価証券の形で保有するもの全般を指す。土地、家屋など現物の資産と対比して使われる。なお、各世帯の家計が保有する財産には金融資産、不動産などプラスの財産（資産）とローン、クレジットなどマイナスの財産（負債）の2種類があり、純財産残高は資産から負債を差し引いて求める。

家計の金融資産の52%弱が現金・預金

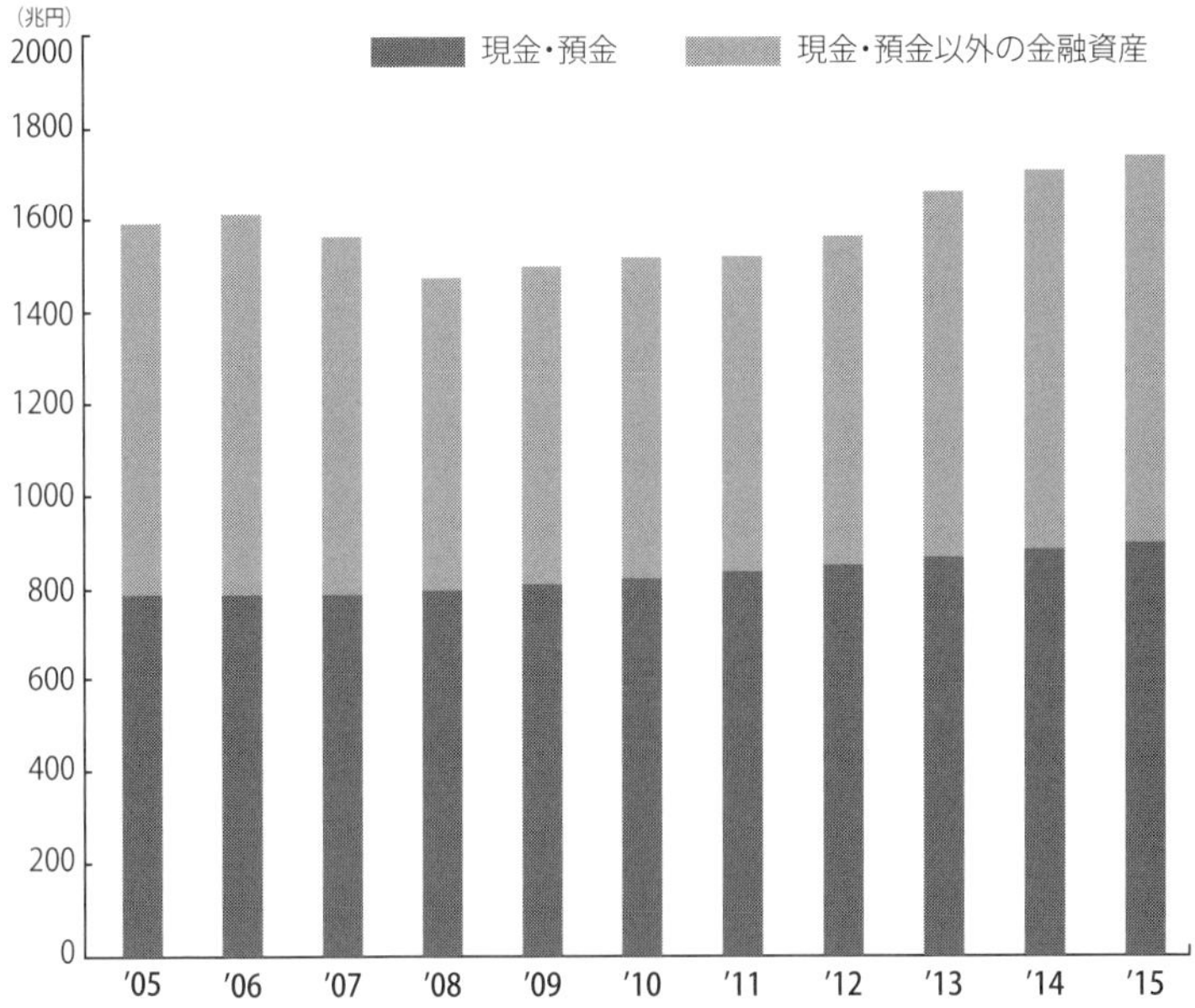

家計の金融資産計1,741兆円のうち、
902兆円が**現金・預金!**

		2015年				2015年12月末 残高（兆円）（構成比%）
		3月末	6月末	9月末	12月末	
前年比（%）	金融資産計	1,716	1,734	1,702	1,741	1,741（100.0）
	現金・預金	2.1	2.2	1.9	1.3	902（51.8）
	債務債券	▲7.1	▲10.4	▲10.7	▲11.5	25（1.4）
	投資信託	21.6	19.5	5.8	4.1	96（5.5）
	株式等	12.9	11.5	▲4.5	2.9	169（9.7）
	保険・年金・定型保証	3.8	3.1	2.1	1.5	510（29.3）
	うち保険	2.0	1.9	1.5	1.5	353（20.3）
	その他	24.6	16.2	13.7	12.1	39（2.2）

（出所）総務省「家計調査」

があります。

先日、筆者は振込みをする必要があってある銀行の支店に行ったのですが、同じ銀行の支店内の振込みなのに、手数料を540円とられました。この金額を普通預金の利息（1年間）で稼ぐには、6750万円の資金がいります（計算式＝540円÷8円×100万円）。

このような状況下、「もうタンス預金のほうがマシ」と考える人が増えているようです。実際、2万〜10万円の家庭用金庫がよく売れていると聞きます。

しかし、自宅に現金を置くタンス預金は危険です。盗難、火災のリスクがあるからです。ちょっと古い話ですが、関東大震災のときタンス預金は全滅、猛火に金庫も中が燃えてしまったと伝えられています。

折悪く、関東大震災の直前に金融危機が発生し、当時は**預金保険機構**などなかったこともあって、多くの人が現金を自宅に保管していたのです。

さらに、先の戦争での空襲です。加えて、終戦直後、政府は年率600%を超えるハイパーインフレのもと、預金封鎖と新円切り替えを断行しました。預金の引き出しが制限され、タンス預金の紙幣は**証紙**がなければ使えなかったのです。この間、わずか1年半の間に、現金・預金の価値は実質50分の1になっ

■預金保険機構
日本の預金保険法に基づく認可法人。預金者の保護と信用秩序の維持を主な目的としている。

定期預金や利息のつく普通預金は、預金者1人当たり1金融機関ごとに合算され、元本1000万円までと破綻日までの利息等が保護される。

たといわれています。ことほどさように、タンス預金はリスクが高いことが分かるではありませんか。

✪マイナス金利導入直後の高値を上回る銘柄に注目

マイナス金利導入の決定が発表された翌営業日（２０１６年2月1日）の日経平均株価は1万７６９９円で始まり、同日、1万７９０５円まで上昇しました。終値は1万７８６５円です。前日比３４６円高と政策当局の狙いがひとまず好感されたかたちです。

しかし、先にも述べたとおり、この勢いは続きませんでした。マーケットはマイナス金利のプラス面より「マイナス面」を懸念したからです。日経平均株価は、２０１６年5月31日時点で2月1日につけた高値を抜いていません。戻り高値は4月25日の1万７６１３円です。これは2月1日の高値に対し２９２円割り負けています。

一方、個別銘柄の値動きはどうでしょうか。日経平均株価に採用されている２２５銘柄のうち、その多くは２０１６年4月末日時点で2月1日につけた高値を下回っています。しかし、2月1日の高値をその後大きく上回った銘柄も

▒証紙
代金・手数料などの支払い、品質・数量などを証明するために、商品や書類にはりつける紙のこと。なお、収入証紙は都道府県に対して支払う手数料、使用料を現金支払いに代えて納めるためのものを指す。

あるのです。下の表は、その代表的な銘柄です。

コナミホールディングス（９７６６）は、4月19日に３８５５円まで値上がりしました。以下、**東邦亜鉛（５７０７）**が2月1日の高値２５０円→３３６円（3月7日）と34・4％上昇、**ヤマハ（７９５１）**＝上昇率22・7％、**太平洋金属（５５４１）**＝上昇率21・3％などと、日経平均株価に対し、大幅な値上がりを見せています。

このほか、表にはありませんが、**三菱商事（８０５８）**は2月1日の高値１９５６・５円が3月8日に２１０４・０円（上昇率7・5％）、**住友商事（８０５３）**は2月1日の高値１１９５・０円が3月8日に１２６３・５円（上昇率5・7％）と値上がりしています。

マイナス金利導入直後の高値を上回って推移した主な銘柄

コード	銘柄	2月1日の高値（円）	4月末までの高値（円）	上昇率（％）
9766	コナミホールディングス	2,795	3,855 (4/19)	37.9
5707	東邦亜鉛	250	336 (3/7)	34.4
7951	ヤマハ	2,913	3,575 (3/17)	22.7
5541	太平洋金属	301	365 (4/28)	21.3
6674	ジーエス・ユアサコーポ	423	509 (4/20)	20.3
6366	千代田化工建設	880	1,036 (3/14)	17.7
6703	OKI	140	164 (3/22)	17.1
2432	ディー・エヌ・エー	1,780	2,077 (4/25)	16.7
2531	宝ホールディングス	851	990 (4/27)	16.3
4689	ヤフー	465	523 (4/19)	12.5
	日経平均株価	17,905	17,613 (4/25)	▲1.6

（注）対象は日経平均採用銘柄。上昇率は2016年2月1日の高値に対する同年4月末までの高値

三菱商事は、3月24日に2016年3月期の連結最終利益を1500億円の赤字に転落すると発表しました。同日、1873円まで急落したものの、すぐに2月1日の高値を上回りました。住友商事もほぼ2月1日の高値近辺に位置しています。もっとも、これは売り方の買い戻しによるものと思われます。ただ、両銘柄とも目先的に株価の本格上昇は厳しいですね。

一方、今年に入って逆行高を演じたのは、まさに、第4章で紹介したような「テーマ性を有する〝小物〟を狙え！」の銘柄群でした。これらの銘柄が引き続いて物色の中心になるでしょう。そう、ポートフォリオに欠かせません。

具体的には**サン電子（6736）**、**そーせいグループ（4565）**、**ベリサーブ（3724）**、**MRT（6034）**、**RVH（6786）**、**EJ**

▼コナミホールディングスの日足

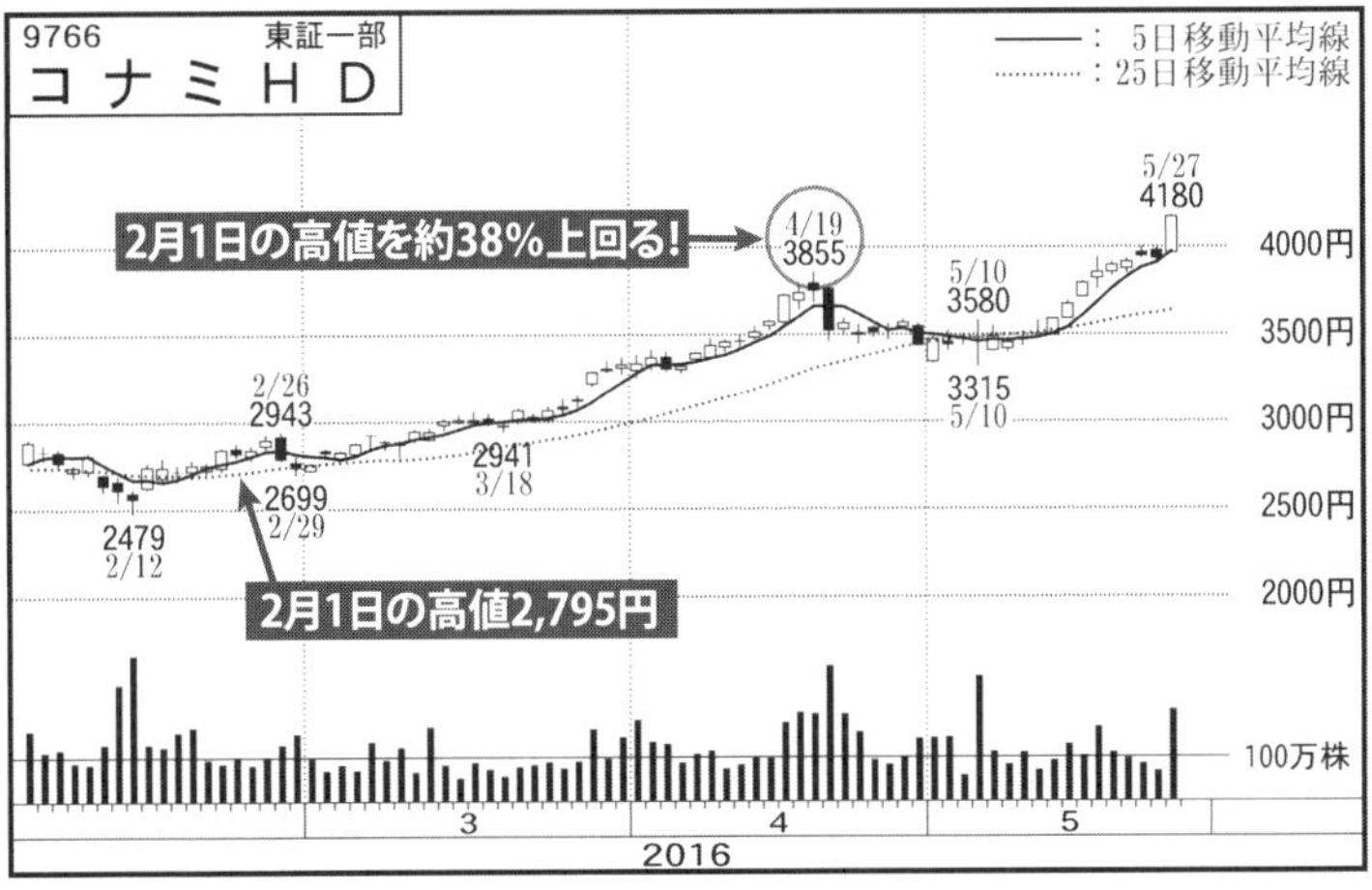

A（6063）、モルフォ（3653）、フィスコ（3807）、JIG-SAW（3914）、シリコンスタジオ（3907）、セレス（3696）、ロゼッタ（6182）、ブランジスタ（6176）、ネクシーズグループ（4346）などです。

✪マイナス金利が加速化させるフィンテック&ブロックチェーン関連

注目したいのは、マイナス金利がフィンテック&ブロックチェーン、およびビットコインなど仮想通貨の普及を加速することです。フィンテックとは金融（ファイナンス）とテクノロジーを組み合わせた造語です。最新のIT技術を使った新しい金融サービスを意味します。

スマートフォン、ビッグデータなどの技術を

▼ベリサーブの週足

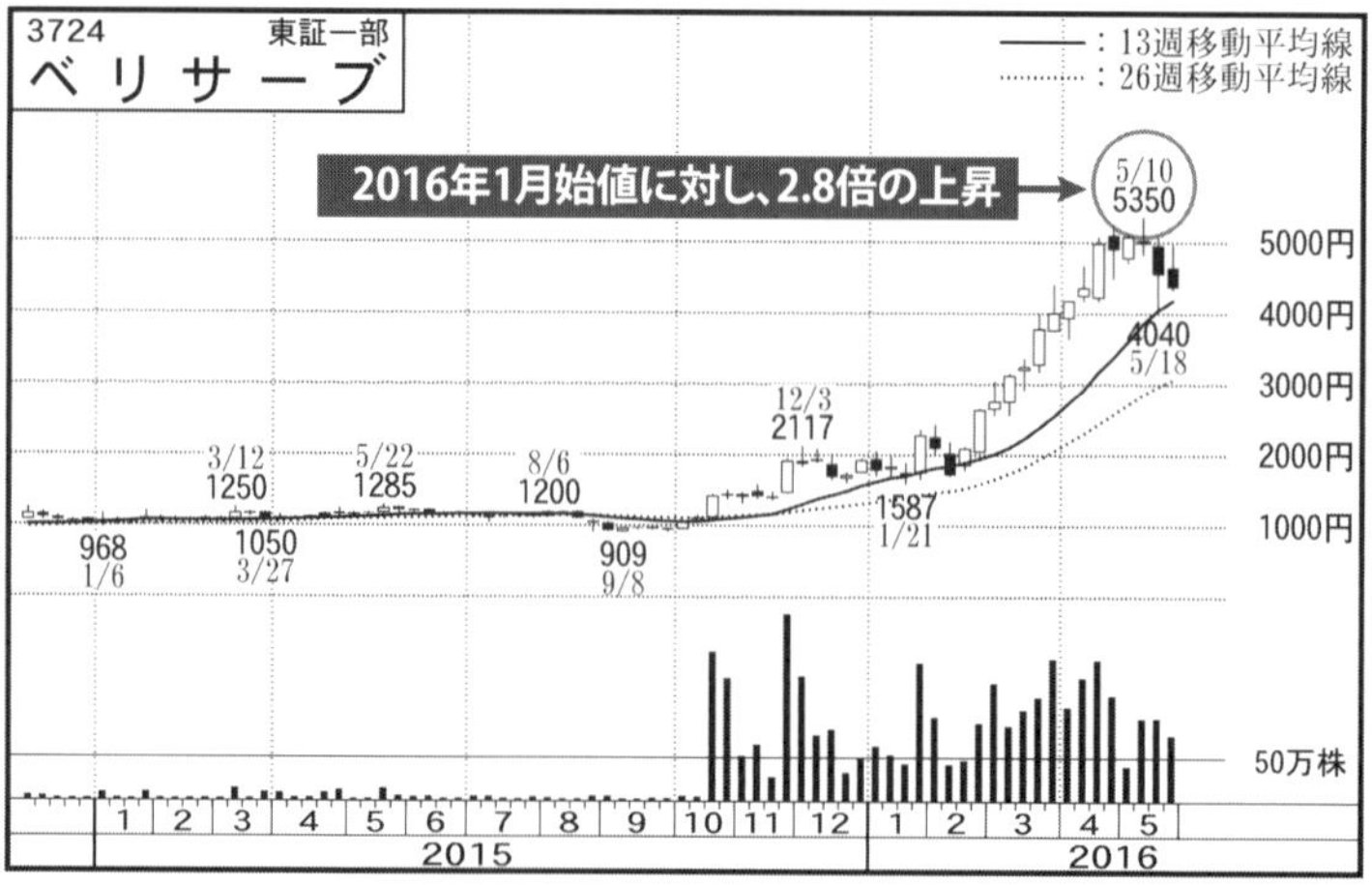

使った便利な金融サービスが次々に誕生し、企業間の取引のみならず個人の生活も大きく変わろうとしているのです。これは「フィンテック革命」と呼ばれ、この流れは世界中で進むと見られています。各国の中央銀行がこれを支援しているのです。

筆者は、フィンテック&ブロックチェーンが2016年後半相場のメインテーマになると主張しています。このほど、ブロックチェーン推進協会（BCCC）が発足しました。さらに、日本ブロックチェーン協会（JBA）も設立されました。

フィンテック関連銘柄には、**FFRI（3692）**、**サイオステクノロジー（3744）**、**インフォテリア（3853）**、**ドーン（2303）**、**ソフトフロント（2321）**、**フューチャーアーキテクト（2468）**、**ラクーン（3031）**、**さくらインターネット（3778）**、**セレス（3696）**、**フィスコ（3807）**などがあります。大きいところでは、**オリックス（8591）**、**SBIホールディングス（8473）**なども加えることができます。

ブロックチェーンは**仮想通貨**であるビットコインの基盤技術です。これを応用した革新的なサービスが提供され始めています。欧米では金融機関もこぞっ

■**ブロックチェーン**
フィンテックの中核技術のこと。仮想通貨「ビットコイン」の取引記録（管理技術）をベースにしている。一連の取引をブロックと呼ばれる集合体にまとめて記録、それを時系列に鎖状（チェーン）につなげて暗号化し保存する。この技術を使えば、仮想通貨の不正（コピー、偽造）を防止することができる。

て参入しており、金融業界に大変革をもたらすのではないかと推測されていま す。いや、そうなるでしょうね。

このような世界的な流れを背景に、日本でも金融庁が遅まきながらビットコインなど仮想通貨を「貨幣」として認定しました。仮想通貨の法規制案がニュースとして伝わったことで、仮想通貨関連銘柄の値動きに勢いが出ました。このセクターの〝核企業〟はOrp、ビットフライヤー、テックビューロ（いずれも非上場）などです。

仮想通貨は詐欺事件などでイメージを悪化させた時期もありましたが、金融庁のお墨付きが出ました。仮想通貨に対する意識が大きく変わろうとしているのです。

ブロックチェーン・仮想通貨関連銘柄としては、**マネーパートナーズグループ（８７３２）**、**ＧＭＯペイメントゲートウェイ（３７６９）**、**ＪＩＧ－ＳＡＷ（３９１４）**、**セレス（３６９６）**、**メタップス（６１７２）**、**リアルワールド（３６９１）**などがあります。日銀は２０１６年３月に「決済システムフォーラム」を開催しており、リテール決済の新潮流として今後の動向にマーケットの関心が高まっています。

■仮想通貨

仮想通貨とは、インターネット上で流通する貨幣価値のこと。２００９年に開発されたビットコインは世界中に流通するようになり、その価格は急上昇した。日本でも、政府が資金決済法などの改正案を閣議決定したことで、決済手段の1つと位置づけられることになった。

FinTechとは

Finance（金融）×Technology（技術）

→金融と技術（IT）をかけ合わせた領域のこと

FinTech革命

家計管理
スマホなどで家計を一元管理

カード決済
スマホに端末をつけて決済

業務支援
クラウド上で会計処理

投資支援
AI（人工知能）を活用した銘柄選び

投融資
個人間（他国の人を含む）で直接投融資

フィンテック系ベンチャー企業の国内市場規模推移（予測）

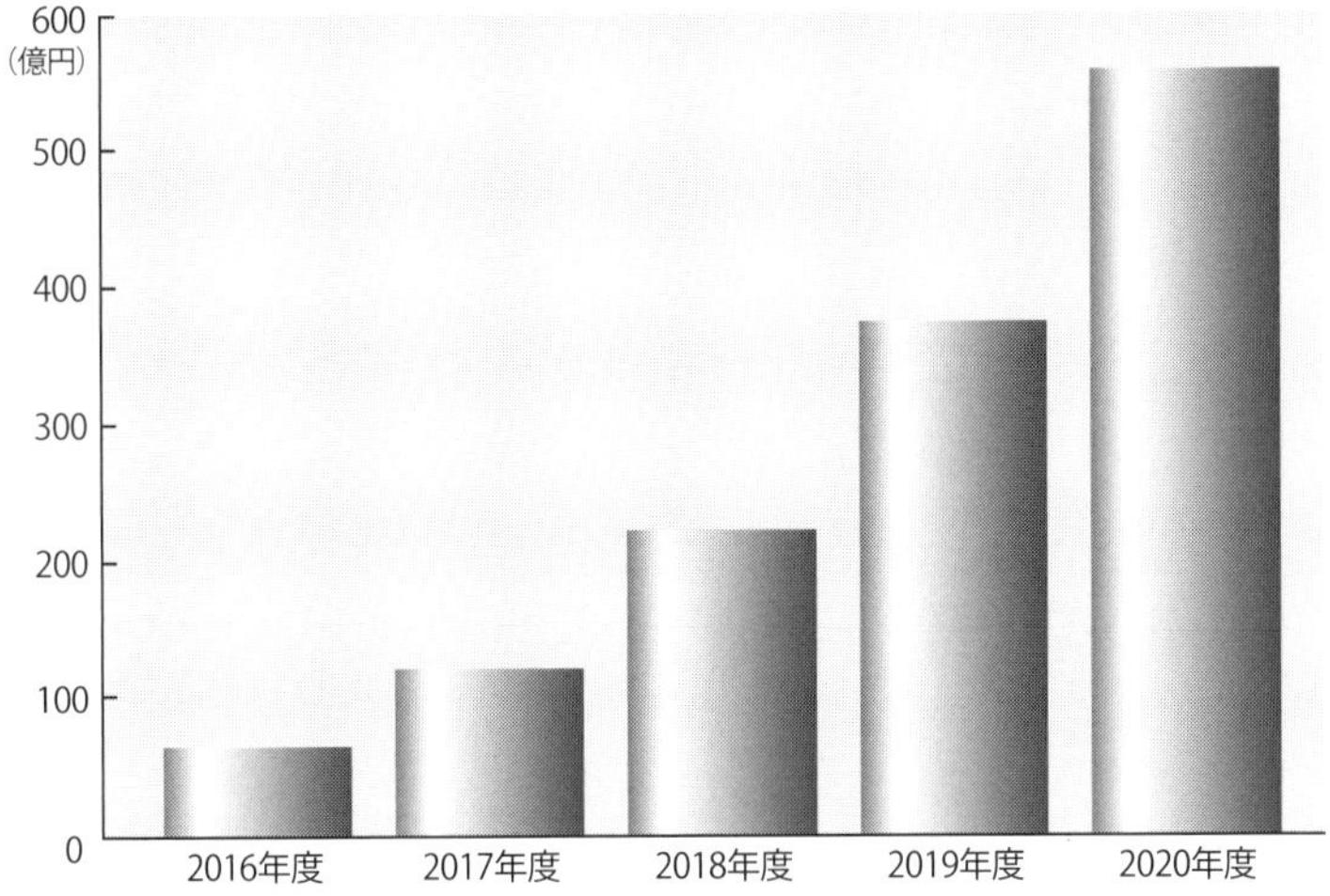

（出所）矢野経済研究所

✪増配、自社株買い実施企業が急増

欧州の経験では、ＥＣＢ（欧州中央銀行）のマイナス金利導入後、株式市場では配当利回りが高い銘柄を中心に買われました。業種的には通信、サービスなどの**ディフェンシブ・セクター**がアウトパフォームした一方、景気敏感株は敬遠されたのです。

マイナス金利は景気の低迷を背景に導入されたものであり、景気の先行きが懸念される局面では利回りで買える銘柄に投資家の資金が流入したのです。高配当利回り銘柄は、マイナス金利下では債券のような意味合いを強めるのです。一方、ＰＥＲ理論は通用しません。

日銀が目論むとおり、マイナス金利がプラスに働いて景気が回復すれば、今度は高配当利回り銘柄から**景気敏感株**に資金シフトが起こるでしょう。

国債の利回りは一段と低下し、本業で稼ぐ利ザヤの縮小に悩む金融機関は、「脱債券投資」を余儀なくされています。そのときターゲットになるのは、株主還元に積極的な銘柄です。

また、マイナス金利が長期化する場合、負債比率の高い企業、株主還元策

■**ディフェンシブ・セクター**

企業業績が景気変動の影響を受けにくい業種のこと。食品、医薬品、鉄道などのセクターを指す。これらのセクターに属する銘柄は下値抵抗力があり、全体相場急落の際でも押し目買いが入りやすい。

■**景気敏感株**

景気動向によって受注、業績、株価が大きく左右される銘柄（株式）のこと。具体的には、紙パルプ、化学、鉄鋼といった素材産業や工作機械メーカー、運輸産業などの銘柄を指す。これらの株価は、景気回復局面で力強く上昇する傾向がある。

に注力している企業がその恩恵を受けます。次ページの表は**負債比率**が高く、なおかつ収益性も高い主な企業のリストです。**マルハニチロ（1333）**、**王子ホールディングス（3861）**、**J－POWER（9513）**、**日産自動車（7201）**などに注目できます。

マルハニチロの2017年3月期の最終利益は90億円と、前期比2・2倍になります。1株利益は171円（前期は78円）の予想です。配当は30円を継続します。

株価は全体相場に逆行する動きで、抜群に強いですね。2016年5月10日には2589円と、上場来高値を更新しています。一段高が期待できるのではないでしょうか。

同じく、日産自動車は円高を克服、前期並みの収益を確保して配当は6円増の48円とします。J－POWERの2017年3月期は横ばいの予想ですが、70円配当を継続します。セクター的には不動産などに有利に働く反面、銀行、保険は逆風にさらされる可能性があるとの見方があります。ただ、総じてこれらの銘柄の株価は売られすぎです。

マイナス金利によって、企業は債務を増やしやすくなりましたが、景気の先

■**負債比率**

企業財務の健全性（安全性）を見る指標の1つで、企業の自己資本に対する他人資本（有利子負債等）の割合を示す数値。計算式＝他人資本÷自己資本×100。通常、100％（1倍）を下回ると財務が安定しているとされ、この数値が低いほど「借金の少ない会社」ということになる。

負債比率が高く、利益成長力のある企業

コード	銘柄	ネットD/E レシオ(倍)	利益成長率 (%)	株価 (円)
8830	住友不動産	3.5	4.9	3,088
1333	マルハニチロ	3.1	78.4	2,589
9044	南海電気鉄道	2.5	14.9	584
9513	J-POWER	2.2	19.9	2,816
3003	ヒューリック	2.0	19.0	1,088
9001	東武鉄道	2.0	21.1	562
9006	京浜急行電鉄	1.8	4.7	1,044
2501	サッポロHD	1.4	51.3	591
5801	古河電気工業	1.3	51.1	267
3861	王子HD	1.2	49.9	447
7201	日産自動車	1.2	23.8	1,105
2768	双日	1.2	20.7	249
3941	レンゴー	1.1	151.5	674
8088	岩谷産業	1.1	82.6	627

(注)利益成長率は連結営業利益の比較(2014年度→2015年度)、株価は2016年5月30日終値

(出所)ゴールドマン・サックス・グローバル調査部

行きに不安がある以上、手持ち資金を設備投資などにおいそれと投入できません。

しかし、マイナス金利政策が国策である以上、大企業はこれを無視し続けることはできないでしょう。マーケット、投資家の目も厳しさを増しています。投資も何もせず、資金を貯めるだけ貯め込んで**「キャッシュリッチ企業」**など と自慢することは許されなくなっているのです。

投資などに資金を振り向けない企業はどうしたらいいのでしょうか。消去法として、とりあえず株主還元策を実施するしか道はありません。NY市場では2015年に5740億ドル（63兆円）の自社株買いが実施されたといわれています。日本では今後、増配、自社株買いに走る企業が続出するのではないでしょうか。

この流れは当分続くでしょう。増配、自社株買いを実施した企業の株価は値上がりします。ここに、株式投資の妙味が発生します。すなわち、ピンポイントの個別物色です。

しかし、現状、企業は投資に慎重姿勢を崩さず、銀行の融資も増える兆しが見えません。個人も先行き不安のせいで消費を手控えています。好調なのは富

■ネットD／Eレシオ
負債比率を見る指標。「負債資本倍率」とも呼ばれ、（有利子負債－現預金）÷自己資本で算出される。これは返済義務のある有利子負債が、どれだけ返済義務のない株主資本でカバーされているかを示し、1倍を上回るほど負債比率が高いとされる。

■キャッシュリッチ企業
手元資金が有利子負債を上回り（実質的に無借金）、現金や預金など流動性の高い金融資産を多く保有している企業のこと。このような企業は増配、自社株買いなどの株主還元策を行なう可能性が高いため注目されるが、企業買収の候補にもなりやすい。

裕層が物色する超高級品と低所得者を中心に買われている廉価品であり、その間の〝中流品〟が不振を極めている、といわれています。大手総合スーパーが苦戦しているのはその証左でしょう。アメリカもそうですが、中流階級が消えつつあるのです。

よって、景気はマイナス金利下にあるにもかかわらず、なかなか好転しません。したがって、TOPIX（東証株価指数）、日経平均株価など全体相場を表す指数はここ当分、ある一定のレンジで上げ下げを繰り返すことになります。

すなわち、ボックスゾーンの動き（往来相場）です。こうした局面では、主軸株については徹底した逆張り（安いところを買って、高いところを売る）戦術が有効です。

株主還元総額の推移（予測）

（注）2016年度以降は予想

（出所）ゴールドマン・サックス・グローバル調査部

終章

▼投資メド2018年〜2020年

長期目線で断然「買い！」の株

厳選10

長期投資に耐え得る銘柄はテーマ性内包に加えて3～5年後の収益急拡大が予想される企業

✪足元の業績ではなく将来的な業績の伸び、事業のユニークさが大事

第2～4章のトリプル投資作戦では、事業内容、業績見通しなどをベースに、主にどのようなところで買い、どのようなところで売ればいいかについて注目銘柄を例に解説しました。どんなに事業内容が魅力的で、なおかつ好業績の銘柄でも、買っていいときとそうでないときがあります。今すぐに買えばいいということではなく、株式投資で成功するためには売買タイミングが一番大切なのです。

前にも述べましたが、第2～4章の銘柄については、その投資メドを2016年12月末～2017年12月末においてあります。やや短期的、および中期的な目線で選んだことになります。

これに対し、この終章ではより長期的な目線に立ち、筆者が断然「買い！」と思う銘柄を取り上げてみたいと思います。まず、2018年末を投資メドとして5銘柄選んでみました。ここでも銘柄選択の基本は、「テーマ性内包の好業績・好需給銘柄」が、その条件となります。

長期目線で買ってみたい株〈投資メド2018年末まで〉の4本値と騰落率

コード	銘柄	始値(円)	高値(円)	安値(円)	直近値(円)	騰落率(%)
1959	九電工	2,176	3,400 (5/11)	2,078 (1/14)	3,270	50.3
3853	インフォテリア	950	1,640 (2/1)	831 (1/15)	1,173	23.5
6312	フロント産業	707.5	1,335 (4/25)	674.5 (1/12)	1,204	70.2
6788	日本トリム	4,200	7,950 (5/11)	3,665 (1/21)	6,400	52.4
9417	スマートバリュー	1,684	1,890 (4/12)	900 (2/12)	1,761	4.6

長期目線で買ってみたい株〈投資メド2020年末まで〉の4本値と騰落率

コード	銘柄	始値(円)	高値(円)	安値(円)	直近値(円)	騰落率(%)
2371	カカクコム	2,363	2,497 (1/6)	1,886 (4/6)	2,098	▲11.2
2427	アウトソーシング	3,155	4,660 (5/23)	2,493 (2/12)	4,490	42.3
3692	FFRI	9,740	10,070 (1/4)	3,410 (2/29)	4,470	▲54.1
7779	CYBERDYNE	2,026	2,621 (4/20)	1,454 (2/12)	2,529	24.8
9419	ワイヤレスゲート	1,823	2,453 (5/10)	1,240 (2/12)	2,130	16.8

[注]4本値は2016年の始値から同年5月30日までの株価。騰落率は始値に対する直近値(5月30日の終値)の比率。
( )内は高値、および安値をつけた日の日付

事業内容のユニークさも基準にしています。

次に、2020年末までを投資メドとして、「業績が着実に伸びる企業」の銘柄も5つピックアップしました。足元の業績ではありません。3～5年先の業績です。このアプローチは、「長期・逆張り」の投資戦術には欠かせません。

伸びる企業は、その多くが〝時代の流れ〟に沿っています。波に乗っているのです。テーマ性を有し、経営力が優れています。そうでなければ、この厳しい経済環境下、業績を拡大させることはできません。だからこそ、長期投資に耐え得るのです。

✪辛抱できれば業績低迷→安値圏銘柄のリバウンド狙いにも妙味

物色テーマとしては、これまで多くの事例を紹介してきました。ここでそのすべてを再度取り上げることはできませんが、国策に乗った自動車の自動運転関連、フィンテック&ブロックチェーン関連、バイオ・再生医療、子育て支援関連などは息の長い有望なテーマとなるでしょう。

長期投資においては、波乱相場に負けないテーマが不可欠となります。好テーマを抱えた企業は世相に乗った企業であり、その社会的なニーズの高まりが好業績、株価上昇をもたらすのです。

ただ、今回は取り上げていませんが、株価的には「反動」のセクターも見逃せません。すなわち、ここ数年、市況低迷などによって業績が大きく落ち込んだ企業のリバウンドです。このセクターの株価は基本的に安値ゾーンに放置されています。中国関連セクターなどもそうです。原油価格はとりあえず、底打ちしました。再度、下ブレがありそうですが、もう大丈夫ではありませんんか。

いくつか例をあげるなら、**住友金属鉱山（5713）**、**日本郵船（9101）**、**国際石油開発帝石（1605）**、**千代田化工建設（6366）**などがそうです。しかし、資源エネルギー価格は世界景気の回復とともに、上昇に転じると考えています。したがって、これらの銘柄

▼住友金属鉱山の月足

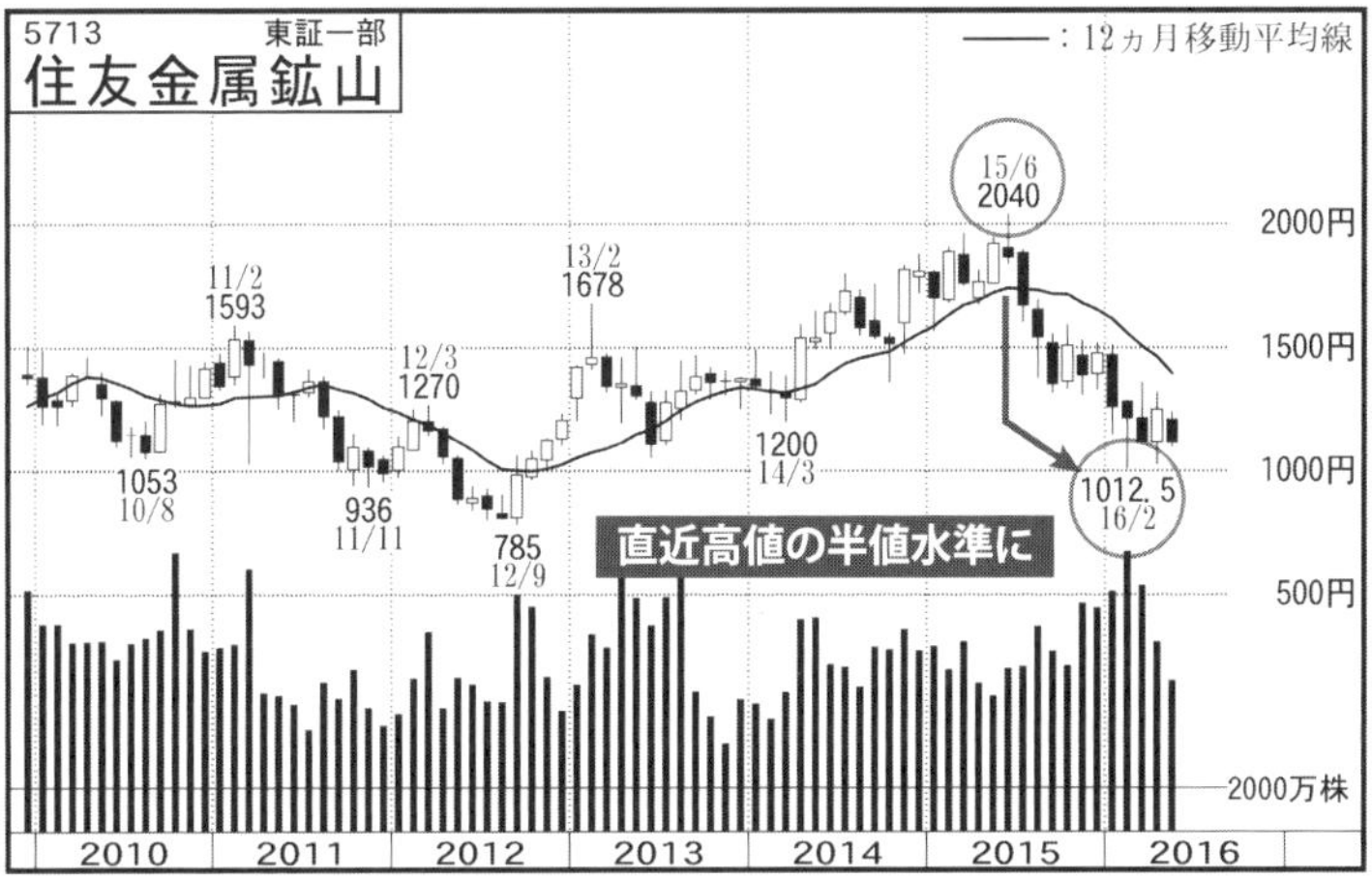

群は長期的な視野に立てば、仕込みの好機と判断できます。

とはいえ、これらのセクターは利食うのに時間がかかります。いかに、「辛抱する木にカネが成る！」とはいうものの、3〜5年の年月を耐えられるか――それが問題です。そうなのです。長期投資は、気の短い人には向いていません。

やはり、グロースにマトを絞るという観点では、第2章でも取り上げた**日本M&Aセンター（2127）**をはじめ、**エムスリー（2413）**、**MonotaRO（3064）**、**レーザーテック（6920）**、**楽天（4755）**などにも注目しています。参考にしてみてください。株価は抜群に強いですね。

九電工……［1959］

首都圏のビッグプロジェクト中心に受注絶好調
大幅増益を背景に上場来高値の更新続く

◉2017年3月期の1株利益は330円強に

同社は、九州が地盤の電気工事会社です。九州電力が筆頭株主になっています。しかし、九州電力向けの工事比率は2割弱にすぎません。最近は、首都圏での案件確保が際立っています。今後、2020年の東京オリンピック・パラリンピック、首都圏改造計画関連の仕事が増えるでしょう。

業績は絶好調です。2016年3月期の最終利益は179億円で着地（前期比55・4％増）、2017年3月期は210億円と続伸する見込みです。1株利益は330円強になります。配当は10円増の45円とする計画です。

収益構造は一変します。首都圏指向の企業のポテンシャルは、非常に大きなものになります。やはり、首都圏のマーケットは魅力的です。

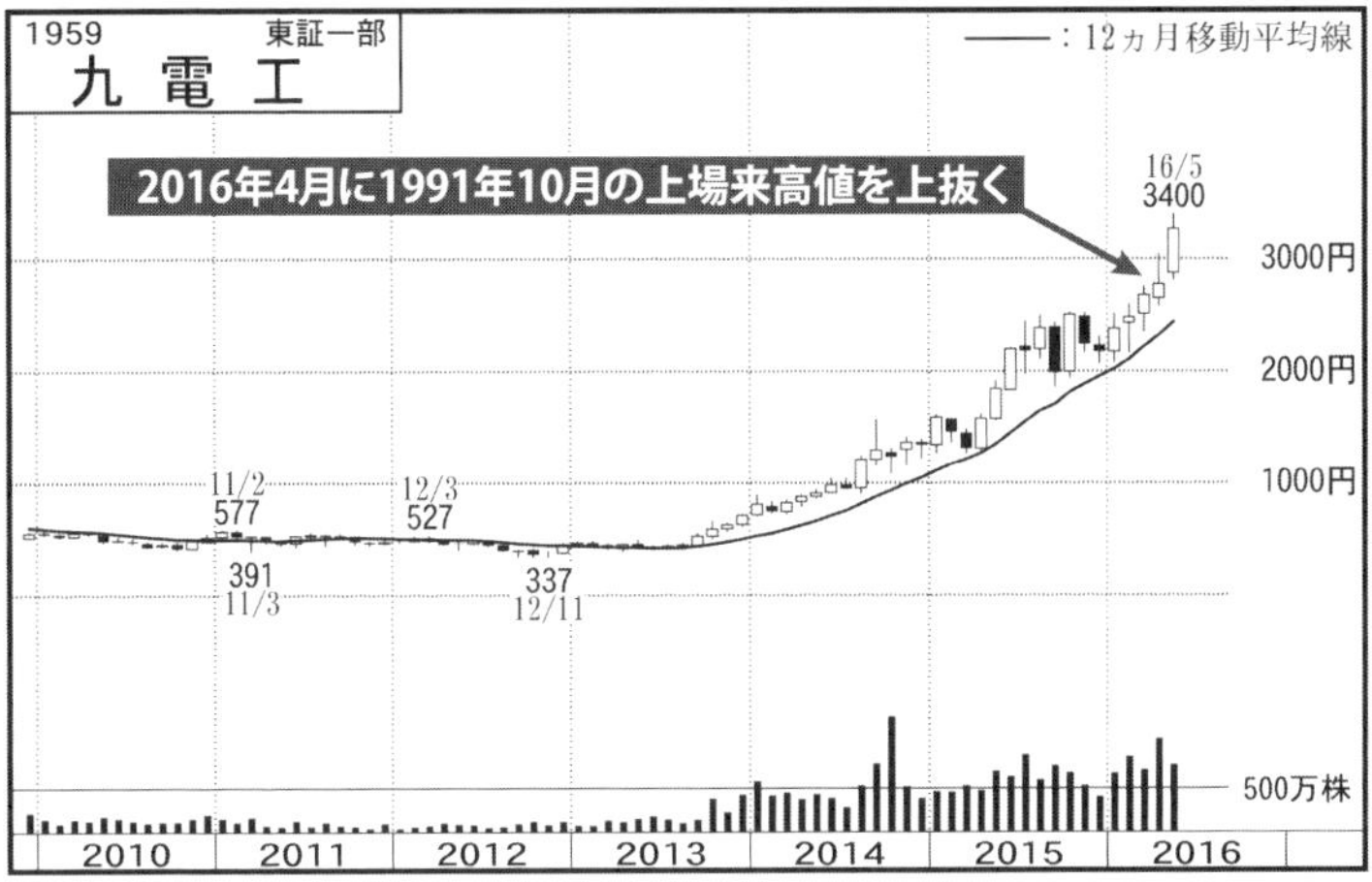

売買単位100株

投資メド2018年末までの有望銘柄 1

PER15倍相当の4,950円を狙う

◉株価は力強い上昇波動を描き、2016年5月11日には3,400円の高値をつけた。その後、調整しているが、3,200～3,300円がらみは積極買いの好機だろう。上値のメドは、PER（予想）15倍に相当する4,950円を目標にできる。

株価データ

▶配当利回り＝1.83%　▶PER＝10.76倍

▶PBR＝1.93倍　▶ROE＝15.81%

▶2010年以降の高値＝3,400円　▶2010年以降の安値＝337円

［第1目標値＝ 3,500 円　第2目標値＝ 4,950 円］

インフォテリア……［3853］

さくらインターネットと組み、フィンテック分野を強化中 急騰劇後の往来相場を抜ければ、大相場の可能性出る

◉ブロックチェーン大手のテックビューローに出資

同社はソフトの開発会社ですが、最近はフィンテック分野に注力しています。ＸＭＬ（インターネット上で様々なデータを扱う場合に利点を発揮する言語）を基盤技術としたソフト開発に強みを持っています。

フィンテック分野では、さくらインターネット（３７７８）と組み、ＩｏＴ技術の実証実験を始めているほか、国内有数のブロックチェーン技術を有するテックビューロー（未上場）に出資しています。２０１４年にはサイボウズ（４７７６）と提携するなど、話題性は豊富です。自動運転のＺＭＰに出資しているアートスパークホールディングス（３６６３）的なイメージと考えると、分かりやすいでしょう。足元の業績はいまひとつですが、将来性は高く評価できます。ＩＲ活動にも積極的に取り組んでいます。

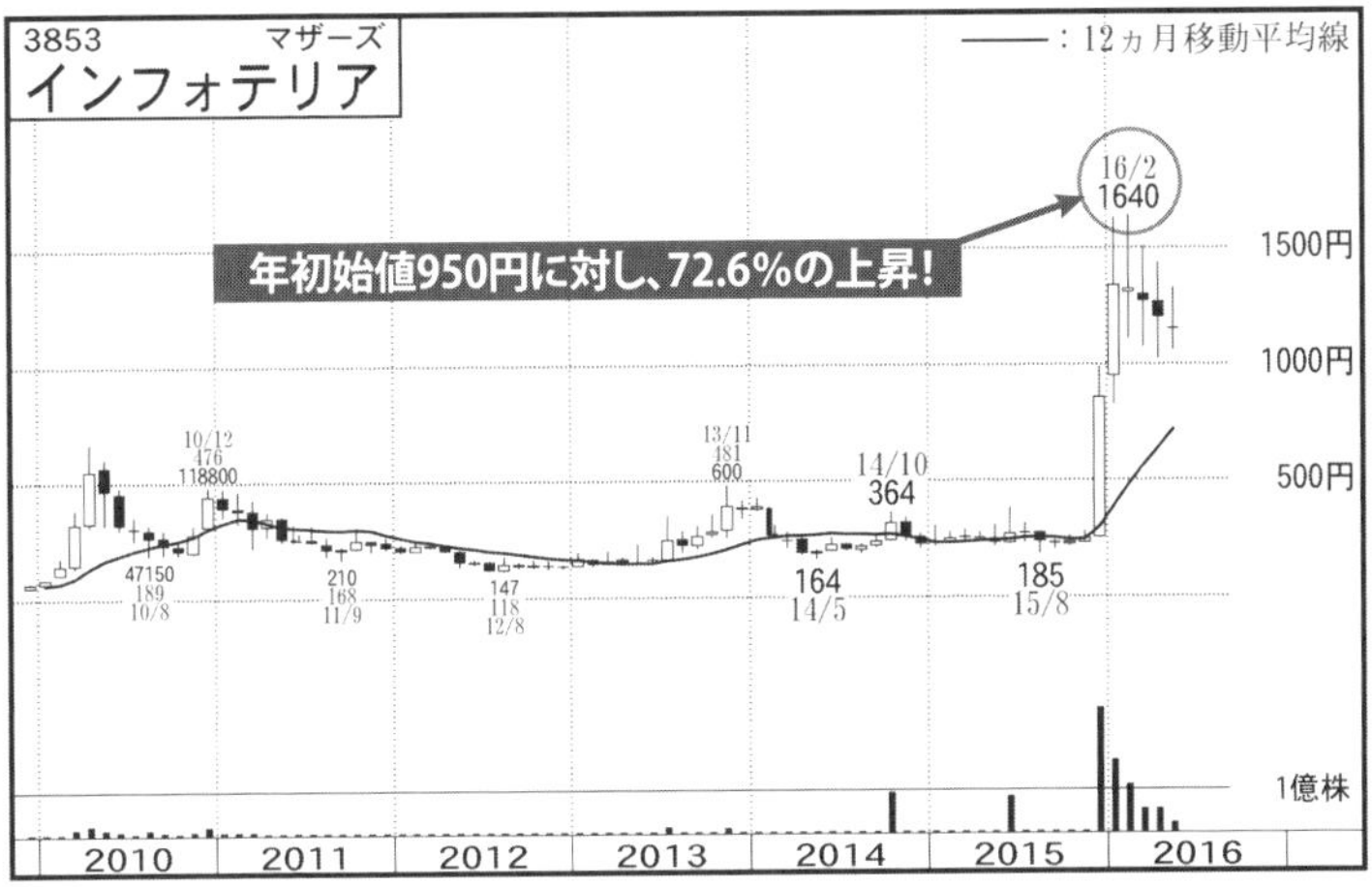

売買単位100株

1,000円トビ台の安値を拾う作戦

◉2015年12月に250円前後だった株価は、2016年に入り急騰。最近は1,000〜1,600円ゾーンでの往来相場となっている。4月6日には1,022円の安値があった。この水準が好買い場となる。第1目標値はとりあえず、2月1日の高値1,640円近辺としたい。

株価データ

▶配当利回り＝0.27%　▶PER＝248.38倍

▶PBR＝6.33倍　▶ROE＝2.49%

▶2010年以降の高値＝1,640円　▶2010年以降の安値＝118円

［第1目標値＝ 1,600 円　第2目標値＝ 2,400 円］

フロイント産業……【6312】

ジェネリック医薬品メーカーの設備投資拡大が追い風
3年ぶりの上場来高値更新後は堅調な値動き続く

◉2017年2月期も前期に続き2ケタ増益を見込む

機械メーカーである同社は、医薬品用自動フィルムコーディング装置など、医薬品製造装置を手がけています。医薬品などを製剤化する造粒装置は国内トップ（シェア約70％）です。同装置に使用するフィルムコーディング液を子会社で生産しており、この分野では世界的に知られています。国内ではジェネリック医薬品メーカーが旺盛な設備投資意欲を示しており、そのメリットをフルに受けています。

業績は好調です。2016年2月期は前期比9・2％増収、38・3％増益（最終利益）でした。2017年2月期は、連結最終利益が23％程度の増益となる見込みです。高水準の収益を確保できる見通しです。1株利益は64円の予想です。何よりもユニークな業態、ビジネスモデルが魅力です。

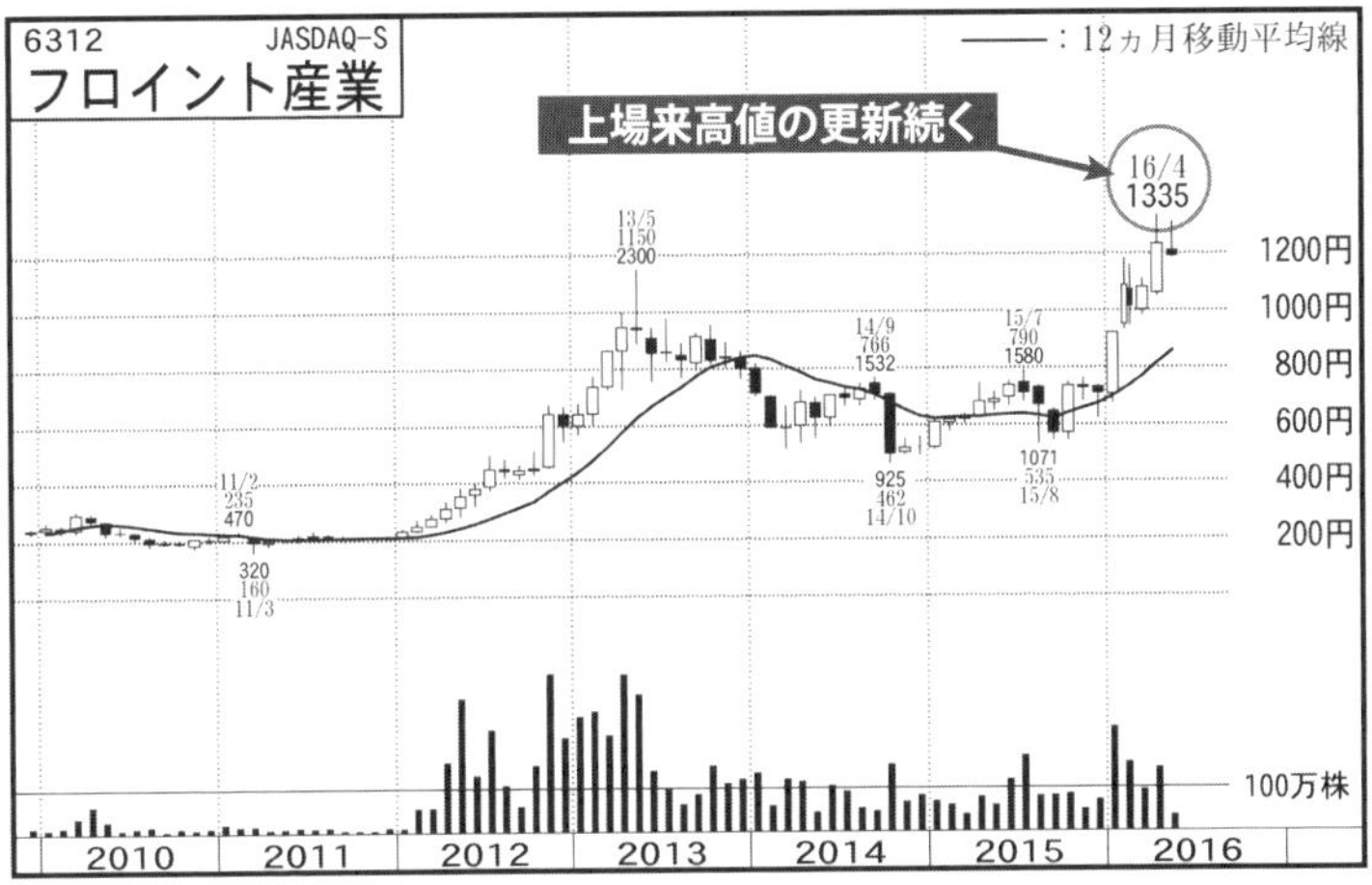

売買単位100株

1,000円がらみを着実に仕込む

◉株価は、2013年5月の上場来高値を抜いたあと、ジリ高を続けている。PER的に割安さはないが、心配は無用だろう。サプライヤー・テクノロジー企業との見方ができる。買いゾーンは1,000円がらみ。上値の第1メドは、1,500円前後の水準に設定できる。

株価データ

▶配当利回り＝1.26%　▶PER＝15.92倍

▶PBR＝1.79倍　▶ROE＝8.34%

▶2010年以降の高値＝1,335円　▶2010年以降の安値＝160円

［第1目標値＝ 1,500 円　第2目標値＝ 2,300 円］

日本トリム ……［6788］

三菱商事などと連携、中国に病院チェーンを展開
主力の整水器の販売絶好調、株価は抜群に強い動き

◉2016年3月期は大幅増収増益を達成、今・来期も続伸予想

日本トリムは、整水器販売を主業務としています。血液透析など新分野を開拓中です。さらに、生活習慣病患者が激増している中国に三菱商事などと連携、病院チェーン（10カ所）を新設します。何しろ、糖尿病患者が予備軍を含め2・4億人といわれている中国です。〝需要〟は大きいのではありませんか。

業績は絶好調です。2016年3月期は19・1％増収、61・0％増益（最終利益）を達成しました。営業利益は前々期の22億5200万円が31億2300万円に増えています。2017年3月期、2018年3月期とも増収益を確保できそうです。配当は前期が60円、今期は66円とする可能性があります。将来的には、業容一変の可能性（夢）を秘めた銘柄といえそうです。

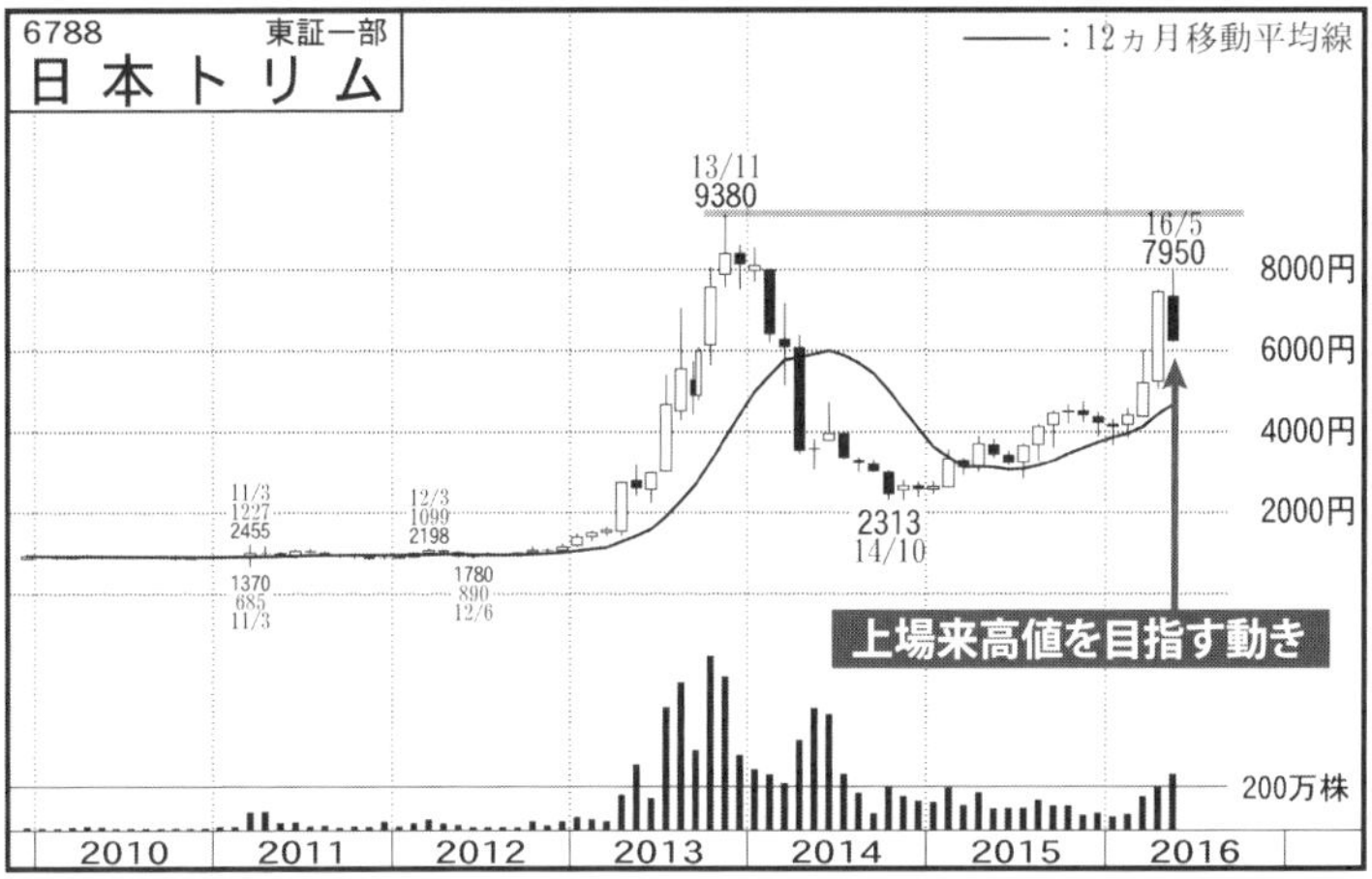

売買単位100株

上場来高値9,380円突破の期待が高まる

◉株価は抜群に強い。医療ツーリズム関連との切り口が評価されている。2016年5月11日には7,950円の高値をつけた。買いゾーンは6,000円がらみ、当面の上値メドは9,000円前後に設定できるが、上場来高値9,380円超えの可能性も大きい。

株価データ

▶配当利回り＝0.91%　▶PER＝20.90倍

▶PBR＝3.30倍　▶ROE＝12.21%

▶2010年以降の高値＝9,380円　▶2010年以降の安値＝685円

［第1目標値＝9,000円　第2目標値＝12,000円］

スマートバリュー……【9417】

主力のモバイル事業に加え、クラウド事業が自治体向けに伸びる
業績のV字型拡大期待を背景に、株価の水準訂正必至

◉会社側は経営の先行きにすこぶる強気

同社は、クラウドソリューションとドコモショップを運営しています。ＮＴＴ（日本電信電話＝９４３２）との関係が深い会社です。現在、自治体向けクラウドが伸びています。Ｍ２Ｍ／ＩｏＴサービス「ＣｉＥＭＳ ３Ｇ」は、ＮＴＴコミュニケーションのＩｏＴトライアルパックに採用されました。車輛の情報をクラウド上に送信し、アプリケーションで閲覧することができます。

業績は、２０１４年6月期より営業利益の増益が続いています。今後、Ｖ字型に伸長する見通しです。年間12・5円の配当を行なっています。２０１７年6月期は大幅増益が期待されています。会社側は経営の先行きに自信を持っており、すこぶる強気です。最近、主要取引先であるＮＴＴグループの元気さが目につきますが、これも株価を支援します。

売買単位100株

もみ合い放れの機運高まる

◉株価は、2016年4月12日に1,890円の高値をつけたあと、現在は1,300〜1,700円がらみの水準でもみ合っている。買いゾーンは1,500円近辺、当面の上値メドは2,100〜2,700円ゾーンに設定できる。4,715円の上場来高値がある。

株価データ

▶配当利回り＝1.45%　▶PER＝26.42倍

▶PBR＝2.13倍　▶ROE＝7.52%

▶2010年以降の高値＝4,715円　▶2010年以降の安値＝900円

［ 第1目標値＝ 2,100 円　第2目標値＝ 2,700 円 ］

カカクコム……【2371】

〝スマホ時代〟の恩恵をフルに享受、運営サイトが絶好調 5年後の最終利益が300億円超との予想も台頭

◉外国人の持ち株比率は41・5%と高評価

同社は、価格比較サイト「価格・ｃｏｍ」を運営しています。この規模は日本最大であり、〝スマホ時代〟が追い風となっています。人気レストランの予約などができるグルメサイトの「食べログ」も好調です。筆頭株主は、ベンチャー投資などを手がけるＩＴ企業のデジタルガレージ（４８１９）です。業務提携している電通（４３２４）も、発行済み株式数の約15%を保有しています。

２０１６年3月期に続き、２０１７年3月期も最高益が見込まれています。２０１７年3月期の最終利益は１５９億円の予想ですが、5年後には３００億円超となりそうです。配当は連続増配を続けています。外国人の持ち株比率は41・５%に達しています。外国人に評価されているのです。

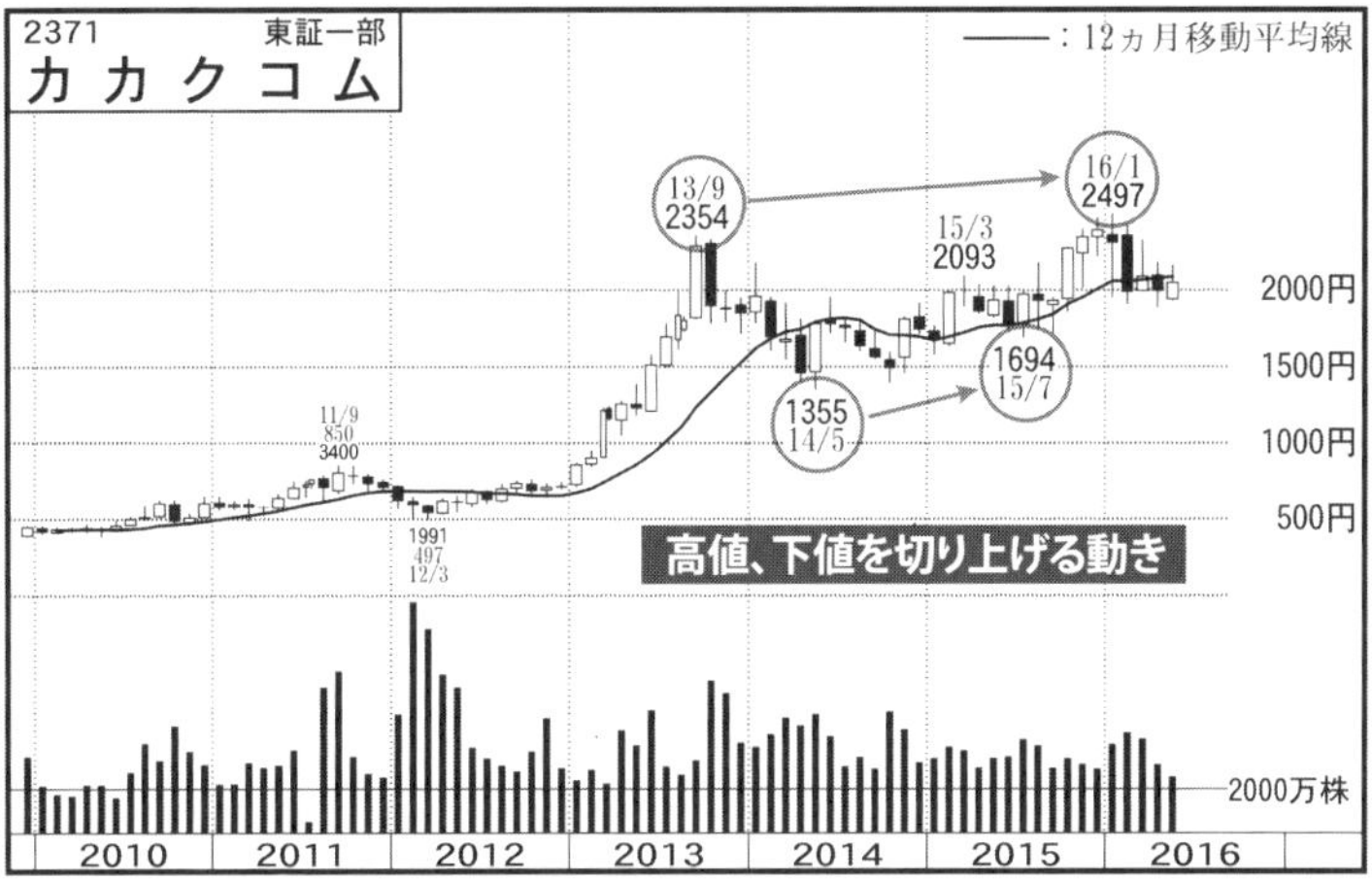

売買単位100株

三角持ち合いを形成、上放れ待ち

◉株価はこのところ、三角持ち合いとなっている。高値は2016年1月6日の2,497円、安値は同4月6日の1,886円。買いゾーンはこの安値ゾーン（1,800円がらみ）とする。上値のメドは、1月高値ゾーンを上抜けると、3,000円台替わりが十分に見込める。

株価データ

▶配当利回り＝1.06%　▶PER＝28.85倍

▶PBR＝14.46倍　▶ROE＝40.89%

▶2010年以降の高値＝2,497円　▶2010年以降の安値＝386.3円

［第1目標値＝ 2,500 円　第2目標値＝ 3,500 円］

アウトソーシング……［2427］

改正労働者派遣法のメリット受け、引き合い増える
2016年12月期の業績は予想を上回る

◉米軍向け業務受託など新分野にも注力中

アウトソーシングは、人材派遣・請負の大手企業です。売上構成比は技術アウトソーシングが39％、製造系アウトソーシングが38％などとなっています。主力は自動車メーカー向けですが、最近は米軍向け（2015年12月期の売上高3億円→2016年12月期100億円）など、新分野に注力しています。2015年9月に施行された改正労働者派遣法は、同社にメリットを与えます。

業績は好調です。最高益を更新中です。2016年12月期の最終利益は前期比32・6％増の24億円予想ですが、上ブレが期待できます。増配も続けています。今期は42円（前期は35円）、来期は45円とする方針です。会社側は先行きに自信を深めており、従業員の積極採用を続けています。

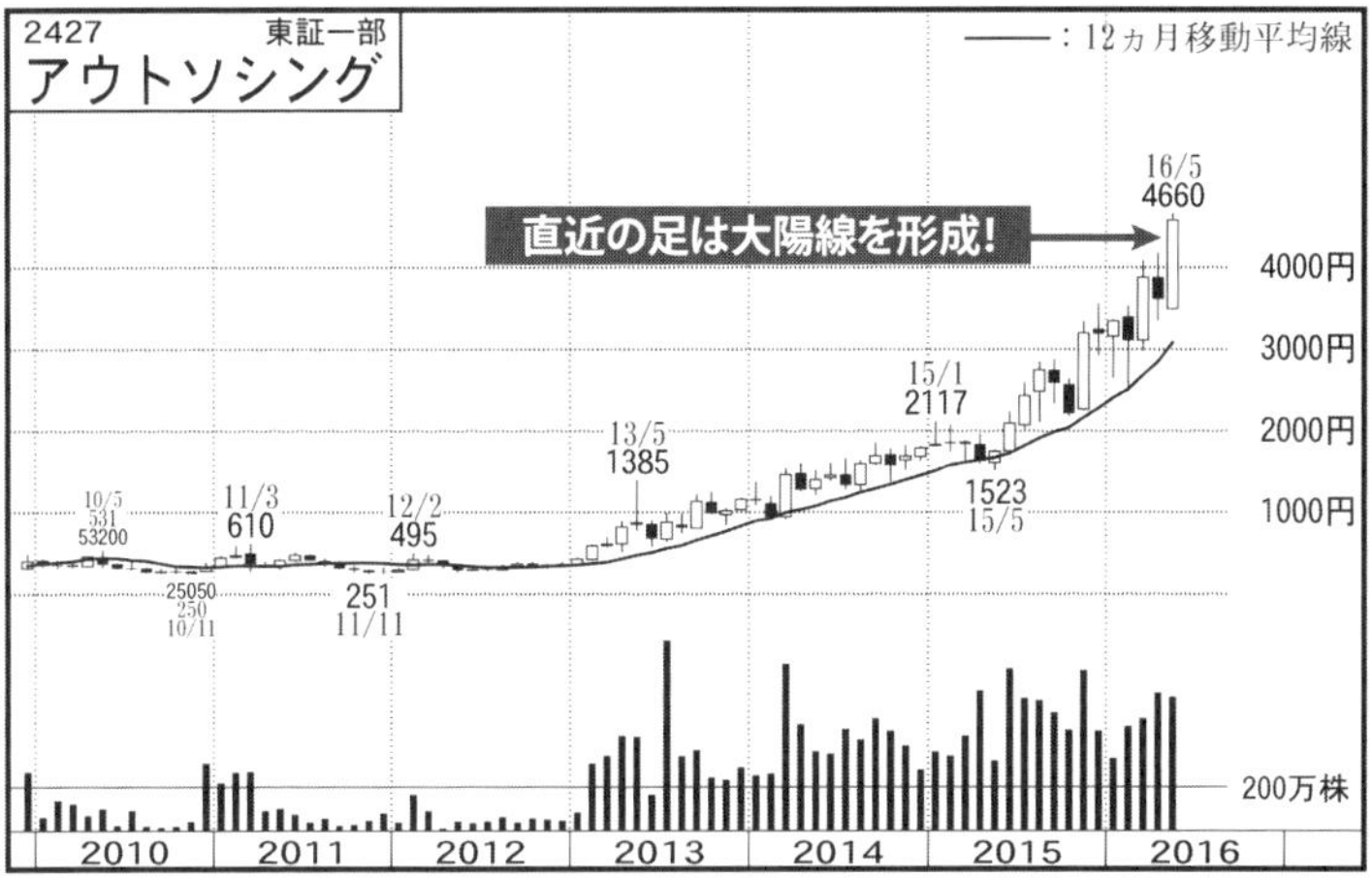

売買単位100株

チャートは力強い上昇波動を形成

◉株価は、4月15日に4,175円の高値をつけたあと調整していたが、一気に切り返し、上場来高値を更新してきた。当面の上値メドは4,800円前後の水準に設定できる。この種のグロース銘柄は、よほどの状況変化がない限り、見切りラインの設定は無用である。

株価データ

▶配当利回り＝0.91%　▶PER＝26.55倍

▶PBR＝7.30倍　▶ROE＝14.63%

▶2010年以降の高値＝4,660円　▶2010年以降の安値＝276円

[第1目標値＝ 4,800 円　第2目標値＝ 6,800 円]

FFRI ……【3692】
サイバーセキュリティ対策の必要性は不変
数年後の収益急変貌を先取りし仕込む

◉IoTセキュリティ分野ではJIG-SAWと業務提携

ＦＦＲＩは、標的型サイバー攻撃のセキュリティに特化した国産技術唯一の企業です。その製品は日銀、防衛省など、日本の主要官庁に納入されています。同社の鵜飼裕司社長は、情報セキュリティの分野では「超有名人」です。

足元の業績はさえませんが、これは販売システム（日立製作所、富士通が仕切る）に難があるようです。目下、この見直しを進めています。同社のサイバーセキュリティは、中央官庁をはじめ、ＮＴＴ東日本をはじめとするＮＴＴグループ、香川証券など証券・金融各社が導入しています。

ＩｏＴセキュリティ分野でＪＩＧ-ＳＡＷ（３９１４）と業務提携、関係を深めています。数年後には収益構造が一変するはずです。

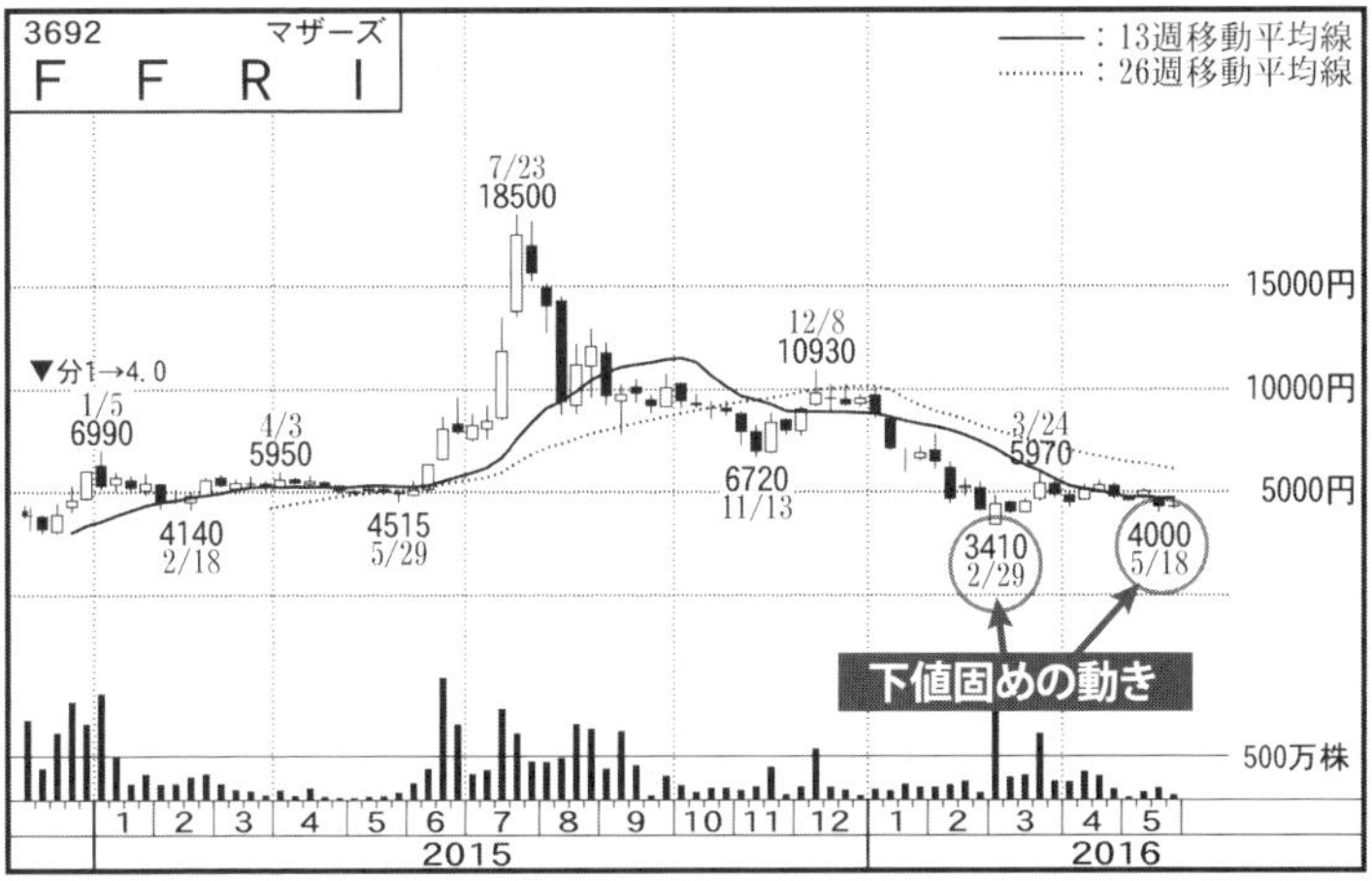

売買単位100株

将来的な成長を評価、1万円奪回を狙う

◉時価は4,600円前後にあり、現在の収益力をベースにすると、明らかに割高である。しかし、ロボット関連メーカーのCYBERDYNEと同じく、この株価は将来を評価している。買いゾーンは3,500円、上値のメドはとりあえず1万円奪回とする。

株価データ

▶配当利回り＝0.00%　▶PER＝957.11倍

▶PBR＝59.83倍　▶ROE＝19.15%

▶2010年以降の高値＝18,500円　▶2010年以降の安値＝997.5円

［第1目標値＝5,900円　第2目標値＝10,100円］

CYBERDYNE……［7779］

労働人口不足の深刻化を背景にロボット需要が膨らむ 5年後の収益構造が一変するのは確実な情勢

◉日本の新しいシンボル企業に成長する可能性を秘める

同社は、介護ロボットスーツ「ＨＡＬ」を武器に、急成長を続けています。「ＨＡＬ」は日米欧が保険適用商品として承認、医療現場での普及が加速しています。これ以外にも生活支援ロボット、デバイスなどを手がけ、新しい「ｍａｄｅ ｉｎ ｊａｐａｎ」の代表的な存在に成長しつつあります。

２０１７年3月期の最終利益は10億円前後の計画ですが、５年後の収益構造は一変しているでしょう。近い将来、労働人口不足の深刻化を背景に、移民の解禁か、ロボットの導入かが話題になるはずです。何しろ、最近の特に若い人はきつい、きたない、危険（３Ｋ）な仕事はやりたがりません。日本は人口も減ります。これをクリアするにはロボットの活用しかないでしょう。

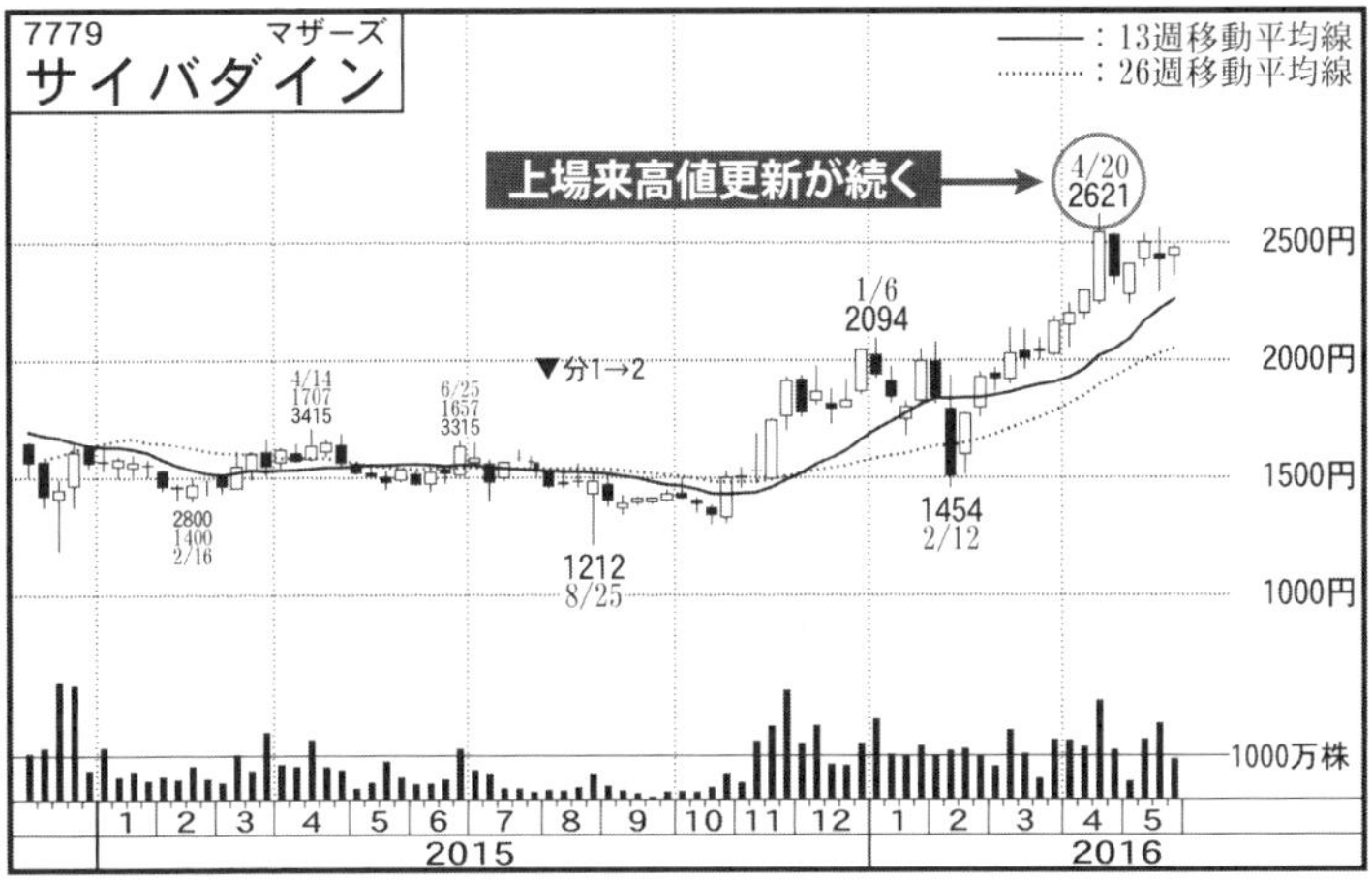

売買単位100株

チャートは理想的な上昇波動を形成中

◉株価は赤字決算が続いているにもかかわらず、右肩上がりの力強い上昇波動を描いている。やはり、将来性が評価されているのだろう。買いゾーンは2,000円がらみ、当面の上値メドは4,000円前後に設定できる。チャート的には一段高が見込める。

株価データ

▶配当利回り＝0.00%　▶PER＝——

▶PBR＝19.92倍　▶ROE＝——

▶2010年以降の高値＝2,621円　▶2010年以降の安値＝495円

［第1目標値＝ 4,000 円　第2目標値＝ 6,000 円］

ワイヤレスゲート……［9419］

通信技術の進歩、変革のメリットを全面に受ける数年後には収益構造が一変、仕込みの好機

◉5年後の連結最終利益は20億円超を予想

ワイヤレスゲートは、公衆無線ＬＡＮサービスのトップ企業です。全国の4万カ所以上にＷｉ－Ｆｉ（高速無線ＬＡＮ）サービス、モバイル・ブロードバンドのＷｉＭＡＸサービスなどを展開しています。会員数は順調に拡大しています。夢のある会社です。ヨドバシカメラが筆頭株主です。

２０１５年12月期の最終利益は6億８４００万円と、史上最高となりました。5年後には、これが20億円を超えそうです。順調な収益の拡大が見込まれています。通信技術の進歩、変革のメリットを享受できる企業です。

配当は２０１４年12月期が25円、２０１５年12月期が26円、２０１６年12月期が27円（予想）と増配を続けています。

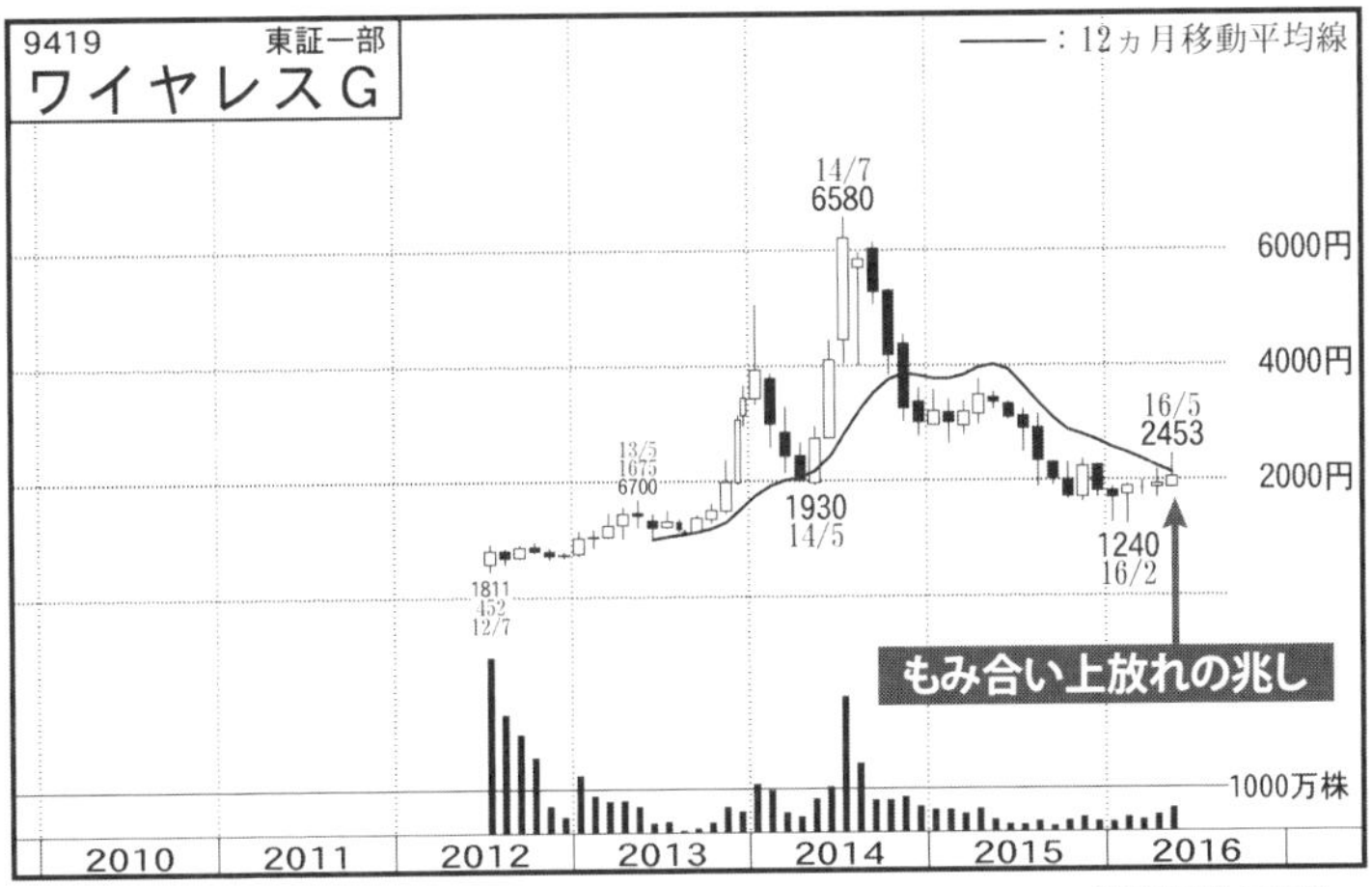

売買単位100株

1,600円がらみの安値を仕込む

◉株価は、2,000円前後の水準でもみ合いとなっている。2016年2月12日には1,240円の安値まで売り込まれた。買いゾーンは、1,600円がらみに設定した。上値のメドはとりあえず、3,600〜3,700円を目指す、と考えている。2014年7月には6,580円の高値がある。

株価データ

▶配当利回り＝1.27%　▶PER＝31.74倍

▶PBR＝7.71倍　▶ROE＝25.42%

▶2010年以降の高値＝6,580円　▶2010年以降の安値＝452.8円

［第1目標値＝ 3,600 円　第2目標値＝ 6,000 円］

◎あとがき

■半年に1回、保有銘柄の〝虫ぼし〟をしよう

1年に2回はポートフォリオ（保有銘柄）の入れ替えが必要です。これを筆者は〝虫ぼし〟と称しています。皆さんは春と秋に、衣替えをするではありませんか。これと同じ感覚です。冬服を夏に着ている人はいません。

保有銘柄は買ったときにはどのような銘柄でも心に響く材料を有し、先々有望（株価が上がる）と思われていました。それなのに、6カ月経過した時点ではひとつも株価は上昇せず、ジリジリと下がる——まあ、よくあるケースです。さあ、どうしますか。

この局面において、重要なのは買ったときの材料のチェックです。好業績を期待していたのに、新技術・新製品の開発を評価したのに、実際はそうではなかったのでしょう。それを株価が示しています。「株価は正直！」なのです。

株価の戻りが見込めない以上、他の銘柄に乗り換えるしかありません。やたらと〝塩

漬け株〟を増やすより、思い切って処分（損失確定）、新しく出直したほうが効率的ですし、すっきりします。これがポートフォリオ（ヨコのポートフォリオ）の見直しです。本書では、銘柄をたくさん掲載しておきました。これをどう使ったらいいのでしょうか。まず、皆さんの保有銘柄を列記してください。10～15銘柄お持ちの方もおられるのではないでしょうか。資金の規模にもよりますが、これは多すぎます。

次に、列記した銘柄をテーマ、種類別に分けてください。テーマは例えば①イノベーション・バブルに該当するセクター、②東京オリンピック・パラリンピックに関連するセクター、③景気対策（補正予算の編成）のメリットを受けるセクター、④資源・エネルギー価格の上昇で浮上するセクター、⑤アメリカ景気の拡大、および円安の恩恵を受けるセクター――などです。

種類は大型株か中・小型株か、東証1部上場銘柄か新興市場（東証マザーズ、ジャスダック）上場銘柄か、などの区分です。つまり、基本的に主軸株か、テーマ性を有する〝小物〟かということになります。

損益も記入してください。買い値（コスト）と時価の差です。この作業を行なうことによって、自分のポートフォリオの性格、および投資収益の状況が確認できます。保有している銘柄のバランスが偏っていませんか、大きな含み損を抱えていませんか。
なぜ、そうなるのでしょうか。

■「辛抱する木にカネが成る!」

ポートフォリオを分析することで、自分の株式投資の欠陥が浮かび上がるはずです。そして、その欠陥を修正するのです。とりあえず、ダメな銘柄を処分し、元気な銘柄と入れ替えるのです。

新規に組み入れる銘柄の参考資料に、本書の銘柄を参考にしてください。その場合、大切なのは自分のポートフォリオに欠けているセクターの銘柄をピックアップすることです。この作業はかなり大変ですし、根気もいります。しかし、努力を避けてはいけません。この世界は、「辛抱する木にカネが成る!」のです。

さて、話は変わりますが、このたびの熊本地震では多くの人々が被災されました。心よりお見舞い申し上げます。筆者の生地は熊本です。18歳までいました。現在、母、姉、妹、弟の家族のほか、親類縁者を合わせると、100人近くが熊本で暮らしています。

地震発生以来、多くの方々に「大丈夫ですか」との言葉をいただきました。この場を借りて御礼申し上げます。熊本ではがんばって仕事をすることを、「がまだす」といいます。大変でしょうが、「がまだす」のです。

株式投資についても同じことがいえます。足元の相場は厳しい状況が続いています。しかし、安値ゾーンでいたずらに弱気になってはいけません。

ジョン・テンプルトン、ジョセフ・ケネディ、ピーター・リンチなどの歴史的な相場巧者は、全員がバーゲンハンターです。そう、みんながギョッとし、背中がゾクゾクとするような局面を買って財を成した人たちです。

さあ、われわれも彼らにあやかろうではありませんか。今こそ、資力、知力、胆力（投資の3力）を駆使するときです。本書が、皆様方の株式投資の成功（成果）につながることを願ってやみません。ご健闘を切にお祈りします。

2016年6月

杉村富生

著者略歴

杉村富生（すぎむら・とみお）

経済評論家。大正大学客員教授。

1949年、熊本県に生まれる。明治大学法学部卒業。

軽妙な語り口と分かりやすい経済・市場分析、鋭い株価分析に定評がある。

個人投資家の応援団長として、常に「個人投資家サイドに立つ」ことをモットーに精力的な活動を続けており、証券界における銘柄発掘の第一人者といわれている。

ラジオNIKKEI「ザ・マネー」（毎週水曜日午後3時10分より）などにレギュラー出演中。『杉村富生の株の教科書 あなたも株長者になれる39の秘訣』『杉村富生の株の教科書II 株長者が絶対にハズさない「売り」「買い」サインはこれだ！』『さらっと短期売り抜け株、がっちり長期保有株の見抜き方』（ともにビジネス社）、『これから10年 株で「1億」つくる！』（すばる舎）など著書多数。

株式講演会でも抜群の人気を誇り、ほぼ毎週、全国を飛び回っている。

株の「トリプル投資」作戦

2016年6月29日　第1刷発行

著　者　　杉村 富生
発行者　　唐津 隆
発行所　　株式会社ビジネス社
〒162-0805　東京都新宿区矢来町114番地 神楽坂高橋ビル5階
電話　03(5227)1602　FAX　03(5227)1603
http://www.business-sha.co.jp

印刷・製本　大日本印刷株式会社
〈編集担当〉大森勇輝　〈営業担当〉山口健志

ISBN978-4-8284-1888-9

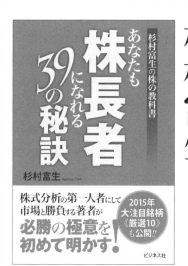